INTRODUCCIÓN AL PSICOANÁLISIS I:
LOS ACTOS FALLIDOS Y LOS SUEÑOS

Obras Completas de Sigmund Freud
Tomo IV

INTRODUCCIÓN AL PSICOANÁLISIS I: LOS ACTOS FALLIDOS Y LOS SUEÑOS

Traducción directa del alemán por
Luis López-Ballesteros y de Torres

Editorial Iztaccíhuatl S. A. de C. V.

OBRAS COMPLETAS DE SIGMUND FREUD. TOMO IV
Introducción al psicoanálisis I: Los actos fallidos y los sueños

Sigmund Freud
ISBN (obra completa): 978-607-8688-54-8
ISBN (tomo IV): 978-607-8688-62-3
Segunda edición: marzo de 2022

Corrección de estilo: Yoali E. Crespo López
Diseño y maquetación: Cecilia Neria Anaya
Licencia de impresión a Grupo Editorial Neisa
Impresión: Master Copy, S. A. de C.V. (DocuMaster)

Impreso en México

PARTE I

LOS ACTOS FALLIDOS

I
Introducción

Ignoro cuántos de mis oyentes conocerán —por sus lecturas o simplemente de oídas— las teorías psicoanalíticas. Más el título dado a esta serie de conferencias, *Introducción al Psicoanálisis*, me obliga a conducirme como si no poseyerais el menor conocimiento sobre esta materia y hubierais de ser iniciado, necesariamente, en sus primeros elementos.

Debo suponer, sin embargo, que sabéis que el psicoanálisis constituye un especial tratamiento de los enfermos de neurosis. Pero, como en seguida os demostraré con un ejemplo, sus caracteres esenciales son en un todo diferente de los peculiares a las restantes ramas de la Medicina, y a veces resultan por completo opuestos a ellos. Generalmente, cuando sometemos a un enfermo a una técnica médica desconocida para él, procuramos disminuir a sus ojos los inconvenientes de la misma y darle la mayor cantidad posible de seguridades respecto al éxito del tratamiento. A mi juicio, obramos cuerdamente conduciéndonos así, pues este proceder aumenta las probabilidades de éxito. En cambio, al someter a un neurótico al tratamiento psicoanalítico procedemos de muy distinta forma, pues le enteramos de las dificultades que el método presenta, de su larga duración y de los esfuerzos y sacrificios que exige, y en lo que respecta al resultado, le hacemos saber que no podemos prometerle nada con seguridad y que el éxito dependerá de su comportamiento, su inteligencia, su obediencia y su paciente sumisión a los consejos del médico. Claro es que esta conducta del médico psicoanalista obedece a razones de gran peso, cuya importancia comprenderéis más adelante.

Os ruego que no me toméis a mal el que al principio de mis lecciones observe con vosotros esta misma norma de conducta, tratándolos como el médico trata al enfermo neurótico que acude a su consulta. Mis primeras palabras han de equivaler al consejo de que no vengáis a oírme por segunda vez, pues en ellas os señalaré la inevitable imperfección de una enseñanza del psicoanálisis y las dificultades que se oponen a la formación de un juicio personal en estas materias. Os mostraré también cómo la orientación de vuestra cultura personal y todos los hábitos de vuestro pensamiento os han de inclinar en contra del psicoanálisis y cuántas cosas deberéis vencer en vosotros mismos para dominar tal hostilidad. Naturalmente, no puedo predeciros lo que estas conferencias os harán avanzar en la comprensión del psicoanálisis, pero sí puedo, en cambio, aseguraros que vuestra asistencia a las mismas no ha de capacitaros para emprender una investigación o un tratamiento psicoanalítico. Por otro lado, si entre vosotros hubiera alguien que no se considerase satisfecho con adquirir un superficial conocimiento del psicoanálisis y deseara entrar en contacto permanente con él, trataría yo de disuadirle de tal propósito, advirtiéndole de los sinsabores que la realización del mismo habría de acarrearle. En las actuales circunstancias, la elección de esta rama científica supone la renuncia a toda posibilidad de éxito universitario, y aquel que a este se dedique, prácticamente se hallará en medio de una sociedad que no comprenderá sus aspiraciones y que, considerándole con desconfianza y hostilidad, desencadenará contra él todos los malos espíritus que en su seno abriga. Del número de estos malos espíritus podéis formaros una idea sólo con observar los hechos a que ha dado lugar la guerra que hoy devasta a Europa.

Sin embargo, hay siempre personas para las cuales todo nuevo conocimiento posee un invencible atractivo a pesar de los inconvenientes que el estudio del mismo pueda traer consigo. Así, pues, veré con gusto retornar a estas aulas a aquellos de vosotros en quienes tal curiosidad científica venza toda otra consideración, mas, de todos modos, era un deber mío haceros las advertencias que anteceden sobre las dificultades inherentes al estudio del psicoanálisis.

La primera de tales dificultades surge en lo relativo a la enseñanza de esta disciplina. En la enseñanza médica estáis acostumbrados a ver directamente aquello de que el profesor os habla en sus lecciones. Veis la preparación anatómica, el precipitado resultante de una reacción química o la contracción de un músculo por el efecto de la excitación de sus nervios. Más tarde se os pone en presencia del enfermo mismo y podéis observar directamente los síntomas de su dolencia, los productos del proceso morboso, y en muchos casos, incluso el germen provocador de la enfermedad. En las especialidades quirúrgicas asistís a las intervenciones curativas e incluso tenéis que ensayaros personalmente en su práctica. Hasta en la misma psiquiatría, la observación directa de la conducta del enfermo y de sus gestos, palabras y ademanes os proporciona un numeroso acervo de datos que se grabarán profundamente en vuestra memoria. De este modo, el profesor de Medicina es constantemente un guía y un intérprete que os acompaña como a través de un museo, mientras vosotros entráis en contacto directo con los objetos y creéis adquirir por la propia percepción personal la convicción de la existencia de nuevos hechos.

Por desgracia, en el psicoanálisis no hallamos ninguna de tales facilidades de estudio. El tratamiento psicoanalítico se limita exteriormente a una conversación entre el sujeto analizado y el médico. El paciente habla, relata los acontecimientos de su vida pasada y sus impresiones presentes, se queja y confiesa sus deseos y sus emociones. El médico escucha, intenta dirigir los procesos mentales del enfermo, le aconseja, da a su atención determinadas direcciones, le proporciona toda clase de esclarecimientos y observa las reacciones de comprensión o incomprensión que de esta manera provoca en él. Las personas que rodean a tales enfermos y a las cuales sólo lo groseramente visible logra convencer de la bondad de un tratamiento, al que considerarán inmejorable si trae consigo efectos teatrales semejantes a los que tanto éxito logran al desarrollarse en la pantalla cinematográfica, no prescinden nunca de expresar sus dudas de que por medio de una simple conversación entre el médico y el enfermo pueda conseguirse algún resultado. Naturalmente, es este juicio tan ininteligible como falto de lógica y los que así piensan son los mismos que aseguran que los síntomas del enfermo son simples "imaginaciones". Las palabras primitivamente formaban parte de la magia y conservan todavía en la actualidad algo de su antiguo poder. Por medio de palabras puede un hombre hacer feliz a un semejante o llevarle a la desesperación; por medio de palabras transmite el profesor sus conocimientos a los discípulos y arrastra tras de sí el orador a sus oyentes determinando sus juicios y decisiones. Las palabras provocan afectos emotivos y constituyen el medio general para la influencia recíproca de los hombres. No podremos, pues, despreciar el valor que el empleo de las mismas pueda tener en la psicoterapia y asistiríamos con interés, en calidad de oyentes, al diálogo que se desarrolla entre el médico analítico y su paciente.

Pero tampoco esto nos está permitido. La conversación que constituye el tratamiento psicoanalítico es absolutamente secreta y no tolera la presencia de una tercera persona. Puede, naturalmente, presentarse a los alumnos en el curso de una lección de psiquiatría un sujeto neurasténico o histérico, pero el mismo se limitará a comunicar aquellos síntomas en los que su dolencia se manifiesta. Las informaciones imprescindibles para el análisis no las dará más que el médico y esto únicamente en el caso de que sienta por él una particular afinidad de sentimientos. El paciente enmudecerá en el momento en que al lado del médico surja una tercera persona indiferente. Lo que motiva esta conducta es que aquellas informaciones que el enfermo comunica al médico analítico se refieren a lo más íntimo de su vida anímica, a todo aquello que como persona social independiente tiene que ocultar a los ojos de los demás, y aparte de esto, a todo aquello que ni siquiera querría confesarse a sí mismo.

Así, pues, no podréis asistir como oyentes a un tratamiento psicoanalítico, y de este modo nunca os será pasible conocer el psicoanálisis sino de oídas, en el sentido estricto de esta locución. Una tal carencia de informaciones directas ha de colocaros en situación poco corriente para formar un juicio sobre nuestra disciplina, juicio, que, dadas las circunstancias señaladas, habrá de depender del grado de confianza que os merezca aquel que os informa.

Suponed por un momento que habéis acudido, no a una conferencia sobre psiquiatría, sino a una lección de Historia y que el conferenciante os habla de la vida y de los hechos guerreros de Alejandro Magno. ¿Qué razones tendréis, en este caso, para creer en la veracidad de su relato? A primera vista, la situación parece aún más desfavorable que en la enseñanza del psicoanálisis, pues el profesor de Historia no tomó tampoco parte en las expediciones militares de Alejandro, mientras que el psicoanalista os habla, por lo menos, de cosas en las que él mismo ha desempeñado un papel. Pero en las lecciones de Historia se da una circunstancia que os permite dar fe, sin grandes reservas, a las palabras del conferenciante. Este puede citaros los relatos de antiguos escritores contemporáneos a los hechos objeto de su lección o, por lo menos, bastante próximos a ellos, esto es, referirse a los libros de Diodoro, Plutarco, Arriano, etc., y puede presentaros asimismo reproducciones de las medallas y estatuas de Alejandro y haceros ver una fotografía del mosaico pompeyano que representa la batalla de Issos. Claro es que todos estos documentos no demuestran, estrictamente considerados, sino que ya generaciones anteriores creyeron en la existencia de Alejandro y en la realidad de sus hechos heroicos, y en esta circunstancia podríais fundar de nuevo una crítica escéptica, alegando que no todo lo que sobre Alejandro se ha relatado es verosímil ni puede demostrarse detalladamente. Sin embargo, no puedo admitir que tras de una lección de este género, salieseis del aula dudando todavía de la realidad de Alejandro Magno. Vuestra aceptación de los hechos expuestos en la conferencia obedecerá en este caso a dos principales reflexiones: la primera será la de que el conferenciante no tiene motivo alguno para haceros admitir como real algo que él mismo no considera así, y, en segundo lugar, todos los libros de Historia a los que podáis ir en busca de una confirmación os relatarán los hechos aproximadamente en la misma forma. Si a continuación emprendéis el examen de las fuentes históricas más antiguas, tendréis que tener en cuenta idénticos factores, esto es, los móviles que han podido guiar a los autores en su exposición y la concordancia de sus testimonios. En el caso de Alejandro, el resultado de este examen será seguramente tranquilizador. No así cuando se trate de personalidades tales como Moisés o Nemrod. Volviendo ahora a las dudas que puedan surgir en vosotros con respecto al grado de confianza merecido por el relato de un psicoanalítico, os indicaré que más adelante tendréis ocasión de apreciarlas en su justo valor.

Me preguntaréis ahora —y muy justificadamente, por cierto— cómo no existiendo criterio objetivo para juzgar el grado de veracidad del psicoanálisis ni posibilidad alguna de demostración, puede hacerse el aprendizaje de nuestra disciplina y llegar a la convicción de la verdad de sus afirmaciones. Este aprendizaje no es, en efecto, fácil y son muy pocos los que han podido realizarlo de una manera sistemática, pero, naturalmente, existen un camino y un método posible. El psicoanálisis se aprende, en primer lugar, por el estudio de la propia personalidad, estudio que, aunque no es rigurosamente lo que acostumbramos calificar de autoobservación, se aproxima bastante a este concepto. Existe toda una serie de fenómenos anímicos muy frecuentes y generalmente conocidos que, una vez iniciados en los principios de la técnica analítica, podemos convertir en objetos de interesantes autoanálisis, los cuales nos proporcionarán la deseada convicción de la realidad de los procesos descritos por el psicoanálisis y de la verdad de sus afirmaciones. Mas los progresos que por este camino pueden realizarse son harto limitados, y aquellos que quieran avanzar más rápidamente en el estudio de nuestra disciplina lo conseguirán, mejor que por ningún otro medio, dejándose analizar por un psicoanalista competente. De este modo, al mismo tiempo que experimentan en su propio *yo* los efectos del psicoanálisis, tendrán ocasión de iniciarse en todas las sutilezas de su técnica. Claro es que este medio de máxima excelencia no puede ser utilizado sino por una sola persona y nunca por una colectividad.

Aún existe para vuestro acceso al psicoanálisis una segunda dificultad, pero esta no es ya inherente a la esencia de nuestra disciplina, sino que depende, exclusivamente, de los hábitos mentales que habéis adquirido en el estudio de la Medicina. Vuestra preparación médica ha dado a vuestra actividad mental una determinada orientación que la aleja en gran manera del psicoanálisis. Se os ha habituado a fundar en causas anatómicas las funciones orgánicas y sus perturbaciones y a explicarlas desde los puntos de vista químico y físico, concibiéndolas biológicamente, pero nunca ha sido dirigido vuestro interés a la vida psíquica en la que, sin embargo, culmina el funcionamiento de este nuestro organismo tan maravillosamente complicado. Resultado de esta preparación es que desconocéis en absoluto la disciplina mental psicológica y os habéis acostumbrado a mirarla con desconfianza negándole todo carácter científico y abandonándola a los profanos, poetas, filósofos y místicos. Mas con tal conducta establecéis una desventajosa limitación de vuestra actividad médica, pues el enfermo os presentará en primer lugar, como sucede en todas las relaciones humanas, su fachada psíquica y temo que para vuestro castigo os veáis obligados a dejarles a aquellos que con tanto desprecio calificáis de místicos de la medicina una gran parte del influjo terapéutico que desearíais ejercer.

No desconozco la disculpa que puede alegarse para excusar esta laguna de vuestra preparación. Fáltanos aún aquella ciencia filosófica auxiliar que podía ser una importante ayuda para vuestros propósitos médicos. Ni la filosofía especulativa, ni la psicología descriptiva, ni la llamada psicología experimental, ligada a la fisiología de los sentidos, se bailan tal y como son enseñadas en las universidades, en estado de proporcionarnos dato ninguno útil sobre las relaciones entre lo somático y lo anímico y ofrecernos la clave necesaria para la comprensión de una perturbación cualquiera de las funciones anímicas. Dentro de la medicina, la psiquiatría se ocupa ciertamente de describir las perturbaciones psíquicas por ella observadas y de reunirlas formando cuadros clínicos, mas, en sus momentos de sinceridad, los mismos psiquíatras dudan de si sus exposiciones puramente descriptivas merecen realmente el nombre de ciencia. Los síntomas que integran estos cuadros clínicos nos son desconocidos en lo que respecta a su origen, su mecanismo y su recíproca conexión, y no corresponden a ellos ningunas modificaciones visibles del órgano anatómico del alma o corresponden modificaciones que no nos proporcionan el menor esclarecimiento. Tales perturbaciones anímicas no podrán ser accesibles a una influencia terapéutica más que cuando constituyen efectos secundarios de cualquier afección orgánica.

Es esta la laguna que el psicoanálisis se esfuerza en hacer desaparecer, intentando dar a la psiquiatría la base psicológica de que carece y esperando descubrir el terreno común que hará inteligible la reunión de una perturbación somática con una perturbación anímica. Con este objeto tiene que mantenerse libre de toda hipótesis de orden anatómico, químico o fisiológico extraña a su peculiar esencia y no laborar más que con conceptos auxiliares puramente psicológicos, cosa que temo contribuya no poco a hacer que os parezca aún más extraña de lo que esperabais.

Encontramos, por último, una tercera dificultad de la que no haré responsable a vuestra posición personal ni tampoco a vuestra preparación científica. Dos afirmaciones del psicoanálisis son principalmente las que causan mayor extrañeza y atraen sobre él la desaprobación general. Tropieza una de ellas con un prejuicio intelectual y la otra con un prejuicio estético-moral. No conviene, ciertamente, despreciar tales prejuicios, pues son residuos de pasadas fases, muy útiles y hasta necesarias, de la evolución humana, los cuales poseen un considerable poder, hallándose sostenidos por fuerzas afectivas que hacen en extremo difícil el luchar contra ellos.

La primera de tales extrañas afirmaciones del psicoanálisis es la de que los procesos psíquicos son, en sí mismos, inconscientes y que los procesos conscientes no son sino actos aislados o fracciones de la vida anímica total. Recordad, con relación a esto, que nos hallamos, por el contrario, acostumbrados a identificar lo psíquico con lo consciente, considerando precisamente la conciencia como la característica esencial de lo psíquico y definiendo la psicología como la ciencia de los contenidos de la conciencia. Esta identificación nos parece tan natural que creemos hallar un absurdo manifiesto en todo aquello que la contradiga. Sin embargo, el psicoanálisis se ve obligado a oponerse en absoluto a esta identidad de lo psíquico y lo consciente. Para ella, lo psíquico es un compuesto de procesos de la naturaleza del sentimiento, del pensamiento y de la voluntad, y afirma que existen un pensamiento inconsciente y una voluntad inconsciente.

Ya con esta definición y esta afirmación se enajena el psicoanálisis, por adelantado, la simpatía de todos los partidarios del tímido cientificismo y atrae sobre sí la sospecha de no ser sino una fantástica ciencia esotérica que quisiera construir en las tinieblas y pescar en las aguas turbias. Naturalmente, vosotros no podéis comprender aún con qué derecho califico de prejuicio un principio de una naturaleza tan abstracta como el de que "lo anímico es lo consciente", y no podéis adivinar por qué caminos se ha podido llegar a la negación de lo inconsciente —suponiendo que exista— y qué ventajas puede proporcionar una tal negación. A primera vista parece por completo ociosa la discusión de si se ha de hacer coincidir lo psíquico con lo consciente o, por lo contrario, extender los dominios de lo primero más allá de los límites de la conciencia, pero, no obstante, puedo aseguraros que la aceptación de los procesos psíquicos inconscientes inicia en la ciencia una nueva orientación decisiva.

Esta primera afirmación —un tanto osada— del psicoanálisis posee un íntimo enlace, que ni siquiera sospecháis, con el segundo de los principios esenciales que la misma ha deducido de sus investigaciones. Contiene este segundo principio la afirmación de que determinados impulsos instintivos, que únicamente pueden ser calificados de sexuales, tanto en el amplio sentido de esta palabra como en su sentido estricto, desempeñan un papel, cuya importancia no ha sido hasta el momento suficientemente reconocida en la causación de las enfermedades nerviosas y psíquicas y, además, coadyuvan con aportaciones nada despreciables a la génesis de las más altas creaciones culturales, artísticas y sociales del espíritu humano.

Mi experiencia me ha demostrado que la aversión suscitada por este resultado de la investigación psicoanalítica constituye la fuente más importante de las resistencias con las que la misma ha tropezado. ¿Queréis saber qué explicación damos a este hecho? Creemos que la cultura ha sido creada obedeciendo al impulso de las necesidades vitales y a costa de la satisfacción de los instintos, y que es de continúo creada de nuevo, en gran parte, del mismo modo, pues cada individuo que entra en la sociedad humana repite en provecho de la colectividad el sacrificio de la satisfacción de sus instintos. Entre las fuerzas instintivas así reprimidas, desempeñan un importantísimo papel los impulsos sexuales, los cuales son aquí objeto de una sublimación, esto es, son desviados de sus fines propios y dirigidos a fines más elevados socialmente, faltos ya de todo carácter sexual. Pero esta organización resulta harto inestable; los instintos sexuales quedan insuficientemente domados, y en cada uno de aquellos individuos que han de coadyuvar a la obra civilizadora perdura el peligro de que los instintos sexuales resistan a tal represión. Por su parte, la sociedad cree que el mayor peligro para su labor civilizadora sería la liberación de los instintos sexuales y el retomo de los mismos a sus fines primitivos, y por lo tanto, no gusta de que se le recuerde esta parte un tanto escabrosa de los fundamentos en los que se basa, ni muestra interés ninguno en que la energía de los instintos sexuales sea reconocida en toda su importancia y se revele, a cada uno de los individuos que constituyen la colectividad social, la magnitud de la influencia que sobre sus actos pueda ejercer la vida sexual. Por el contrario, adopta un método de educación que tiende, en general, a desviar la atención de lo referente a la vida sexual. Todo esto nos explica por qué la sociedad se niega a aceptar el resultado antes expuesto de las investigaciones psicoanalíticas y quisiera inutilizarlo, declarándolo repulsivo desde el punto de vista estético, condenable desde el punto de vista moral, y peligroso por todos conceptos. Mas no es con reproches de este género como se puede destruir un resultado objetivo de un trabajo científico. Para que una controversia tenga algún valor habrá de desarrollarse dentro de los dominios intelectuales. Ahora bien, dentro de la naturaleza humana se halla el que nos inclinemos a considerar equivocado lo que nos causaría displacer aceptar como cierto, y esta tendencia encuentra fácilmente argumento para rechazar, en nombre del intelecto, aquello sobre lo que recae. De esta forma convierte la sociedad lo desagradable en equivocado, discute las verdades del psicoanálisis con argumentos lógicos y objetivos, pero que proceden de fuentes afectivas, y opone estas objeciones, en calidad de prejuicios, contra toda tentativa de refutación.

Por nuestra parte, podemos afirmar que al formular el principio de que tratamos no hemos obrado bajo la presión de tendencia alguna. Nuestro único fin era el de exponer un hecho que creemos haber observado con toda seguridad al cabo de una labor harto espinosa. Creemos, pues, deber protestar contra la mezcla de tales consideraciones prácticas en la labor científica y lo haremos desde luego aun antes de investigar si los temores que estas consideraciones tratan de imponernos son o no justificados.

Tales son algunas de las dificultades con las que tropezaréis si queréis dedicaros al estudio del psicoanálisis, dificultades que ya son harto considerables para el principio de una labor científica. Si su perspectiva no os asusta podremos continuar estas lecciones.

II
Los actos fallidos

Comenzaremos esta segunda lección no con la exposición de nuevas hipótesis, sino con una investigación, eligiendo como objeto de la misma determinados fenómenos muy frecuentes y conocidos, pero insuficientemente apreciados, los cuales no pueden considerarse como producto de un estado patológico, puesto que son observables en toda persona normal. Son estos fenómenos aquellos a los que nosotros damos el nombre de *funciones fallidas* (*Fehlleistungen*) o *actos fallidos* (*Fehlhandlungen*), y que se producen cuando una persona dice una palabra por otra (*Versprechen*—equivocación oral), escribe cosa distinta de lo que tenía intención de escribir (*Verschreiben*—equivocación en la escritura); lee en un texto impreso o manuscrito algo distinto de lo que en el mismo aparece (*Verlesen*—equivocación en la lectura o falsa lectura), u oye cosa diferente de lo que se dice (*Verhören*—falsa audición); claro es que sin que, en este último caso, exista una perturbación orgánica de sus facultades auditivas. Otra serie de estos fenómenos se basa en el *olvido*, pero no en un olvido duradero, sino temporal, por ejemplo, cuando no podemos dar con un *nombre* que nos es sin embargo conocido y que reconocemos en cuanto otra persona lo pronuncia o logramos hallar por nosotros mismos al cabo de más o menos tiempo, o cuando olvidamos llevar a cabo un *propósito* que luego recordamos y que, por lo tanto, sólo hemos olvidado durante determinado intervalo. En un tercer grupo de estos fenómenos falta este carácter temporal, por ejemplo, cuando no logramos recordar el lugar en que hemos guardado o colocado un objeto o perdemos algo definitivamente. Trátase aquí de olvidos muy distintos de los que generalmente sufrimos en nuestra vida cotidiana y que nos asombran e irritan en vez de parecernos perfectamente comprensibles. A estos casos se suma una gran cantidad de pequeños fenómenos conocidos bajo diversos nombres, y entre ellos, determinados errores en los que vuelve a aparecer el carácter temporal, como, por ejemplo, cuando durante algún tiempo nos representamos determinadas cosas de una manera distinta a como antes sabíamos que eran y como tiempo después confirmaremos que en realidad son.

Todos estos pequeños accidentes, que poseen un íntimo parentesco, como se nos muestra ya en el hecho de que los nombres con que (en alemán) los calificamos tienen en común el prefijo *ver*, son, en su mayoría, insignificantes, de corta duración y de escasa importancia en la vida cotidiana. Sólo en muy raros casos llega alguno de ellos —por ejemplo, la pérdida de objetos— a alcanzar alguna trascendencia práctica. Esta falta de trascendencia hace que no despierten nuestra atención ni den lugar más que a afectos de muy escasa intensidad.

Sobre estos fenómenos versarán varias de las conferencias que ante vosotros me propongo pronunciar, aunque estoy seguro de que el solo enunciado de este propósito ha de despertar en vosotros un sentimiento de decepción: "Existen —pensaréis— así en el mundo exterior como en el más restringido de la vida psíquica tantos obscuros problemas y tantas cosas extraordinarias y necesitadas de un esclarecimiento en el campo de las perturbaciones psíquicas, que parece realmente frívolo y caprichoso prodigar el esfuerzo y el interés en tales nimiedades. Si pudierais explicarnos por qué un hombre, cuyos órganos visuales y auditivos aparecen totalmente normales, llega a ver en pleno día cosas inexistentes, o por qué otros se creen de repente perseguidos por aquellas mismas personas que hasta el momento les inspiraban mayor cariño o construyen en su pensamiento, con sorprendente ingeniosidad, absurdos delirios que un niño hallaría desatinados, entonces, diríamos que el psicoanálisis merecía todo nuestro respeto y atención. Pero si el psicoanálisis no puede hacer otra cosa que investigar por qué un orador de banquete comete un *lapsus linguae*, por qué una buena ama de casa no consigue encontrar sus llaves, o tantas otras futilidades del mismo género, entonces, realmente nos parece que hay problemas más interesantes a los que podríamos dedicar nuestro tiempo y nuestro interés".

Mas a esto os respondería yo: Tened paciencia. Vuestra crítica es totalmente equivocada. Cierto es que el psicoanálisis no puede vanagloriarse de no haber dedicado jamás su atención a nimiedades, pues, por el contrario, los materiales que somete a observación son en general aquellos sucesos inaparentes que las demás ciencias desprecian considerándolos en absoluto insignificantes. Pero ¿no confundiréis en vuestra crítica la importancia de los problemas con la apariencia exterior de los signos en que se manifiestan? ¿No hay acaso cosas importantísimas que en determinadas condiciones y momentos sólo se delatan por signos exteriores debilísimos? Sin dificultad ninguna podría citaros numerosas situaciones de este género. ¿De qué mínimos signos deducís los jóvenes haber conquistado la inclinación de una muchacha? ¿Esperaréis acaso una declaración amorosa o un apasionado abrazo, u os bastará desde luego con una simple mirada apenas perceptible para una tercera persona, un fugitivo ademán o la prolongación momentánea de un amistoso apretón de manos? Y cuando el magistrado emprende una investigación criminal, ¿necesita acaso, para fijar la personalidad del delincuente, encontrar en el lugar del crimen la fotografía y las señas del mismo, dejadas por él amablemente para evitar trabajo a la justicia, o se contenta con sutiles e imprecisas huellas que sirvan de base a su labor investigadora? Vemos, pues, que no tenemos derecho alguno a despreciar los pequeños signos y que, tomándolos en consideración, pueden servirnos de guía para realizar importantes descubrimientos. También yo, como vosotros, soy de la opinión de que los grandes problemas del mundo y de la ciencia son los que tienen preferente derecho a nuestra atención, pero resulta, en general, de escasísima utilidad formular el decidido propósito de dedicarnos por entero a la investigación de alguno de estos grandes problemas, pues en cuanto queremos poner en práctica tal decisión, hallamos que no sabemos cómo orientar los primeros pasos de nuestra labor investigadora. En toda labor científica es mucho más racional someter a observación aquello que primeramente encuentra uno bajo sus miradas, esto es, aquellos objetos cuya investigación nos resulta fácil. Si esta primera investigación se lleva a cabo seriamente, sin prejuicio alguno, pero también sin esperanzas exageradas, y si, además, nos acompaña la suerte, puede suceder que merced a la conexión que enlaza todas las cosas entre sí, y claro es que también lo pequeño con lo grande, la labor emprendida con tan modestas pretensiones nos abra un excelente acceso al estudio de los grandes problemas.

Con estos argumentos creo haber contestado a vuestras objeciones y conseguido, al mismo tiempo, que no me neguéis vuestra atención durante las lecciones que dedique a tratar de los actos fallidos del hombre normal, fenómenos tan insignificantes al parecer. Como primera providencia nos dirigiremos a alguien totalmente extraño al psicoanálisis y le preguntaremos cuál es la explicación que da a la producción de estos hechos.

Seguramente comenzará por respondernos que tales fenómenos no merecen esclarecimiento alguno, pues se trata únicamente de pequeños accidentes casuales. Mas ¿qué es lo que con esta frase quiere significar? ¿Querrá acaso afirmar que existen sucesos tan insignificantes que se encuentran fuera del encadenamiento de la fenomenología universal y que lo mismo hubieran podido no producirse? Pero el romper de este modo el determinado natural, aunque sea en un sólo punto, trastornaría toda la concepción científica del mundo. Debemos, pues, hacer ver a quien así nos contesta todo el alcance de su afirmación y mostrarle que la concepción religiosa del mundo se conduce más consecuentemente cuando sostiene que un gorrión no cae de un tejado sin una intervención particular de la voluntad divina. Supongo que, ante este argumento, no intentará ya nuestro amigo deducir la consecuencia lógica de su primera respuesta, sino que se rectificará diciendo que si él se dedicara a la investigación de estos pequeños fenómenos acabaría por encontrarles una explicación, pues se trata, sin duda, de pequeñas desviaciones de la función anímica o inexactitudes del mecanismo psíquico, cuyas condiciones habrían de ser fácilmente determinables. Un sujeto que en general hable correctamente puede muy bien cometer equivocaciones orales en los casos siguientes: 1°, cuando se halle ligeramente indispuesto o fatigado; 2°, cuando se halle sobreexcitado; 3°, cuando se halle excesivamente absorbido por cuestiones diferentes a aquellas a las que sus palabras se refieren. Estas afirmaciones pueden ser fácilmente confirmadas. Las equivocaciones orales se producen con particular frecuencia cuando nos hallamos fatigados, cuando padecemos un dolor de cabeza o en las horas que preceden a una jaqueca. En estas mismas circunstancias se produce también fácilmente el olvido de nombres propios, hasta el punto de que muchas personas reconocen en tal olvido la inminencia de una jaqueca. Del mismo modo, cuando nos hallamos sobreexcitados confundimos fácilmente ya no sólo las palabras, sino también las cosas, haciéndonos reos de actos de aprehensión errónea, y los olvidos de proyectos y otra gran cantidad de actos no intencionados se hacen particularmente frecuentes cuando nos hallamos distraídos, esto es, cuando nuestra atención se halla concentrada sobre otra cosa. Un conocido ejemplo de tal distracción nos es ofrecido por aquel profesor del *Friegende Blaetter*[1] que olvida

[1] N. del Traductor. —Popular semanario humorístico alemán.

su paraguas y se lleva un sombrero que no es suyo, porque su pensamiento se halla absorto en los problemas que se propone tratar en un próximo libro. Por propia experiencia conocemos todos casos de olvido de propósitos o promesas, motivados por haberse producido, después de concebir los primeros o formular las segundas, sucesos que han orientado violentamente nuestra atención hacia otro lado.

Todo esto lo encontramos perfectamente comprensible y nos parece hallarse protegido contra cualquier objeción, mas, por otro lado, no presenta, a primera vista, todo el interés que quizá esperábamos. Sin embargo, examinando más penetrantemente estas explicaciones de los actos fallidos, hallaremos que las condiciones que se indican como determinantes de tales fenómenos no son todas de una misma naturaleza. La indisposición y los trastornos circulatorios proporcionan un fundamento fisiológico para la alteración de las funciones normales; pero, en cambio, la excitación, la fatiga y la distracción son factores de naturaleza distinta y a los que podríamos calificar de psicofisiológicos. Fácilmente podemos construir una teoría de su actuación. La fatiga, la distracción y, quizá, la excitación general producen una dispersión de la atención que puede muy bien aminorar, hasta hacerla por completo insuficiente, la cantidad de la misma dirigida sobre la función de referencia, la cual puede entonces quedar fácilmente perturbada o ser realizada inexactamente. Una ligera indisposición o modificaciones circulatorias del órgano nervioso central pueden ejercer idéntico efecto influyendo del mismo modo sobre el factor regulador, o sea, sobre la distribución de la atención. Se trataría, pues, en todos los casos, de efectos consecutivos a perturbaciones de la atención producidas por causas orgánicas o psíquicas.

Mas todo esto no parece aportar gran cosa a nuestro interés psicoanalítico. Podríamos, pues, sentirnos inclinados de nuevo a renunciar a nuestra labor, pero examinando más penetrantemente tales observaciones nos daremos cuenta de que no todos los caracteres de los actos fallidos pueden explicarse por medio de esta teoría de la atención. Observaremos, sobre todo, que tales actos y tales olvidos se producen también en personas que lejos de hallarse fatigadas, distraídas o sobreexcitadas se encuentran en estado normal y que solamente *a posteriori*, esto es, precisamente después del acto fallido, es cuando se atribuye a tales personas una sobreexcitación que las mismas niegan en absoluto. La afirmación que pretende que el aumento de atención asegura la ejecución adecuada de una función y que. en cambio, cuando dicha atención queda disminuida aparece el peligro de perturbaciones e inexactitudes de todo género, nos parece un tanto simplista. Existe un gran número de actos que ejecutamos automáticamente o con escasísima atención, circunstancias que en nada perjudican a la más precisa ejecución de los mismos. El paseante que apenas se da cuenta de la dirección en que marcha no por ello deja de seguir el camino acertado y llega al fin propuesto sin haberse perdido. El pianista ejercitado deja, sin pensar en ello, que sus dedos recorran precisamente las teclas debidas. Claro es que puede equivocarse, mas, si su actividad automática hubiera de aumentar las probabilidades de error, sería natural que fuera el virtuoso, cuyo juego ha llegado a ser, a consecuencia de un largo ejercicio, puramente automático, el más expuesto a incurrir en errores. Mas, por el contrario, vemos que muchos actos resultan particularmente acertados cuando no son objeto de una atención especial y que el error se produce, en cambio, cuando precisamente nos interesa de una manera particular lograr una perfecta ejecución, esto es, cuando no existe desviación alguna de la atención. En estos casos, podría decirse que el error es efecto de la "excitación", pero no comprendemos por qué esta última no habría más bien de intensificar nuestra atención sobre un acto al cual ligamos tanto interés. Cuando en un discurso importante o en una negociación verbal comete alguien un *lapsus* y dice lo contrario de lo que quería decir, cae en un error que no puede explicarse fácilmente por la teoría psicofisiológica ni tampoco por la de la atención.

Los actos fallidos se muestran, además, acompañados por un sinnúmero de pequeños fenómenos secundarios que nos parecen incomprensibles y a los que las explicaciones intentadas hasta el momento no han conseguido aún aproximar a nuestra inteligencia. Cuando, por ejemplo, hemos olvidado temporalmente una palabra, nos impacientamos e intentamos recordarla sin darnos punto de reposo hasta hallarla ¿Por qué el sujeto a quien tanto contraría este olvido logra tan raramente, a pesar de su intenso deseo, dirigir su atención sobre la palabra que, como suele decirse, "tiene en la punta de la lengua" y que reconoce en el acto que otra persona la pronuncia ante él? Hay también casos en los que los actos fallidos se multiplican, se encadenan unos con otros y se reemplazan recíprocamente. Olvidamos por primera vez una cita y formamos el decidido propósito de no olvidarla en la ocasión siguiente, pero llegada ésta nos equivocamos al anotar la hora convenida. Mientras que por toda clase de rodeos intentamos recordar una palabra olvidada, huye de nuestra memoria una segunda palabra que nos hubiera podido ayudar a encontrar la primera y mientras nos dedicamos a buscar esta segunda palabra se nos olvida una tercera y así sucesivamente. Análogos fenómenos suelen producirse en las erratas tipográficas, las cuales pueden considerarse como actos fallidos del cajista. En una ocasión apareció una de tales erratas persistentes en un periódico socialdemócrata. En la crónica de cierta solemnidad oficial podía leerse: "Entre los asistentes se encontraba S. A. el *Kornprinz*" (en lugar de *Kronprinz*). Al día siguiente rectificó el periódico, confesando su error anterior y diciendo: "nosotros queríamos decir, naturalmente, el *Kronprinz*". En estos casos se echa la culpa, generalmente, a un diablo juguetón que presidiría los errores tipográficos o al duende de la caja, expresiones todas que van más allá del alcance de una simple teoría psicofisiológica de la errata de imprenta.

Ignoro si os es también conocido el hecho de que la equivocación oral puede ser provocada por algo que pudiéramos calificar de sugestión. A este propósito existe la siguiente anécdota: Un actor inexperimentado se encargó, en una representación de *La Doncella de Orleáns*, del importantísimo papel de anunciar al rey que el condestable (*Connétable*) le devolvía su espada (*Schwert*). Mas durante el ensayo general, un bromista se entretuvo en intimidar al novicio actor apuntándole, en lugar de la frase que tenía que decir, la siguiente: "El confortable (*Komfortable*) devuelve su caballo (*Pferd*)". Naturalmente, el pesado bromista consiguió su maligno propósito, y en la representación el novel actor pronunció, en efecto, la frase modificada que le había sido apuntada en lugar de la que debía decir, a pesar de que varias veces se le había advertido la posibilidad de tal equivocación, o quizá, precisamente, por ello mismo.

Todos estos pequeños rasgos de los actos fallidos no quedan ciertamente explicados por la teoría antes expuesta de la desviación de la atención, pero esto no quiere decir que tal teoría sea falsa. Para satisfacernos por completo le falta quizá algún complemento. Pero también muchos de los actos fallidos pueden ser considerados desde otros diferentes puntos de vista.

De todos los actos fallidos, los que más fácilmente se prestan a nuestros propósitos explicativos son las equivocaciones orales y las que cometemos en la escritura o la lectura. Comenzaremos, pues, por examinar las primeras y recordaremos, ante todo, que la única interrogante que hasta ahora hemos planteado y resuelto a su respecto era la de saber cuándo y en qué condiciones se cometían. Una vez resuelta esta cuestión habremos de consagrarnos a investigar lo referente a la forma y efectos de la equivocación oral, pues en tanto que no hayamos dilucidado estos problemas y explicado el efecto producido por las equivocaciones orales, seguiremos teniendo que considerarlas, desde el punto de vista psicológico, como fenómenos casuales, aunque les hayamos encontrado una explicación fisiológica. Es evidente que cuando cometemos un *lapsus* puede este revestir muy diversas formas, pues en lugar de la palabra justa podemos pronunciar mil otras inapropiadas o imprimir a dicha palabra innumerables deformaciones. De este modo, cuando en un caso particular elegimos entre todos estos *lapsus* posibles uno determinado, tenemos que preguntamos si hay razones decisivas que nos impongan tal elección o si, por el contrario, se trata únicamente de un hecho accidental y arbitrario.

Dos autores, Meringer y Mayer, filólogo el primero y psiquiatra el segundo, intentaron en 1895 atacar por este lado el problema de las equivocaciones orales y han reunido un gran número de ejemplos, exponiéndolos, en un principio, desde puntos de vista puramente descriptivos. Claro es que obrando de este modo no han aportado explicación ninguna de dicho problema, pero sí nos han indicado el camino que puede conducirnos a tal esclarecimiento. Estos autores ordenan las deformaciones que los *lapsus* imprimen al discurso intencional en las categorías siguientes: interversiones, anticipaciones, ecos, fusiones (contaminaciones) y sustituciones. Expondré aquí algunos ejemplos de estos grupos. Existe interversión cuando alguien dice "la *Milo de Venus*" en lugar de "la *Venus de Milo*" y anticipación en la frase "sentí un *pech*..., digo, un *peso* en el *pecho*". Un caso de eco sería el conocido brindis: "Ich fordere sie auf, auf das Wohl unseres Chefs *aufzustossen*" ("Os invito a *hundir* (*aufstossen*) la prosperidad de nuestro jefe", en lugar de: "Os invito a *brindar* (*stossen*) por la prosperidad de nuestro jefe"). Estas tres formas de la equivocación oral no son muy frecuentes, siendo mucho más numerosos aquellos otros casos en los que la misma surge por una fusión o contracción. Un ejemplo de esta clase es el de aquel joven que abordó a una muchacha en la calle con las palabras: "Si usted me lo permite, señorita, desearía acompañarla (*begleiten*)"; pero en vez de este verbo *begleiten* (*acompañar*) formó uno nuevo (*begleitdigen*), compuesto del primero y *beleidigen* (*ofender*). En la palabra mixta resultante aparece claramente, además de la idea de *acompañar*, la de *ofender*, y creemos, desde luego, que el galante joven no obtendría con su desafortunada frase un gran éxito. Como caso de sustitución citan Meringer y Mayer la siguiente frase: "Metiendo los preparados en el *buzón* (*briefkasten*) ...", en lugar de "en el horno de incubación" (*brütkasten*).

El intento de explicación que los dos autores antes citados creyeron poder deducir de su colección de ejemplos me parece por completo insuficiente. A su juicio, los sonidos y las sílabas de una palabra poseen valores diferentes y la inervación de un elemento poseedor de un valor elevado puede ejercer una influencia perturbadora sobre las de los elementos de un menor valor. Esto no sería estrictamente cierto más que para aquellos casos, muy poco frecuentes, de anticipaciones y ecos, pues en las equivocaciones restantes no interviene para nada este hipotético predominio de unos sonidos sobre otros. Los *lapsus* más corrientes son aquellos en los que se reemplaza una palabra por otra que presenta cierta semejanza con ella, y esta semejanza parece suficiente a muchas personas para explicar la equivocación. Así, la cometida por un catedrático que al querer decir en su discurso de presentación "No soy el llamado (Ich bin nicht *geeignet*) a hacer el elogio de mi predecesor en esta cátedra", se equivocó y dijo: "No estoy *inclinado* (Ich bin nicht *geneigt*), etc.". O la de otro profesor que dijo: "En lo que respecta al aparato genital femenino, no hemos logrado, a pesar de muchas *tentaciones*... perdón, *tentativas*..."

Pero la equivocación oral más frecuente y la que mayor impresión produce es aquella que consiste en decir exactamente lo contrario de lo que queríamos. Las relaciones tonales y los efectos de semejanza quedan ya aquí muy alejados de toda posible intervención y en su lugar aparece, en el mecanismo de la equivocación, la estrecha afinidad existente entre los conceptos opuestos y la proximidad de los mismos en la asociación psicológica. De este género de equivocaciones poseemos ejemplos históricos. Así, aquel presidente de la Cámara austrohúngara, que abrió un día la sesión con las palabras siguientes: "Señores diputados: hecho el recuento de los presentes y habiendo suficiente número se *levanta* la sesión".

Cualquier otra fácil asociación, susceptible de surgir inoportunamente en determinadas circunstancias, puede producir efectos análogos a los de la relación de los contrarios. Cuéntase, por ejemplo, que una fiesta celebrada con ocasión de la boda de una hija de Helmholz con el hijo del conocido inventor y gran industrial W. Siemens, el famoso fisiólogo Dubois-Raymond terminó su brillante brindis con un viva a la nueva firma industrial "Siemens y *Halske*", título de la sociedad industrial ya existente. La equivocación se explica por la costumbre de referirse a la citada firma industrial, popular en Berlín.

Así, pues, a las relaciones tonales y a la semejanza de las palabras habremos de añadir la influencia de la asociación de estas últimas. Pero tampoco esto es suficiente. Existe toda una serie de casos en los que la explicación del *lapsus* observado no puede conseguirse sino teniendo en cuenta la frase que ha sido enunciada o incluso tan sólo pensada anteriormente. Nos hallaremos, por lo tanto, ante un nuevo caso de eco semejante a los citados por Meringer, pero la acción perturbadora sería ejercida aquí desde una mucho mayor distancia. Mas debo confesaros que con todo lo que antecede me parece habernos alejado más que nunca de la comprensión del acto fallido de la equivocación oral.

No creo, sin embargo, incurrir en error diciendo que los ejemplos de equivocación oral citados en el curso de la investigación que precede dejan una nueva impresión merecedora de que nos detengamos a examinarlos. Hemos investigado, en primer lugar, las condiciones en las cuales se produce de un modo general la equivocación oral y, después, las influencias que determinan tales deformaciones de la palabra, pero no hemos examinado aún el efecto del *lapsus* en sí mismo e independientemente de las circunstancias en que se produce. Si por fin nos decidimos a hacerlo así, deberemos tener el valor de afirmar que en algunos de los ejemplos citados la deformación en la que el *lapsus* consiste presenta un sentido propio. Esta afirmación implica que el efecto de la equivocación oral tiene quizá un derecho a ser considerado como un acto psíquico completo, con su fin propio, y como una manifestación de contenido y significación peculiares. Hasta aquí hemos hablado siempre de actos *fallidos*, pero ahora nos parece ver que tales actos se presentan algunas veces como totalmente *correctos*, sólo que sustituyéndose a los que esperábamos o nos proponíamos.

Este sentido propio del acto fallido aparece en determinados casos en una manera evidente e irrecusable. Si las primeras palabras del presidente de la Cámara son para levantar la sesión en lugar de para declararla abierta, nuestro conocimiento de las circunstancias en las que esta equivocación se produjo nos inclinará a atribuir un pleno sentido a este acto fallido. El presidente no espera nada bueno de la sesión y le encantaría poder levantarla inmediatamente. No hallamos, pues, dificultad ninguna para descubrir el sentido de esta equivocación. Análogamente sencilla resulta la interpretación de los dos ejemplos que siguen:

a) Una señora quiso alabar el sombrero de otra y le preguntó en tono admirativo: "¿Y ha sido usted misma quien ha adornado ese sombrero?" Mas al pronunciar la palabra *adornado* (*aufgeputzt*) cambió la *u* de la última sílaba en *a*, formando un verbo relacionado íntimamente con la palabra *Patzerei* (facha). Toda la ciencia del mundo no podrá impedirnos ver en este *lapsus* una revelación del oculto pensamiento de la amable señora: "Ese sombrero es una facha".

b) Una casada joven, de la que se sabía que ordenaba y mandaba en su casa como jefe supremo, me relataba un día que su marido, sintiéndose enfermo, había consultado al médico sobre el régimen alimenticio más conveniente para su curación y que el médico le había dicho que no necesitaba observar régimen especial alguno. "Así, pues —añadió—, puede comer y beber lo que *yo* quiera". Esta equivocación muestra claramente todo un enérgico programa conyugal.

Si conseguimos demostrar que las equivocaciones orales que presentan un *sentido*, lejos de constituir una excepción, son, por lo contrario, muy frecuentes, este sentido del que hasta ahora no habíamos tratado en nuestra investigación de los actos fallidos vendrá a constituir el punto más importante de la misma y acaparará todo nuestro interés, retrayéndolo de otros extremos. Podremos, pues, dejar de lado todos los factores fisiológicos y psicofisiológicos y consagrarnos a investigaciones puramente psicológicas sobre el sentido de los actos fallidos, esto es, sobre su significación y sus intenciones. Con este objeto someteremos a observación desde este punto de vista el mayor acervo posible de material investigable.

Mas antes de iniciar esta labor, quiero invitaros a acompañarme en una corta digresión. Más de una vez se han servido diversos poetas de la equivocación oral y de otros actos fallidos como medios de representación poética. Este solo hecho basta para probarnos que el poeta considera el acto fallido, por ejemplo, la equivocación oral, como algo pleno de sentido, pues lo hace producirse intencionalmente, dado que no podemos pensar que se ha equivocado al escribir su obra y deja luego que su equivocación en la escritura subsista, convirtiéndose en una equivocación oral de su personaje. Por medio de tales errores quiere el poeta indicarnos alguna cosa que podremos fácilmente averiguar, pues veremos en seguida si la equivocación se encamina a hacernos ver que el personaje que la comete se halla distraído, fatigado o amenazado de un ataque de jaqueca. Claro es que no deberemos dar un valor exagerado al hecho de que los poetas empleen la equivocación oral como un acto pleno de sentido, pues, en realidad, podía la misma no tenerlo sino en rarísimas excepciones o ser, en general, una pura casualidad psíquica y deber en estos casos su significación a la exclusiva voluntad del poeta que, haciendo uso de un perfecto derecho, la espiritualizaría, dándole un sentido determinado para ponerla al servicio de sus fines artísticos. Sin embargo, no nos extrañaría tampoco que, inversamente, nos proporcionaran los poetas sobre la equivocación oral un mayor esclarecimiento que el que pudiéramos hallar en los estudios de los filólogos y psiquiatras.

Un ejemplo de equivocación oral lo encontramos en el *Wallenstein* de Schiller ("Los Piccolomini", acto primero, escena tercera). En la escena precedente, Max Piccolomini, lleno de entusiasmo, se ha declarado decidido partidario del duque, anhelando la llegada de la bendita paz, cuyos encantos le fueron descubiertos en el viaje en que acompañó al campamento a la hija de Wallenstein. A continuación, comienza la escena quinta:

«QUESTENBERG: ¡Ay de nosotros! ¿A esto hemos llegado? ¿Vamos, amigo mío, a dejarle marchar en ese error sin llamarle de nuevo y abrirle los ojos en el acto?

OCTAVIO (saliendo de profunda meditación): Ahora acaba él de abrírmelos a mí y veo más de lo que quisiera ver.

QUESTENBERG: ¿Qué es ello, amigo mío?

OCTAVIO: ¡Maldito sea el tal viaje!

QUESTENBERG: ¿Por qué? ¿Qué sucede?

OCTAVIO: Venid. Tengo que perseguir inmediatamente la desdichada pista. Tengo que observarla con mis propios ojos. Venid. (Quiere hacerle salir).

Questenberg: ¿Por qué? ¿Dónde?
Octavio (apresurado): Hacia ella.
Questenberg: Hacia...
Octavio (corrigiéndose): Hacia el duque, vamos.»

Octavio quería decir: "Hacia él; hacia el duque", pero comete un *lapsus* y revela a los espectadores con las palabras "hacia ella" que ha adivinado cuál es la influencia que hace ansiar la paz al joven guerrero.

Otto Rank ha descubierto en Shakespeare un ejemplo, aún más impresionante, de este mismo género. Hállase este ejemplo en *El Mercader de Venecia*, y en la célebre escena en la que el feliz amante debe escoger entre tres cofrecillos que Porcia le presenta. Lo mejor será copiar la breve exposición que Rank hace de este pasaje:

«Otro ejemplo de equivocación oral, delicadamente motivado, utilizado con gran maestría técnica por un poeta y similar al señalado por Freud en el *Wallenstein*, de Schiller, nos enseña que los poetas conocen muy bien la significación y el mecanismo de esta función fallida, y suponen que también los conoce o los comprenderá el público. Este ejemplo lo hallamos en *El Mercader de Venecia* (acto tercero, escena segunda), de Shakespeare. Porcia, obligada por la voluntad de su padre a tomar por marido a aquel de sus pretendientes que acierte a escoger una de las tres cajas que le son presentadas, ha tenido hasta el momento la fortuna de que ninguno de aquellos amadores que no le eran gratos acertase en su elección. Por fin encuentra en Bassanio al hombre a quien entregaría gustosa su amor y, entonces, teme que salga también vencido en la prueba. Quisiera decirle que, aun sucediendo así, puede estar seguro de que ella le seguirá amando, pero su juramento se lo impide. En este conflicto interior le hace decir el poeta a su afortunado pretendiente:

PORCIA: Quisiera reteneros aquí un mes o dos antes de que aventurarais la elección de que dependo. Podría indicaros cómo escoger con acierto, pero si así lo hiciera, sería perjura, y no lo seré jamás. Por otra parte, podéis no obtenerme, y, si esto sucede, me haríais arrepentir, lo cual sería un pecado, de no haber faltado a mi juramento. ¡Malhaya vuestros ojos! Se han hecho dueños de mi ser y *lo han dividido en dos partes, de las cuales, la una es vuestra, y la otra vuestra, digo mía, mas, siendo mía, es vuestra, y así, soy toda vuestra.»*

Así, pues, aquello que Porcia quería tan sólo indicar ligeramente a Bassanio, por ser algo que en realidad debía callar en absoluto, esto es, que ya antes de la prueba le amaba y era toda suya, deja el poeta, con admirable sensibilidad psicológica, que aparezca claramente en la equivocación y por medio de este artificio consigue calmar tanto la insoportable incertidumbre del amante como la similar tensión del público sobre el resultado de la elección.

Observamos también con qué sutileza acaba Porcia por conciliar las dos manifestaciones contenidas en su equivocación y por suprimir la contradicción que existe entre ellas, dando, sin embargo, libre curso a la expresión de su promesa: "Mas siendo mía, es vuestra, y así, soy toda vuestra".

Con una sutil observación ha descubierto también, ocasionalmente, un pensador muy alejado de los estudios médicos, el sentido de una función fallida, ahorrándonos el trabajo de buscarlo por nuestra cuenta. Todos conocéis al ingenioso satírico Lichtenberg (1742-1799), del que Goethe decía que cada uno de sus chistes escondía un problema. Precisamente en un chiste de este autor aparece la solución del problema que nos ocupa, pues, refiriéndose a un erudito en una de sus chistosas y satíricas ocurrencias, dice que a fuerza de haber leído a Homero había acabado por leer *"Agamenón"* siempre que encontraba escrita ante sus ojos la palabra *"angenommen"* (admitido). Y ésta es precisamente toda la teoría de la equivocación en la lectura.

En la próxima lección examinaremos la cuestión de saber si podemos ir de acuerdo con los poetas en esta concepción de las funciones fallidas.

III
Los actos fallidos
(*Continuación*)

En la lección que antecede hubimos de considerar la función fallida en sí e independientemente de su relación con la función intencional por ella perturbada. Obrando así recibimos la impresión de que tales funciones fallidas parecían delatar, en determinados casos, un sentido propio y nos dijimos que si esto pudiera demostrarse en gran escala habría de resultar para nosotros mucho más interesante la investigación de dicho sentido que la de las circunstancias en las que las funciones fallidas se producen.

Pongámonos de acuerdo una vez más sobre lo que entendemos por el "sentido" de un proceso psíquico. Con esta palabra nos referimos exclusivamente a la intención a que dicho proceso sirve y a su posición dentro de una serie psíquica. En la mayoría de nuestras investigaciones podemos, por lo tanto, sustituir el término "sentido" por los de "intención" o "tendencia". Así, pues, la primera interrogante que al llegar a este punto de nuestra labor se nos plantea es la de si esta intención que hemos creído hallar en las funciones fallidas no es quizá sino una engañosa apariencia de las mismas o una pura imaginación nuestra.

Para comprobarlo, continuaremos nuestra investigación de los casos de equivocación oral, sometiendo a detenido examen un mayor número de ejemplos de este género. En esta parte de nuestra labor hemos de encontrar categorías enteras de casos en los que la intención o sentido de la equivocación se muestra con evidente claridad. Entre ellos tenemos, ante todo, aquellos en los que el sujeto expresa todo lo contrario de lo que se proponía. Así, aquel presidente de la Cámara austriaca que queriendo abrir la sesión la declaró levantada. No hay aquí equívoco posible. El sentido y la intención de este error oral es, desde luego, que lo que el sujeto deseaba realmente era levantar la sesión, pues incluso pudiéramos alegar que es él mismo quien con sus palabras nos revela su intención. Os ruego que no perturbéis por ahora mi conferencia presentándome la objeción de que sabemos desde luego que no quería cerrar la sesión, sino, por el contrario, abrirla y que el mismo sujeto a quien en esta cuestión tenemos que reconocer como la última y más elevada instancia, nos confirmaría, si le interrogáramos, que su intención era la contraria de la que sus palabras revelaron. Además, presentando esta objeción, olvidaríais que hemos convenido en examinar ante todo la función fallida en sí e independientemente de su relación con el propósito perturbado, relación que ya investigaremos más adelante, y os haríais reos de una falta de lógica con la que escamotearíais el problema que precisamente hemos puesto sobre el tapete.

En otros casos en los que la equivocación oral no consiste en decir todo lo contrario de lo que se pensaba, puede sin embargo surgir del *lapsus* un sentido antitético. Así, en el ejemplo antes citado del catedrático que en su discurso de toma de posesión dijo: "No estoy inclinado (*geneigt*) a hacer el elogio de mi estimado predecesor", queriendo decir: "No soy el llamado" (*geeignet*)"; "inclinado" no es lo contrario de "llamado", pero la equivocación da a la frase un sentido totalmente contrario al que el orador quería manifestar.

Podremos hallar también numerosos ejemplos en los que el *lapsus* añade al sentido intencional un segundo sentido, haciendo que la frase se nos muestre como una contracción, una abreviación o una condensación de varias otras. Tal es el caso de aquella señora de enérgico carácter que al ser interrogada por el dictamen que el médico había expuesto después de reconocer a su marido dijo que este último podría, sin inconveniente alguno, comer y beber lo que ella quisiera, *lapsus* que equivale a la confesión siguiente: "Mi marido podrá comer y beber lo que él quiera, pero él no quiere nunca más que lo que yo le mando". Las equivocaciones orales se nos muestran con mucha frecuencia como abreviaciones de este mismo género. Así, un profesor de Anatomía, que después de su lección sobre la cavidad nasal, pregunta a sus oyentes si le han comprendido y tras de recibir una general respuesta afirmativa, prosigue diciendo: "No lo creo, pues las personas que comprenden verdaderamente estas cuestiones relacionadas con la anatomía de la cavidad nasal, pueden contarse, aun en una gran ciudad de más de un millón de habitantes, con un solo dedo... perdón con los dedos de una sola mano". La frase abreviada tiene aquí también su sentido: quiere decir lo que piensa realmente el profesor, esto es, que allí no hay más que una sola persona que comprenda aquellas cuestiones.

Enfrente de estos grupos de casos en los que la función fallida muestra patentemente su propio sentido, aparecen otros en los que la equivocación no presenta ningún sentido aparente y que, por lo tanto, contradicen nuestras esperanzas. Cuando alguien destroza, equivocándose, un nombre propio o yuxtapone una serie de sonidos desacostumbrados, cosa por cierto muy frecuente, parece quedar rechazada decisivamente nuestra hipótesis de que todos los actos fallidos poseen un sentido propio. Mas un detenido examen de estos ejemplos acaba por demostrarnos que también es posible llegar a la comprensión de tales deformaciones y que la diferencia existente entre estos obscuros casos y los que anteriormente hemos expuesto no es, ni con mucho, tan grande como a primera vista parece.

En una ocasión pregunté a un amigo mío por el estado de su caballo, que se hallaba enfermo, y obtuve la siguiente respuesta: "Sí, esto *drurará* (*draut*) quizá todavía un mes". La *r* sobrante de *drurará* me pareció incomprensible y llamé la atención de mi amigo sobre su *lapsus*, respondiéndome, que al oír mi pregunta había pensado que aquello era una *triste* (*traurig*) historia. Así, pues, el encuentro de las dos palabras *durará* y *triste* había motivado el equivocado *drurará*.

Otra persona relataba un día ciertos hechos que calificaba de *cochinerías* (*schweinereien*), mas no queriendo pronunciar esta palabra, dijo: "Entonces se descubrieron determinados hechos..."; pero al pronunciar la palabra *Vorschein* que aparece en esta frase, se equivocó y pronunció *Vorschwein* palabra nacida de la unión de la que intentaba pronunciar con la que quedaba latente en su pensamiento.

Recordad ahora el caso de aquel joven, que queriendo pedir a una señora permiso para acompañarla, formó una palabra mixta compuesta de los verbos *acompañar* y *ofender* (*begleiten* y *beleidigen*). De estos ejemplos podéis deducir que también tales casos más obscuros de la equivocación oral pueden explicarse por el encuentro o *interferencia* de dos distintos propósitos. La diferencia que entre ambos géneros de ejemplos hallamos, obedecería exclusivamente al hecho de que la intención latente sustituye unas veces por completo a la manifiesta, como en aquellos *lapsus* en los que el sujeto dice todo lo contrario de lo que se proponía, mientras que otras tienen que contentarse con deformar o modificar dicha intención manifiesta, dando origen a creaciones mixtas que pueden resultar más o menos plenas de sentido.

Creemos haber penetrado ahora en el secreto de un gran número de equivocaciones y manteniéndonos dentro de este punto de vista nos será posible comprender otros grupos de actos fallidos que hasta el momento nos parecían enigmáticos. En la deformación de nombres no podemos, por ejemplo, admitir que se trate siempre de una concurrencia de dos nombres a la vez semejantes y diferentes. Pero tampoco en estos casos resulta difícil descubrir la segunda intención. Con gran frecuencia realizamos la deformación de un nombre expresamente, sin que la misma sea debida a equivocación ninguna, y lo que obrando así nos proponemos es dar a dicho nombre una expresión malsonante o que nos recuerde un objeto bajo y vulgar. Es este un género de insulto muy difundido y al que el hombre educado aprende pronto a renunciar, aunque a disgusto, pues con frecuencia lo utiliza aun para la formación de "chistes", claro es que del más bajo ingenio. Podremos, pues, admitir que en las equivocaciones de esta clase existe también una tal intención injuriosa que se manifiesta en la deformación del nombre. Análoga explicación habremos de dar más adelante a determinados casos de la equivocación oral de efecto cómico o absurdo. Recordemos aquí el conocido brindis: "Invito a usted a *hundir* la prosperidad de nuestro jefe" (en lugar de "a brindar por"—*Ich fordere Sie auf, auf das Wohl unseres Chefs aufzustossen*), ejemplo en el que una solemne situación queda perturbada por la irrupción de una palabra que despierta una representación desagradable. Recordando la forma de ciertas frases expresamente injuriosas, tenemos que admitir que en la equivocación del orador pugna por manifestarse una tendencia contraria al sentimiento de respeto y afecto que el mismo se proponía expresar, tendencia que pudiéramos traducir, aproximadamente, como sigue: "No creáis que todo esto que estoy diciendo es en serio. La prosperidad de nuestro jefe me tiene absolutamente sin cuidado". Idéntica explicación es aplicable a aquellas equivocaciones orales que convierten, en obscenas, frases o palabras por completo inocentes.

Esta tendencia a transformar intencionadamente en obscenidades palabras inocentes se observa en muchas personas que obran así por el placer de producir un efecto chistoso, y, por lo tanto, cada vez que oímos una de estas deformaciones deberemos averiguar si su autor ha querido hacer un chiste o la ha dejado escapar por equivocación.

Así pues, habríamos resuelto con relativa facilidad el problema de los actos fallidos. No son casualidades, sino importantes actos psíquicos que tienen su sentido y deben su génesis a la acción conjunta, o quizá, mejor dicho, a la oposición de dos intenciones diferentes. Mas como tengo la seguridad de que en vosotros habrá surgido un cúmulo de interrogantes y dudas que deberé contestar y desvanecer, respectivamente, antes de que podamos dejar establecido de un modo definitivo este primer resultado de nuestra labor, estoy dispuesto a discutir por orden y en forma sucesiva todas las objeciones que me presentéis, pues no es mi intención impulsaros a una decisión poco madurada.

De antemano conozco las interrogantes que estáis pensando plantearme. La explicación dada a la equivocación oral, ¿se aplica a todos los casos de este género o sólo a determinado número de ellos? Y esta misma teoría, ¿podría también ampliarse a los numerosos géneros restantes de funciones fallidas, tales como las equivocaciones en la lectura y en la escritura, los olvidos, los actos de aprehensión errónea, la pérdida de objetos, etc.? ¿Cuál puede ser el papel que desempeñen en presencia de la naturaleza psíquica de las funciones fallidas, la fatiga, la excitación, la distracción o las perturbaciones de la atención? Además, teniendo en cuenta que de las dos tendencias concurrentes de la función fallida una es siempre patente y la otra no ¿qué camino habrá de seguirse para adivinar esta última? Y una vez que creamos haberla adivinado, ¿cómo demostrar que no sólo es la más probable sino la única verdadera? ¿Os queda aún algo que preguntar? Si no, continuaré yo por mi cuenta esta serie de interrogantes. Os recordaré que realmente las funciones fallidas nos interesan poco de por sí y que si las investigamos es con la esperanza de que su estudio nos proporcione datos para el conocimiento del psicoanálisis. Por lo tanto, la pregunta que realmente debemos plantearnos es la de cuáles son estos propósitos o tendencias que pueden estorbar a otros de tal manera, y cuáles son las relaciones que existen entre las tendencias perturbadoras y las perturbadas. Vemos, pues, que cuando hemos llegado a resolver el problema que primero nos planteábamos, nos hallamos aún por completo al principio de nuestra labor.

Examinemos la primera pregunta, esto es, la de si la explicación que hemos dado es aplicable a todos los casos de equivocación oral. A mi juicio, sí, pues para todo ejemplo de este género que sometamos al análisis hallaremos igual solución. Sin embargo, no es posible demostrar tampoco que la equivocación no pueda producirse sin que en ella intervenga este mecanismo. Mas desde el punto de vista teórico esto nos importa bien poco, pues las conclusiones que nos proponemos formular, concernientes a la introducción al psicoanálisis, permanecen intactas, aunque —cosa desde luego inverosímil— escapara una minoría de casos de equivocación oral a nuestra teoría explicativa. A la segunda interrogante que nos planteamos, o sea, la de si debemos extender a otras variedades de las funciones fallidas los resultados que hemos obtenido al examinar la equivocación oral, contestaremos desde luego en sentido afirmativo. Por vosotros mismos os convenceréis de mi perfecto derecho a hacerlo así cuando lleguemos al examen de los ejemplos de equivocación en la escritura, actos de aprehensión errónea, etcétera. Mas, por razones técnicas, os propongo que dilatemos esta labor hasta que hayamos profundizado algo más en el problema de las equivocaciones orales. La cuestión del papel que, una vez admitido el mecanismo psíquico de las equivocaciones orales que acabamos de describir, desempeñan aquellos factores a los cuales han concedido los que en la investigación de estas materias hubieron de precedernos una primordial importancia, o sea, las perturbaciones circulatorias, la fatiga, la excitación, la distracción y los trastornos de la atención, merece un penetrante examen. Habréis de observar que no rechazamos en absoluto la actuación de estos factores. Además, no es muy frecuente que el psicoanálisis rechace lo que otros investigadores afirman, pues, generalmente, no hace más que agregar nuevas deducciones, pero resulta a veces que aquello que antes había pasado inadvertido y que el psicoanálisis añade es precisamente lo más esencial de la cuestión investigada. La influencia de las disposiciones fisiológicas resultantes de la indisposición, de los trastornos circulatorios y de los estados de agotamiento, sobre la producción de las equivocaciones orales, debe ser reconocida sin reservas. Nuestra experiencia personal y cotidiana basta desde luego para hacer evidente tal influencia. Mas todo esto no aporta esclarecimiento alguno, pues tales estados no constituyen condición necesaria de la función fallida. La equivocación oral se produce así mismo en plena salud y completa normalidad. Estos factores somáticos no tendrán, pues, otra significación que la de facilitar y favorecer el mecanismo particular del *lapsus* oral. En una obra anterior me he servido, para ilustrar estas relaciones, de una comparación que reproduciré aquí, pues no encuentro otra más acertada. Supongamos que, atravesando en una noche obscura un paraje desierto, soy atacado por un ladrón que me despoja de mi reloj y mi dinero y supongamos que después de haber sido robado de esta manera por un malhechor, cuyo rostro no he podido ver, vaya yo a presentar una denuncia a la comisaría más próxima, diciendo: "La soledad y la obscuridad acaban de robarme mis alhajas". El comisario podría entonces responderme: "Me parece que hace usted mal en explicar el hecho de esa manera tan ultra mecánica; mejor será representarnos la situación de la manera siguiente: Protegido por la obscuridad y favorecido por la soledad, un ladrón desconocido le ha despojado a usted de los objetos de valor que llevaba encima. Lo que a mi juicio importa más en su caso es volver a encontrar al ladrón y solamente entonces tendremos algunas probabilidades de recuperar los objetos robados".

Los factores psicofisiológicos tales como la excitación, la distracción y los trastornos de la atención nos prestan muy escasa ayuda para el esclarecimiento de las funciones fallidas, pues el problema que estas nos plantean es precisamente el de averiguar qué es lo que en cada caso ha dado origen a la excitación y a la particular desviación de la atención. Por otra parte, hemos de reconocer que las influencias tonales, las semejanzas verbales y las asociaciones corrientes de las palabras no dejan de poseer cierta importancia. Todos estos factores facilitan la equivocación, indicándole el camino que debe seguir. Pero el que hallemos ante nosotros un camino ¿quiere acaso decir que hayamos de seguirlo? Nada de eso, pues será necesario todavía un móvil que nos decida a emprenderlo y una fuerza que nos impulse. Tales relaciones tonales y tales semejanzas verbales se limitan, pues, del mismo modo que las disposiciones físicas, a favorecer la equivocación oral, pero no constituyen desde luego una explicación de la misma. Pensad que en la enorme mayoría de los casos nuestro discurso oral no se halla perturbado en ningún modo por el hecho de que las palabras que empleamos recuerden otras por asonancia, o se hallen íntimamente ligadas a sus contrarios, o, por último, provoquen asociaciones habituales. En rigor, podríamos decir, con el filósofo Wundt, que la equivocación oral se produce cuando, a consecuencia de un agotamiento corporal, la tendencia a la asociación vence todas las demás intenciones del discurso. Esta explicación sería perfecta, si no se hallara contradicha por la experiencia misma, la cual muestra, en una serie de casos, la ausencia de factores corporales, y en otros, la de asociaciones susceptibles de favorecer la equivocación oral.

Entre vuestras interrogantes, encuentro particularmente interesante la que se refiere a cómo es posible fijar las dos tendencias interferentes. No sospecháis probablemente las graves consecuencias que esta pregunta puede tener según sea la respuesta que a ella se dé. Una de estas tendencias, la perturbada, es indudablemente conocida por el sujeto de la función fallida. Las dudas o vacilaciones no pueden, pues, nacer más que en lo que se refiere a la otra, o sea, la tendencia perturbadora. Ahora bien, hemos dicho ya, y seguramente no lo habéis olvidado, que existe toda una serie de casos en los que esta última tendencia es igualmente manifiesta y nos es revelada por el efecto de la equivocación, siempre que nos atrevamos a considerar este efecto independientemente de toda otra circunstancia. Recordemos la equivocación en la que el presidente de la Cámara dice todo lo contrario de lo que debía decir; es evidente que quiere abrir la sesión, pero no lo es menos que le agradaría levantarla. Es esto hasta tal punto inequívoco que toda otra interpretación resultaría superflua. Mas en otros casos en los que la tendencia perturbadora no hace sino deformar la tendencia primitiva sin manifestarse ella por su cuenta, ¿cómo podremos deducirla de la deformación producida?

En una primera serie de casos podemos realizarlo con gran sencillez y seguridad, obrando en la misma forma que para establecer la tendencia perturbada, la cual nos es revelada por la misma persona que ha sufrido la equivocación al rectificar esta y restablecer el sentido verdadero. Así, en el ejemplo antes citado: "Esto *drurará*... digo, *durará* quizá todavía un mes". Del mismo modo, podremos en este caso hacernos comunicar la tendencia perturbadora interrogando al sujeto por el motivo de su equivocación. Recordaréis, sin duda, que su respuesta fue la de que había pensado simultáneamente que "aquello era una *triste* historia", quedando así explicada su equivocación por la interferencia de las palabras "durará" y "triste". En otro ejemplo, el del *lapsus Vorschwein*, nos manifestó el sujeto haber querido decir *Schweinereien* (cochinerías), pero que no queriendo emplear una palabra tan malsonante, dirigió su discurso en distinto sentido. También en este caso hemos conseguido determinar la tendencia perturbadora con igual seguridad que la perturbada. Vemos, pues, que en estos ejemplos escogidos intencionadamente por mí entre aquellos cuya comunicación y solución se deben a personas extrañas por completo a el psicoanálisis, ha sido necesaria cierta intervención para hallar esclarecimiento. Ha habido necesidad de interrogar al sujeto sobre el motivo de la equivocación y sobre lo que de la misma pensaba, pues si no, hubiera continuado hablando sin fijarse en su equivocación ni tomarse el trabajo de explicarla. Pero, interrogados, hemos visto que la explicaban y precisamente con la primera idea que a su mente acudía. Esta pequeña intervención y sus resultados es ya psicoanálisis, pues constituye el modelo en pequeño de la investigación psicoanalítica que más adelante expondremos.

Será quizá una extrema desconfianza mía sospechar que en el momento mismo en que el psicoanálisis surge ante vosotros, se afirma simultáneamente vuestra resistencia contra él, pero me figuro ver en vosotros el deseo de objetarme que la explicación dada al *lapsus* oral por la misma persona que lo ha cometido carece de fuerza probatoria, pues pensáis que hallándose la misma naturalmente dispuesta a obedecer a la invitación que le hacemos de explicar su equivocación, nos comunicará la primera cosa que acuda a su imaginación y que le parezca apropiada para proporcionar el esclarecimiento pedido. De este modo, nada nos asegura que esta explicación sea la verdadera, dado que a la imaginación de la persona interrogada hubiera podido acudir, igualmente, otra idea distinta, tan apropiada —si no más— para explicar la equivocación cometida.

¡Es curioso el escaso respeto que manifestáis ante los hechos psíquicos! Imaginad que alguno de vosotros, habiendo emprendido el análisis químico de una sustancia, llegara al resultado de que en la composición de la misma entraba cierto número de miligramos de uno de sus elementos constitutivos y dedujera de este resultado determinadas conclusiones ¿Creéis que habrá algún químico al que se le ocurra rechazar estas conclusiones bajo el pretexto de que la sustancia aislada hubiera podido tener igualmente otro peso distinto? Lo que sucederá es que todos y cada uno se inclinarán ante el hecho de que el peso encontrado es el efectivo y tomarán sin vacilación alguna este hecho como base y punto de partida de ulteriores investigaciones. ¡En cambio, cuando nos hallamos en presencia del hecho psíquico constituido por una idea determinada surgida en el espíritu de una persona a la que hemos interrogado, ya no aplicamos esta regla y decimos que dicha persona hubiera podido tener lo mismo otra idea distinta! Poseéis la ilusión de la existencia de una libertad psíquica y no queréis renunciar a ella. Por mi parte, siento mucho ser, en esta cuestión, totalmente contrario a vuestras opiniones.

Es posible que cedáis a mis razones en este punto concreto, pero sólo para renovar vuestra resistencia a la aceptación de otros de los que acabo de exponer. De este modo, continuaríais vuestra crítica diciendo: "Comprendemos que la técnica especial del psicoanálisis consiste en obtener de las propias palabras del sujeto analizado la solución de los problemas de que se ocupa. Examinemos, pues, aquel otro ejemplo en el que el orador de un banquete invita a su auditorio a *hundir* la prosperidad de su jefe. En este caso, decís que la intención perturbadora que se opone a la expresión del afectuoso respeto que el orador quería manifestar, es de carácter injurioso. Pero esto no pasa de ser una interpretación puramente personal vuestra, fundada en observaciones *exteriores* a la equivocación. Interrogad, ahora, al sujeto y veréis como no confesará nunca haber tenido tal intención injuriosa, sino que la negará con toda energía. ¿Por qué no abandonar en este caso vuestra indemostrable interpretación ante la irrefutable negativa del interesado?"

Esta vez sí habéis hallado un argumento consistente. Me imagino al orador desconocido como un joven estudioso de brillante porvenir, discípulo preferido y auxiliar de aquel jefe en cuyo honor se da el banquete. Mi insistente interrogatorio sobre si no ha sentido alguna resistencia interior cuando se disponía a invitar a los circunstantes a mostrar su afecto y respeto al festejado, le impacienta e irrita hasta hacerle exclamar con indignado acento: "Le ruego que cese en sus impertinentes preguntas. Sus infundadas sospechas pueden causar un grave perjuicio en mi carrera. Si he dicho hundir (*auftossen*) en lugar de brindar (*stossen*) es porque ya dos veces en la misma frase había repetido la preposición *auf*. Mi equivocación obedece a lo que Meringer llama un eco y no necesita de otra interpretación. ¿Me entiende usted? Pues basta". Mas esta reacción del sujeto nos parece en extremo violenta y su negativa excesivamente enérgica. Vemos que no podemos extraer revelación ninguna del sujeto, pero también que se manifiesta harto interesado personalmente en que no se halle sentido alguno a su función fallida. También vosotros pensaréis quizá que hace mal en mostrarse tan grosero a propósito de una investigación puramente teórica, pero, al fin y al cabo —añadiréis— el interesado tiene que saber mejor que nadie lo que ha querido y lo que no ha querido decir.

¿Lo creéis así? Pues bien, para nosotros esto constituye aún un problema.

Esta vez sí que creéis poder confundirme fácilmente: "He aquí vuestra técnica —os oigo decir—. Cuando una persona que ha sufrido una equivocación dice, explicándola, algo que os conviene, declaráis que su testimonio es el supremo y decisivo. Mas si lo que dice la persona interrogada no se adapta a vuestros propósitos, entonces pretendéis que su explicación no tiene valor ninguno y que no es digna de fe".

En realidad, esto es lo que parece deducirse de mis palabras, pero puedo presentaros un caso análogo en el que sucede algo igualmente extraordinario. Cuando un acusado confiesa su delito, el juez acepta su confesión, no dando, en cambio, fe ninguna a sus negativas, sistema que, a pesar de posibles errores, hemos de aceptar obligadamente si no queremos hacer imposible toda administración de Justicia. Pero ¿podemos acaso considerarnos como jueces y ver un reo en la persona que ha sufrido la equivocación? ¿Es que esta constituye un delito? Quizá no debamos rechazar por completo esta comparación. Mas ved las profundas diferencias que se revelan en cuanto profundizamos, por poco que sea, en los problemas, tan inocentes a primera vista, que surgen de la investigación de las funciones fallidas, diferencias que no sabemos todavía suprimir. Os propondré una transacción provisional fundada precisamente en esta comparación con el juez y con el acusado. Tenéis que concederme que el sentido de un acto fallido no admite la menor duda cuando es el analizado mismo quien lo admite. En cambio, yo os concederé que la prueba directa del sentido sospechado resulta imposible de obtener cuando el analizado rehúsa toda información o cuando no nos es posible someterle a un interrogatorio. En estos casos quedamos reducidos, como en los sumarios judiciales, a contentarnos con indicios que harán nuestra decisión más o menos verosímil según las circunstancias. Por razones prácticas, el Tribunal debe declarar culpable a un acusado, aunque no posea como prueba sino simples presunciones. Esta necesidad no existe para nosotros, pero tampoco debemos renunciar a la utilización de indicios parecidos. Sería un error creer que una ciencia no se compone sino de tesis rigurosamente demostradas y sería una injusticia exigir que así fuera. Una tal exigencia es signo de temperamentos que tienen necesidad de autoridad y buscan reemplazar el catecismo religioso por otro de orden científico. El catecismo de la ciencia no entraña sino muy pocas proposiciones apodícticas. La mayor parte de sus afirmaciones presenta solamente ciertos grados de probabilidad y lo propio del espíritu científico es precisamente saber contentarse con estas aproximaciones a la certidumbre y poder continuar el trabajo constructor a pesar de la falta de últimas pruebas.

Mas en los casos en que el analizado mismo no puede suministrarnos información alguna sobre el sentido de la función fallida, ¿dónde encontraremos los puntos de apoyo necesarios para nuestra interpretación y los indicios que nos permitan demostrarla? Varias son las fuentes que pueden suministrárnoslos. En primer lugar, podemos deducirlos por analogía con otros fenómenos distintos de la función fallida, procedimiento que hemos utilizado ya antes de afirmar que la deformación de un nombre por equivocación involuntaria posee el mismo sentido injurioso que el que tendría una deformación intencional. Igualmente podemos hallar los puntos de apoyo y los indicios que precisamos en el conocimiento de la situación psíquica en la que se produce el acto fallido y en el del carácter de la persona que lo lleva a cabo y de las impresiones que la misma pudo recibir antes de realizarlo, pues dicho acto pudiera muy bien constituir la reacción del sujeto a tales impresiones. En la mayoría de los casos establecemos desde luego nuestra interpretación de la función fallida, guiándonos por principios generales, y buscamos después la confirmación de tal hipótesis interpretativa por medio de la investigación de la situación psíquica. Algunas veces tenemos también que esperar, para obtener la confirmación buscada, a que se realicen determinados sucesos que el acto fallido parece anunciarnos.

No me será fácil aportar muchas pruebas de estas últimas afirmaciones mientras permanezca limitado a los dominios de la equivocación oral, aunque en ellos podamos encontrar también algunos buenos ejemplos. El joven que deseando acompañar a una dama se ofreció a efectuar algo entre acompañarla y *ofenderla*, es ciertamente un tímido, y de la señora cuyo marido podía comer y beber lo que ella quisiera, me consta que es una de aquellas mujeres enérgicas que saben mandar en su casa. Podemos citar también el caso siguiente: En una junta general de la asociación Concordia, un joven socio pronunció un violento discurso de oposición, en el curso del cual interpeló a los *miembros de la comisión de gobierno interior* (*Ausschussmitglieder*) con el nombre de *miembros del comité de préstamos* (*Vorschussmitglieder*). Hemos de presumir que su oposición tropezó en él con una tendencia perturbadora relacionada probablemente con una cuestión de préstamo. Y en efecto, supimos poco después que nuestro orador tenía constantes apuros monetarios y acababa de hacer a la sociedad una nueva demanda de este género. La intención perturbadora se hallaría, pues, fundada en la idea siguiente: "Harías bien en mostrarte moderado en tu discurso de oposición, pues te diriges a personas que pueden concederte o rehusarte el préstamo que has solicitado".

Más adelante, cuando lleguemos a abordar el vasto dominio de las restantes funciones fallidas, podré presentaros una numerosa selección de estas pruebas indiciarias.

Cuando alguien olvida, o a pesar de todos sus esfuerzos, no retiene sino muy difícilmente un nombre que, sin embargo, le es familiar, tenemos derecho a suponer que abriga algún resentimiento con el sujeto a que dicho nombre corresponde, y que, por lo tanto, no gusta de pensar en él. Ved, si no, en el ejemplo que sigue, la situación psíquica en la que el acto fallido se produjo:

«Un cierto señor Y. se enamoró, sin ser correspondido, de una muchacha que poco tiempo después contrajo matrimonio con el señor X. Aunque Y. conoce a X. hace ya mucho tiempo, y hasta tiene con él relaciones comerciales, olvida de continuo su nombre, y cuando quiere escribirle tiene que acudir a alguien que se lo recuerde.» Es evidente que Y. no quiera saber nada de su feliz rival. (*Nicht gedacht soll seiner werden*).

Otro caso: Una señora pide a su médico noticias de una amiga común, pero al hacerlo la designa con su nombre de soltera, pues ha olvidado por completo el apellido de su marido. Interrogada sobre este olvido, declara que ve con disgusto el matrimonio de su amiga, pues el marido le es profundamente antipático.

Como más adelante hemos de tratar con todo detalle de los numerosos problemas que suscita el olvido de nombres, nos consagraremos ahora a examinar lo que por el momento nos interesa más especialmente, esto es, la situación psíquica en la que el olvido, en general, se produce.

El olvido de intenciones o propósitos puede atribuirse de una manera general a la acción de una corriente contraria que se opone a la realización de los mismos, opinión que no es privativa de los partidarios del psicoanálisis, sino que es la que profesa todo el mundo en la vida corriente, aunque luego, en teoría, se niegue a admitirla. Así, el personaje que para excusarse ante un demandante alega haber olvidado su pretensión y la promesa que dio de complacerle, hallará una completa incredulidad por parte del peticionario, el cual pensará siempre que no quieren cumplirle la promesa dada. A esta concepción del olvido obedece también que el mismo no nos sea tolerado en determinadas circunstancias de la vida, en las que la diferencia entre la concepción popular y la psicoanalítica de las funciones fallidas desaparece por completo. Imaginad a una señora que recibiera a sus invitados con estas palabras: "¡Cómo! ¿Era hoy cuando usted debía venir? ¿Creerá usted que había olvidado haberle invitado para hoy?" O figuraos también el caso de un joven que tiene que dar explicaciones a su amada por haber olvidado acudir a una cita. Antes que confesar tal olvido, inventará los obstáculos más inverosímiles que, después de haberle hecho imposible acudir exactamente a la hora convenida, le han impedido hasta el momento excusarse o dar alguna explicación de su ausencia. Tampoco en la vida militar exime del castigo la excusa de olvido, cosa que todos encontramos plenamente justificada. Vemos, pues, que en determinados casos se admite por todo el mundo que las funciones fallidas tienen un sentido y se sabe muy bien cuál es este. Mas siendo así ¿por qué no somos suficientemente lógicos para ampliar esta manera de ver a las restantes funciones fallidas, sin restricción alguna? Naturalmente, también esto tiene su explicación.

Si el sentido que presenta el olvido de propósitos no es dudoso ni aun para los profanos, no constituirá sorpresa ninguna para vosotros el observar que los poetas utilizan este acto fallido con la misma intención. Los que hayáis visto representar o hayáis leído la obra de B. Shaw titulada *César y Cleopatra*, recordaréis sin duda la última escena, en la que César, a punto de partir, se manifiesta preocupado por la idea de un propósito que había concebido, pero del que no puede acordarse. Por último, vemos que tal propósito era el de despedirse de Cleopatra. Por medio de este pequeño artificio, quiere el poeta atribuir al gran César una superioridad que no poseía y a la que él mismo no aspiró jamás, pues por las fuentes históricas sabemos muy bien que César había hecho venir a Cleopatra a Roma y que la bella reina habitó en esta ciudad con su hijo Cesarión hasta el asesinato de César, consumado el cual huyó a otros lugares.

Los casos de olvido de proyectos son, en general, tan claros que no podemos utilizarlos para el fin que perseguimos, o sea, el de deducir de la situación psíquica indicios que nos revelen el sentido de la función fallida. Así, pues, dirigiremos nuestra atención a un acto fallido particularmente obscuro y harto equívoco: la pérdida de objetos y la imposibilidad de encontrar aquellos que estamos seguros de haber colocado en algún lugar. Os parecerá inverosímil que nuestra intención desempeñe cierto papel en la pérdida de objetos, accidente que a menudo nos causa gran disgusto, pero existen numerosas observaciones como la siguiente: Un joven perdió un lápiz al que tenía gran cariño. La víspera había recibido de su cuñado una carta que terminaba con las siguientes palabras: "Además no tengo ni ganas ni tiempo de favorecer tu ligereza y tu haraganería". El lápiz era precisamente un regalo del cuñado, coincidencia que nos permite afirmar que la intención de desembarazarse del objeto perdido hubo de desempeñar un papel en la pérdida del mismo. Los casos de este género son muy frecuentes. Perdemos algo cuando regañamos con aquellos que nos lo han dado y no queremos ya que nada nos lo recuerde. O también cuando se desvanece el afecto que teníamos a tales objetos y queremos reemplazarlos por otros más nuevos o mejores. A esta misma actitud con respecto al objeto responde también el hecho de dejarlo caer, romperlo o estropearlo. De este modo, no podemos considerar como una simple casualidad el que un escolar pierda, rompa o destroce sus objetos de uso corriente, tales como su reloj o su cartera, la víspera precisamente del día de su cumpleaños.

Todo aquel que se haya encontrado con frecuencia en la penosa situación de no poder encontrar un objeto que sabe haber colocado en un lugar del que no logra acordarse, se resistirá a atribuir a una intención cualquiera tan molesto accidente, y, sin embargo, no son raros los casos en que las circunstancias concomitantes de una pérdida de este género revelan una tendencia a alejar provisionalmente o de un modo durable el objeto de que se trata. Citaré uno de estos casos que es quizá el más acabado de todos los conocidos o publicados hasta el día:

Un joven me contaba recientemente: "Hace varios años tuve algún disgusto con mi mujer a la que encontraba demasiado indiferente, y, aunque reconocía sus otras excelentes cualidades, vivíamos sin recíproca ternura. Un día, al volver de paseo, me trajo un libro que había comprado por creer que debía interesarme. Le di las gracias por esta muestra de atención y lo guardé, siéndome después imposible encontrarlo. Así pasaron varios meses durante los cuales recordé de cuando en cuando el perdido libro y lo busqué inútilmente. Cerca de seis meses después enfermó mi madre a la que yo quería muchísimo y que vivía en una casa aparte de la nuestra. Mi mujer fue a su domicilio a cuidarla. El estado de la enferma se agravó y dio ocasión a que mi mujer demostrase lo mejor de sí misma. Agradecido y entusiasmado por su conducta regresé una noche a mi casa y sin intención determinada, pero con seguridad de sonámbulo, fui a mi mesa de trabajo y abrí uno de los cajones, encontrando encima de todo lo que contenía, el extraviado y tan buscado libro".

Desaparecido el motivo de la pérdida se hace posible hallar el objeto temporalmente extraviado.

Pudiera multiplicar hasta lo infinito los ejemplos de este género, pero debo imponerme un límite. En mi obra titulada *Psicopatología de la vida cotidiana*[2] encontraréis una abundante casuística puesta al servicio del estudio de las funciones fallidas. Mas de todos los análisis de estos ejemplos se deduce idéntica conclusión. Todos ellos demuestran que las funciones fallidas tienen un sentido e indican los medios de llegar al conocimiento del mismo por el examen de las circunstancias que acompañan su aparición. Dado que nuestro propósito no es, por ahora, sino el de extraer del estudio de estos fenómenos los elementos de una preparación al psicoanálisis, he tratado de ser lo más sintético posible y sólo me resta hablaros de las observaciones referentes a los actos fallidos acumulados y combinados y de aquellas otras relativas a la confirmación de nuestras hipótesis interpretativas por sucesos posteriores.

Los actos fallidos acumulados y combinados constituyen ciertamente la más bella floración de su especie. Si se hubiera tratado solamente de mostrar que los actos fallidos pueden tener un sentido, habríamos limitado desde un principio a

[2] N. del Traductor. —Primer tomo de estas *Obras Completas*.

estos nuestro estudio, pues su sentido es tan evidente que se impone a la vez a la inteligencia más obtusa y al espíritu más crítico. La acumulación de las manifestaciones revela una tenacidad muy difícil de atribuir al azar, pero que cuadra muy bien con la hipótesis de un designio. Por último, la sustitución de determinados actos fallidos por otros nos muestra que lo importante y lo esencial de los mismos no debe buscarse en su forma ni en los medios de que se sirven, sino en la intención a cuyo servicio entran, intención que puede ser alcanzada por los más diversos caminos. Voy a citaros un caso de olvido repetido. E. Jones cuenta que, por razones que ignora, dejó una vez durante varios días sobre su mesa de despacho una carta que había escrito. Por fin se decidió a expedirla, pero le fue devuelta por la Oficina de Correos, pues había olvidado escribir las señas. Habiendo reparado este olvido, volvió a echar la carta al correo, pero esta vez olvidó poner el sello. Una tal repetición del acto fallido le obligó a confesarse que en el fondo no quería expedir la carta de referencia.

En el caso que a continuación exponemos, hallamos combinado un acto de aprehensión errónea de un objeto con un extravío temporal del mismo. Una señora hizo un viaje a Roma con su cuñado, un célebre pintor. Este fue muy festejado por los alemanes residentes en dicha ciudad y entre otros regalos recibió una antigua medalla de oro. La señora observó con disgusto que su cuñado no sabía apreciar el valor de aquel artístico presente. Días después, llegó a Roma su hermana para reemplazarla al lado de su marido, y ella volvió a su casa. Al deshacer la maleta vio con sorpresa que —sin darse cuenta— había introducido en ella la preciada medalla, e inmediatamente escribió a su cuñado, comunicándoselo y anunciándole que al día siguiente se la restituiría, enviándosela a Roma. Pero cuando quiso hacerlo, halló que la había guardado tan bien que, por más que hizo, no le fue posible encontrarla, dándose entonces cuenta de lo que significaba su "distracción", o sea, del deseo de guardar para sí la bella medalla.

Ya expuse anteriormente un ejemplo de combinación de un olvido con un error, ejemplo en el que el sujeto olvidaba primero una cita y hallándose decidido a no olvidarla otra vez, acudía a ella en efecto, pero a hora distinta de la señalada. Un caso totalmente análogo me ha sido relatado por el propio sujeto del mismo, un buen amigo mío que se interesa a la vez por las cuestiones científicas y las literarias: "Hace algunos años —me dijo— me presenté a ser elegido miembro de cierta sociedad literaria, creyendo que esta me ayudaría a lograr que fuese representado un drama del que yo era autor, y aunque no me interesaban gran cosa, asistía con regularidad a las sesiones que dicha sociedad celebraba todos los viernes. Hace algunos meses quedó asegurada la representación de uno de mis dramas en el teatro F, y desde entonces olvidé siempre acudir a las referidas sesiones. Cuando leí el libro de usted sobre estas cuestiones, me avergoncé de mi olvido, reprochándome el haber abandonado a mis consocios ahora que ya no necesitaba de ellos, y resolví no dejar de asistir a la reunión del viernes siguiente. Recordé de continuo este propósito hasta que llegó el momento de realizarlo y me dirigí hacia el domicilio social. Al llegar ante la puerta del salón de actos me sorprendió verla cerrada. La reunión se había celebrado ya y nada menos que dos días antes. Me había equivocado de día y había ido en domingo".

Sería harto atractivo reunir aquí otras varias observaciones de este género; mas prefiero limitarme, por ahora, a las ya expuestas y presentaros otros casos de distinta naturaleza, o sea, aquellos en que nuestra interpretación debe esperar a ser confirmada por sucesos posteriores.

La condición principal de estos casos es naturalmente la de que la situación psíquica actual no sea desconocida o se muestre inaccesible a nuestra investigación. Nuestra interpretación no poseerá entonces más valor que el de una simple hipótesis a la que ni aun nosotros mismos podemos conceder gran importancia. Pero posteriormente sucede algo que nos muestra cuán acertada fue desde un principio nuestra interpretación hipotética. Una vez me hallaba yo en casa de un matrimonio recién casado y la mujer me contó, riendo, que al día siguiente de su regreso del viaje de novios había ido a buscar a su hermana soltera para, mientras su marido se hallaba ocupado en sus negocios, salir con ella de compras como antes de casada acostumbraba hacerlo. De repente, había visto venir a un señor por la acera opuesta y llamando la atención de su hermana, le había dicho: "Mira, ahí va el señor L", olvidando que el tal era su marido desde hacía algunas semanas. Al oír esto sentí un escalofrío, pero por entonces no sospeché que pudiera constituir un dato sobre el porvenir de los cónyuges. Años después recordé esta pequeña historia cuando supe que el tal matrimonio había tenido un desdichadísimo fin.

A. Maeder cuenta de una señora que la víspera de su boda olvidó ir a probarse el traje nupcial y sólo se acordó de que tenía que hacerlo a las ocho de la noche, cuando ya la modista desesperaba de poder tener el traje para la mañana siguiente. Maeder ve una relación entre este hecho y el divorcio de dicha señora al poco tiempo. Por mi parte, conozco a una señora, actualmente separada de su marido, que aun antes de su divorcio acostumbraba equivocarse y firmar con su nombre de soltera los documentos referentes a la administración de sus bienes. Sé también de otras muchas mujeres casadas que en el viaje de novios perdieron su anillo de boda, accidente al que sucesos posteriores han dado luego una inequívoca significación. Expondré, por último, un clarísimo ejemplo más: Cuéntase que un célebre químico alemán olvidó el día y la hora en que debía celebrarse su matrimonio y se encerró en su laboratorio en lugar de acudir a la iglesia. En este caso, el interesado obedeció esta advertencia interior y contentándose con una única tentativa, continuó soltero hasta su muerte en edad muy avanzada.

Sin duda, se os habrá ocurrido pensar que en todos estos ejemplos el acto fallido equivale a las *ominao*, presagios que los antiguos daban tan gran importancia. Y, realmente, una gran parte de estos presagios no eran más que actos fallidos, por ejemplo, cuando alguien tropezaba o caía. Otros, sin embargo, tenían el carácter de suceso objetivo y no el de acto subjetivo, pero no os podéis figurar hasta qué punto se hace difícil determinar si un suceso pertenece a la primera o a la segunda de estas categorías. La acción sabe disfrazarse muchas veces de suceso pasivo.

Cualquiera de nosotros que tenga tras de sí una experiencia algo larga ya de la vida, puede decir que sin duda se hubiera ahorrado muchas desilusiones y muchas dolorosas sorpresas si hubiera tenido el valor y la decisión de interpretar los pequeños actos fallidos que se producen en las relaciones entre los hombres como signos premonitorios de intenciones que no le son reveladas. Mas la mayor parte de las veces no nos atrevemos a llevar a cabo tal interpretación, pues tememos recaer en la superstición, pasando por encima de la ciencia. Además, no todos los presagios se realizan, y cuando comprendáis mejor nuestras teorías, veréis que tampoco es necesaria una tan completa realización.

IV
Los actos fallidos
(*Fin*)

De la labor hasta aquí realizada podemos deducir que los actos fallidos tienen un sentido, conclusión que tomaremos como base de nuestras subsiguientes investigaciones. Haremos resaltar una vez más que no afirmamos, ni para los fines que perseguimos nos es necesario afirmar, que todo acto fallido sea significativo, aunque consideraríamos muy probable esta hipótesis. Pero nos basta con hallar que tal sentido aparece con relativa frecuencia en las diferentes clases de actos fallidos. Además, estas diversas clases ofrecen, por lo que respecta a este punto de vista, grandes diferencias. En las equivocaciones orales, escritas, etcétera, pueden aparecer casos de motivación puramente fisiológica, cosa en cambio poco probable en aquellas otras variantes de la función fallida que se basan en el olvido (olvido de nombres y propósitos, imposibilidad de encontrar objetos que uno mismo ha guardado, etcétera). Sin embargo, existe un caso de pérdida en el que parece no intervenir intención alguna. Los errores que cometemos en nuestra vida cotidiana no pueden ser juzgados conforme a estos puntos de vista más que hasta cierto límite. Os ruego conservéis en vuestra memoria estas limitaciones para recordarlas cuando más adelante expliquemos cómo los actos fallidos son actos psíquicos resultantes de la interferencia de dos intenciones.

Es este el primer resultado del psicoanálisis. La psicología no ha sospechado jamás, hasta el momento, tales interferencias ni la posibilidad de que las mismas produjeran fenómenos de este género. Así, pues, el psicoanálisis ha extendido considerablemente la amplitud del mundo de los fenómenos psíquicos y ha conquistado para la psicología dominios que anteriormente no formaban parte de ella.

Detengámonos todavía unos instantes en la afirmación de que los actos fallidos son "actos psíquicos" y veamos si la misma implica algo más de lo que ya anteriormente dijimos, o sea, que dichos actos posen un sentido. A mi juicio no tenemos necesidad alguna de ampliar el alcance de tal afirmación, pues ya nos parece de por sí harto indeterminada y susceptible de equivocadas interpretaciones. Todo lo que puede observarse en la vida anímica habrá de designarse eventualmente con el nombre de fenómeno psíquico. Mas para fijar de un modo definitivo esta calificación habremos de investigar si la manifestación psíquica dada es un defecto directo de influencias somáticas orgánicas y materiales, en cuyo caso caerá fuera de la investigación psicológica, o si, por el contrario, se deriva directamente de otros procesos anímicos más allá de los cuales comienza la serie de influencias orgánicas. A esta última circunstancia es a la que nos atenemos para calificar a un fenómeno de proceso psíquico, y, por lo tanto, es más apropiado dar a nuestro principio la forma siguiente: El fenómeno es significativo y posee un sentido, entendiendo por sentido una intención, una tendencia y una localización en una serie de conjuntos psíquicos.

Hay otros muchos fenómenos que se aproximan a los actos fallidos, pero a los que no conviene ya esta denominación, y son los que llamamos *actos casuales y sintomáticos* (*Zufalls-und Symptomhandlungen*). También estos actos se muestran, como los fallidos, inmotivados y faltos de trascendencia, apareciendo, además, claramente superfluos. Pero lo que en rigor los distingue de los actos fallidos propiamente dichos es la ausencia de otra intención distinta a aquella con la que tropiezan y que por ellos queda perturbada. Se confunden, por último, con los gestos y movimientos encaminados a la expresión de las emociones. A estos actos casuales pertenecen todos aquellos pequeños actos, en apariencia carentes de objeto, que solemos realizar, tales como andar en nuestros propios vestidos o en determinadas partes del cuerpo, juguetear con los objetos que se hallan al alcance de nuestras manos, tararear o silbar automáticamente una melodía, etc., etc. El psicoanálisis afirma que todos estos actos poseen un sentido y pueden interpretarse del mismo modo que los actos fallidos, esto es, como pequeños indicios reveladores de otros procesos psíquicos más importantes. Habremos pues de concederles la categoría de actos psíquicos completos.

A pesar del interés que el examen de esta nueva ampliación del campo de los fenómenos psíquicos no dejaría de presentar, prefiero no detenerme en él y reanudar el análisis de los actos fallidos, los cuales nos plantean con mucha mayor precisión los problemas más importantes del psicoanálisis.

Entre las interrogantes que hemos formulado a propósito de las funciones fallidas, las más interesantes —que por cierto no hemos resuelto aún— son las siguientes: Hemos dicho que los actos fallidos resultan de la interferencia de dos intenciones diferentes, una de las cuales puede calificarse de perturbada y la otra de perturbadora. Las intenciones perturbadas no plantean ningún problema. En cambio, por lo que respecta a las perturbadoras, quisiéramos saber de qué género son tales intenciones capaces de perturbar otras y cuál es la relación que con estas últimas las enlaza.

Permitid que escoja de nuevo la equivocación oral como representativa de toda la especie de los actos fallidos, y que responda en primer lugar a la segunda de las interrogantes planteadas.

En la equivocación oral puede haber entre la intención perturbadora y la perturbada una relación de contenido, en cuyo caso la primera contendrá una contradicción, una rectificación o un complemento de la segunda, pero puede también suceder que no exista relación alguna entre los contenidos de ambas tendencias, y en este caso el problema se hace más obscuro e interesante.

Los casos que ya conocemos y otros análogos nos permiten comprender sin dificultad la primera de estas relaciones. En casi todos los casos en los que la equivocación nos hace decir lo contrario de lo que queríamos, la intención perturbadora es, en efecto, opuesta a la perturbada y el acto fallido representa el conflicto entre las dos tendencias inconciliables. Así, el sentido de la equivocación del presidente de la Cámara puede traducirse en la frase siguiente: "Declaro abierta la sesión, aunque preferiría suspenderla". Un diario, acusado de haberse vendido a una fracción política, se defendió en un artículo que terminaba con las palabras que siguen: "Nuestros lectores son testigos de que hemos defendido siempre el bien general de la manera más *desinteresada*". Pero el redactor a quien se confió esta defensa, escribió: "de la manera más *interesada*", equivocación que a mi juicio revela su verdadero pensamiento: "No tengo más remedio que escribir lo que me han encargado, pero sé que la verdad es muy distinta".

Un diputado que se proponía declarar la necesidad de decir al Emperador toda la verdad, *sin consideraciones* (*rückhaltlos*), advirtió en su interior una voz que le aconsejaba no llevar tan lejos su audacia y cometió una equivocación en la que el *sin consideraciones* (*rückhaltlos*) quedó transformado en *sin columna vertebral* (*rückgratlos*), o sea, *doblando el espinazo*[3].

En los casos que ya conocéis y que nos producen la impresión de contracciones y abreviaciones, se trata de rectificaciones, agregaciones o continuaciones con las que una segunda

[3] Equivocación sufrida por el diputado alemán Lattmann en un discurso que pronunció ante el Reichstag en noviembre de 1908.

tendencia logra manifestarse al lado de la primera. "Se han *producido* hechos (*zum Vorschein gekommen*) que yo calificaría de *cochinerías* (*Schweinereien*)"; resultado: "*zum Vorschwein gekommen*". —"Las personas que comprenden estas cuestiones pueden contarse con los *dedos de una mano*; pero no, no existe, a decir verdad, más que una sola persona que las comprenda"; resultado: "Las personas que las comprenden pueden ser contadas con *un* solo *dedo*". O también: "Mi marido puede comer y beber lo que él quiera; pero como en él mando yo, podrá comer y beber lo que yo quiera". Como se ve, en todos estos casos la equivocación se deriva directamente del contenido mismo de la intención perturbada o se halla en conexión con ella.

Otro género de relación que descubrimos entre las dos intenciones interferentes, nos parece un tanto extraño. Si la intención perturbadora no tiene nada que ver con el contenido de la perturbada ¿qué origen habremos de atribuirle y cómo nos explicaremos que surja como perturbación de otra intención determinada? La observación —único medio de hallar respuesta a estas interrogantes— nos permite darnos cuenta de que la perturbación proviene de una serie de ideas que había preocupado al sujeto poco tiempo antes y que interviene en el discurso de esta manera particular, independientemente de que haya hallado o no expresión en el mismo. Trátase pues de un verdadero eco, pero que no es producido siempre o necesariamente por las palabras anteriormente pronunciadas. Tampoco falta aquí un enlace asociativo entre el elemento perturbado y el perturbador, pero en lugar de residir en el contenido es puramente artificial y su constitución resulta a veces muy forzada.

Expondré un ejemplo de este género, muy sencillo y observado por mí directamente. Durante una excursión por los Dolomitas, encontré a dos señoras que vestían trajes de turismo. Fui acompañándolas un trozo de camino y conversamos de los placeres y molestias de las excursiones a pie. Una de las señoras confesó que este ejercicio tenía su lado incómodo. "Es cierto —dijo— que no resulta nada agradable sentir sobre el cuerpo, después de haber estado andando el día entero, la blusa y la camisa empapadas en sudor". En medio de esta frase tuvo una pequeña vacilación que venció en el acto. Luego continuó y quiso decir: "Pero cuando se llega a casa y puede uno cambiarse de ropa...", pero en vez de la palabra *Hause* (casa) se equivocó y pronunció la palabra *Hose* (calzones). La señora había tenido claramente el propósito de hacer una más completa enumeración de las prendas interiores, diciendo blusa, camisa y calzones, y por razones de conveniencia social había retenido el último nombre. Pero en la frase de contenido independiente que a continuación pronunció, se abrió paso contra su voluntad la palabra inhibida, surgiendo en forma de desfiguración de la palabra *Hause*.

Podemos ahora abordar la interrogante principal, cuyo examen hemos eludido por tanto tiempo, o sea, la de cuáles son las intenciones que se manifiestan, de una manera tan extraordinaria, como perturbaciones de otras. Trátase evidentemente de intenciones muy distintas, pero en las que intentaremos descubrir algunos caracteres comunes. Si examinamos con este propósito una serie de ejemplos, veremos que los mismos pueden dividirse en tres grupos. En el primero reuniremos aquellos casos en los que la tendencia perturbadora es conocida por el sujeto de la equivocación y se le ha revelado, además, con anterioridad a la misma. Así, en el ejemplo *Vorschwein* confiesa el sujeto no sólo haber pensado que aquellos hechos merecían ser calificados de "cochinerías" (*Schweineireien*), sino también haber tenido la intención —que después reprimió— de manifestar verbalmente tal juicio peyorativo.

El segundo grupo comprenderá aquellos casos en que la persona que comete la equivocación reconoce en la tendencia perturbadora una tendencia personal, mas ignora que la misma se hallaba ya en actividad en ella antes de la equivocación. Acepta, pues, nuestra interpretación de esta última, pero no se muestra sorprendida por ella. En otros actos fallidos encontraremos ejemplos de esta actitud más fácilmente que en las equivocaciones orales. Por último, el tercer grupo entraña aquellos casos en los que el sujeto protesta con energía contra la interpretación que le sugerimos, y no contento con negar la existencia de la intención perturbadora antes de la equivocación, afirma que tal intención le es ajena en absoluto. Recordad el brindis del joven orador que propone hundir la prosperidad de su jefe y la respuesta un tanto grosera que hube de escuchar cuando revelé al equivocado orador su intención perturbadora. Sobre la manera de concebir este caso no hemos podido ponernos todavía de acuerdo. Por lo que a mí concierne, la protesta del sujeto de la equivocación no me inquieta en lo más mínimo ni me impide mantener mi interpretación, pero vosotros, impresionados por la resistencia del interesado, os preguntáis sin duda si no haríamos mejor en renunciar a buscar la interpretación de los casos de este género y considerarlos como actos puramente fisiológicos en el sentido pre-psicoanalítico. Sospecho qué es lo que os lleva a pensar así. Mi interpretación implica la hipótesis de que la persona que habla puede manifestar intenciones que ella misma ignora, pero que yo puedo descubrir guiándome por determinados indicios, y vaciláis en aceptar esta suposición tan singular y tan preñada de consecuencias. Comprendo vuestras dudas, mas he de indicaros que si queréis permanecer consecuentes a vuestra concepción de los actos fallidos, fundada en tan numerosos ejemplos, no debéis vacilar en aceptar esta última hipótesis, por desconcertante que os parezca. Si esto os es imposible, no os queda otro camino que renunciar también a la comprensión, tan penosamente adquirida, de dichos actos.

Detengámonos aún un instante en lo que enlaza a los tres grupos que acabamos de establecer, esto es, en aquello que es común a los tres mecanismos de la equivocación oral. Afortunadamente nos hallamos en presencia de un hecho irrefutable. En los dos primeros grupos la tendencia perturbadora es reconocida por el mismo sujeto, y, además, en el primero de ellos, dicha tendencia se revela inmediatamente antes de la equivocación. Pero lo mismo en el primer grupo que en el segundo, *la tendencia de que se trata se encuentra reprimida, y como la persona que habla se ha decidido a no dejarla surgir en su discurso, incurre en la equivocación, esto es, la tendencia reprimida se manifiesta a pesar del sujeto, sea modificando la expresión de la intención por él aceptada, sea confundiéndose con ella o tomando su puesto.* Tal es el mecanismo de la equivocación oral.

Mi punto de vista me permite explicar por el mismo mecanismo los casos del tercer grupo. Para ello no tendré más que admitir que los tres grupos que hemos establecido se diferencian entre sí por el distinto grado de represión de la intención perturbadora. En el primero, esta intención existe y es percibida por el sujeto antes de hablar, siendo entonces cuando se produce la represión de la cual la intención se venga con el *lapsus*. En el segundo, la represión es más acentuada, y la intención resulta ya imperceptible antes de comenzar el discurso, siendo sorprendente que una tal represión —harto profunda— no impida, sin embargo, a la intención intervenir en la producción del *lapsus*. Pero esta circunstancia nos facilita, en cambio, singularmente, la explicación del proceso que se desarrolla en el tercer grupo y nos da valor para admitir que en el acto fallido pueda manifestarse una tendencia reprimida desde largo tiempo atrás, de manera que el sujeto la ignora totalmente y obra con absoluta sinceridad al negar su existencia. Pero incluso dejando a un lado el problema relativo al tercer grupo, no podéis menos de aceptar la conclusión que se deduce de la observación de los casos anteriores, es decir, la de que *la represión de la intención de decir alguna cosa constituye la condición indispensable de la equivocación oral.*

Podemos afirmar, ahora, que hemos realizado nuevos progresos en la comprensión de las funciones fallidas. Sabemos no sólo que son actos psíquicos poseedores de un sentido y una intención y resultantes de la interferencia de dos intenciones diferentes, sino también que una de estas intenciones tiene que haber sufrido, antes del discurso, una cierta represión para poder manifestarse por la perturbación de la otra. Antes de llegar a ser perturbadora tiene que haber sido, a su vez, perturbada. Claro es que con esto no logramos todavía una explicación completa de los fenómenos que calificamos de funciones fallidas, pues vemos en el acto surgir otras interrogantes, y presentimos, en general, que cuanto más avancemos en nuestra comprensión de tales fenómenos, más numerosos serán los problemas que ante nosotros se presenten. Podemos preguntar, por ejemplo, por qué ha de ser tan complicado el proceso de su génesis. Cuando alguien tiene la intención de reprimir determinada tendencia en lugar de dejarla manifestarse libremente, debíamos encontrarnos en presencia de uno de los dos casos siguientes: o la represión queda conseguida, y entonces nada de la tendencia perturbadora podrá surgir al exterior, o, por el contrario, fracasa, y entonces la tendencia de que se trate logrará manifestarse franca y completamente. Pero las funciones fallidas son resultado de transacciones en las que cada una de las dos intenciones se impone en parte y en parte fracasa, resultando así que la intención amenazada no queda suprimida por completo, pero tampoco logra —salvo en casos aislados— manifestarse sin modificación alguna. Podremos, pues, suponer que la génesis de tales efectos de interferencia o transacción exige determinadas condiciones particulares, pero no tenemos la más mínima idea de la naturaleza de las mismas, ni creo tampoco que un estudio más penetrante y detenido de los actos fallidos logre dárnoslas a conocer. A mi juicio, ha de sernos de mayor utilidad explorar previamente otras obscuras regiones de la vida psíquica, pues en las analogías que esta exploración nos revele, hallaremos valor para formular las hipótesis susceptibles a conducirnos a una explicación más completa de los actos fallidos. Pero aún hay otra cosa; el laborar guiándose por pequeños indicios como aquí lo hacemos trae consigo determinados peligros. Precisamente existe una enfermedad psíquica llamada *paranoia combinatoria*, en la que los pequeños indicios son utilizados de una manera ilimitada, y claro es que no puede afirmarse que las conclusiones basadas en tales fundamentos presenten una garantía de exactitud. De estos peligros no podremos, por lo tanto, preservarnos sino dando a nuestras observaciones la más amplia base posible, esto es, comprobando que las impresiones que hemos recibido en el estudio de los actos fallidos se repiten al investigar otros diversos dominios de la vida anímica.

Vamos, pues, a abandonar aquí el análisis de los actos fallidos. Mas previamente quiero haceros una advertencia. Conservad en vuestra memoria, a título de modelo, el método seguido en el estudio de estos fenómenos, método que habrá ya revelado a vuestros ojos cuáles son las intenciones de nuestra psicología. No queremos limitarnos a describir y clasificar los fenómenos; queremos también concebirlos como indicios de un mecanismo que funciona en nuestra alma y como la manifestación de tendencias que aspiran a un fin definido y laboran unas veces en la misma dirección y otras en direcciones opuestas. Intentamos, pues, formarnos una *concepción dinámica* de los fenómenos psíquicos, concepción en la cual los fenómenos observados pasan a segundo término, ocupando el primero las tendencias que se los supone indicios.

No avanzaremos más en el estudio de los actos fallidos, pero podemos emprender aún una rápida excursión por sus dominios, excursión en la cual encontraremos cosas que ya conocemos y descubriremos otras nuevas. Durante ella nos seguiremos ateniendo a la división en tres grupos que hemos establecido al principio de nuestras investigaciones, o sea, 1°, la equivocación oral y sus subgrupos (equivocación en la escritura y en la lectura, y falsa audición); 2°, el olvido, con sus subdivisiones correspondientes al objeto olvidado (nombres propios, palabras extranjeras, propósitos e impresiones); 3°, los actos de término erróneo, la imposibilidad de encontrar un objeto que sabemos haber colocado en un lugar determinado y los casos de pérdida definitiva. Los errores no nos interesan más que en tanto en cuanto tienen una conexión con el olvido o con los actos de término erróneo.

A pesar de haber tratado detenidamente de la equivocación oral, aún nos queda algo que añadir sobre ella. Con esta función fallida aparecen enlazados otros pequeños fenómenos afectivos que no están por completo desprovistos de interés. No se suele reconocer gustosamente haber cometido una equivocación y a veces sucede que no se da uno cuenta de los propios *lapsus* mientras que raramente se nos escapan los de los demás. Obsérvese también que la equivocación oral es hasta cierto punto contagiosa y que no es fácil hablar de equivocaciones sin comenzar a cometerlas por cuenta propia. Las equivocaciones más insignificantes, precisamente aquellas tras de las cuales no se oculta proceso psíquico ninguno, responden a razones nada difíciles de descubrir. Cuando a consecuencia de cualquier perturbación sobrevenida en el momento de pronunciar una palabra dada emite alguien brevemente una vocal larga, no deja nunca de alargar en cambio la vocal breve inmediata, cometiendo así un nuevo *lapsus* destinado a compensar el primero. Del mismo modo, cuando alguien pronuncia impropia o descuidadamente un diptongo, intentará corregirse pronunciando el siguiente como hubiera debido pronunciar el primero, cometiendo así una nueva equivocación compensadora. Diríase que el orador tiende a mostrar a su oyente que conoce a fondo su lengua materna y no quiere que se le tache de descuidar la pronunciación. La segunda deformación, compensadora, tiene precisamente por objeto atraer la atención del oyente sobre la primera y mostrarle que el sujeto se ha dado cuenta del error cometido. Las equivocaciones más simples, frecuentes e insignificantes, consisten en contracciones y anticipaciones que se manifiestan en partes poco aparentes del discurso. Así, en una frase poco larga suele cometerse la equivocación de pronunciar anticipadamente la última palabra de las que se pensaban decir, error que da la impresión de cierta impaciencia por acabar la frase y testimonia, en general, de cierta repugnancia del sujeto a comunicar el contenido de su pensamiento o simplemente a hablar. Llegamos de este modo a los casos límites en los que desaparecen las diferencias entre la concepción psicoanalítica de la equivocación oral y su concepción fisiológica ordinaria. En estos casos, existe a nuestro juicio una tendencia que perturba la intención que ha de ser expuesta en el discurso, pero que se limita a dar fe de su existencia sin revelar sus particulares intenciones. La perturbación que provoca sigue entonces determinadas influencias tonales o afinidades asociativas y podemos suponerla encaminada a desviar la atención de aquello que realmente quiere el sujeto decir. Pero ni esta perturbación de la atención ni estas afinidades asociativas bastan para caracterizar la naturaleza del proceso, aunque sí testimonian la existencia de una intención perturbadora. Lo que no podemos lograr en estos casos es formarnos una idea de la naturaleza de dicha intención observando sus efectos, como lo conseguimos en otras formas más acentuadas de la equivocación oral.

Los *errores en la escritura* que ahora abordamos presentan una tal analogía con las equivocaciones orales que no pueden proporcionarnos nuevos puntos de vista. Sin embargo, quizá nos sea provechoso espigar un poco en este campo. Las pequeñas equivocaciones, tan frecuentes en la escritura, las contracciones y anticipaciones testimonian manifiestamente de nuestra poca gana de escribir y nuestra impaciencia por terminar. Otros efectos más pronunciados permiten ya reconocer la naturaleza y la intención de la tendencia perturbadora. En general, cuando en una carta hallamos un *lapsus calami* podemos deducir que la persona que la ha escrito no se hallaba por completo en su estado normal, pero no siempre nos es dado establecer qué es lo que le sucedía. Análogamente a las equivocaciones orales, las cometidas en la escritura son rara vez advertidas por el sujeto. A este respecto, resulta muy interesante observar los siguientes hechos: Hay personas que tienen la costumbre de releer, antes de expedirlas, las cartas que han escrito. Otras no tienen esta costumbre, pero cuando alguna vez lo hacen, por casualidad, hallan siempre alguna grave equivocación que corregir. ¿Cómo explicar este hecho? Diríase que estas personas obran como si supieran que han cometido alguna equivocación al escribir. ¿Deberemos creerlo así realmente?

A la importancia práctica de las equivocaciones en la escritura aparece ligado un interesante problema. Recordáis, sin duda, el caso de aquel asesino que, haciéndose pasar por bacteriólogo, se procuraba en los Institutos científicos cultivos de microbios patógenos grandemente peligrosos y utilizaba tales cultivos para suprimir por este método ultramoderno a aquellas personas cuya desaparición le interesaba. Un día, este criminal dirigió a la Dirección de uno de dichos Institutos una carta en la cual se quejaba de la ineficacia de los cultivos que le habían sido enviados, pero cometió un *lapsus calami*, y en lugar de las palabras "en mis ensayos con ratones y conejos de Indias", escribió "en mis ensayos sobre personas humanas". Este error extrañó a los médicos del Instituto de referencia, pero no supieron deducir de él, que yo sepa, consecuencia alguna. Ahora bien, ¿no creéis que los médicos hubieran obrado acertadamente considerando este error como una confesión e iniciado una investigación que habría evitado a tiempo los criminales designios del asesino? ¿No encontráis que, en este caso, la ignorancia de nuestra concepción de las funciones fallidas ha motivado una omisión infinitamente lamentable? Por mi parte, estoy seguro de que una tal equivocación me hubiera parecido harto sospechosa; pero su aprovechamiento en calidad de confesión tropieza con obstáculos de extrema importancia. La cosa no es tan sencilla como parece. La equivocación en la escritura constituye un indicio incontestable; mas no basta por sí sola para justificar la iniciación de un proceso criminal. Cierto es que este *lapsus* testimonia de que el sujeto abriga la idea de infectar a sus semejantes, pero no nos permite decidir si se trata de un proyecto maligno o de una fantasía sin ningún alcance práctico. Es incluso posible que el hombre que ha cometido tal equivocación al escribir encuentre los mejores argumentos subjetivos para negar semejante fantasía y rechazarla como totalmente ajena a él. Más adelante comprenderéis mejor las posibilidades de este género cuando tratemos de la diferencia que existe entre la realidad psíquica y la realidad material. Mas todo esto no obsta para que se trate, en este caso, de un acto fallido que ulteriormente adquirió insospechada importancia.

En los *errores de lectura* nos encontramos en presencia de una situación psíquica totalmente diferente a la de las equivocaciones orales o escritas. Una de las dos tendencias concurrentes queda reemplazada en este caso por una excitación sensorial, circunstancia que la hace quizá menos resistente. Aquello que tenemos que leer no es una emanación de nuestra vida psíquica como lo son las cosas que nos proponemos escribir. Por esta razón los errores en la lectura consisten casi siempre en una sustitución completa. La palabra que habríamos de leer queda reemplazada por otra sin que exista necesariamente una relación de contenido entre el texto y el efecto del error, pues la sustitución se verifica generalmente en virtud de una simple semejanza entre las dos palabras. El ejemplo de Lichtenberg de leer "Agamenón" en lugar de *angenommen* (aceptado) es el mejor de todo este grupo. Si se quiere descubrir la tendencia perturbadora, causa del error, debe dejarse por completo a un lado el texto falsamente leído e iniciar el examen analítico con las dos interrogantes siguientes: primera, ¿cuál es la primera idea que acude al espíritu del sujeto y que se aproxima más al error cometido?, y, segunda, ¿en qué circunstancias ha sido cometido tal error? A veces el conocimiento de la situación basta para explicar el error. Ejemplo: Un individuo que experimentó cierta necesidad natural, hallándose paseando por las calles de una ciudad extranjera, vio en un primer piso de una casa una gran muestra con la inscripción *Closethaus* (W. C.) y tuvo tiempo de asombrarse de que la muestra estuviese en un primer piso antes de observar que lo que en ella debía leerse no era lo que él había leído, sino *Corsethaus* (Corsetería). En otros casos, la equivocación en la lectura precisa, por ser independiente del contenido del texto, de un penetrante análisis que no podrá llevarse a cabo acertadamente más que hallándose muy ejercitado en la técnica psicoanalítica y teniendo completa confianza en ella. Pero la mayoría de las veces es más fácil obtener la explicación de un error en la lectura. Como en el ejemplo antes citado de Lichtenberg, la palabra sustituida revela sin dificultad el círculo de ideas que constituye la fuente de la perturbación. En estos tiempos de guerra, por ejemplo, solemos leer con frecuencia aquellos nombres de ciudades y de generales, o aquellas expresiones militares que oímos constantemente, cada vez que nos encontramos ante palabras que con estas tienen determinada semejanza. Lo que nos interesa y preocupa nuestro pensamiento sustituye así en la lectura a lo que nos es indiferente, y los reflejos de nuestras ideas perturban nuestras nuevas percepciones.

Las equivocaciones en la lectura nos ofrecen también abundantes ejemplos en los que la tendencia perturbadora es despertada por el mismo texto de nuestra lectura, el cual queda entonces transformado, la mayor parte de las veces, por dicha tendencia, en su contrario. Trátase, casi siempre en estos casos de textos cuyo contenido nos causa displacer y el análisis nos revela que debemos hacer responsable de nuestra equivocación en su lectura al intenso deseo de rechazar lo que en ellos se afirma.

En las falsas lecturas que mencionamos en primer lugar, y que son las más frecuentes, no desempeñan sino un papel muy secundario aquellos dos factores a los que en el mecanismo de las funciones fallidas tuvimos que atribuir máxima importancia. Nos referimos al conflicto entre dos tendencias y a la represión de una de ellas, represión de la que la misma se resarce por el efecto del acto fallido. No es que las equivocaciones en la lectura presenten caracteres opuestos a los de estos factores, pero la influencia del contenido ideológico que conduce al error de lectura es mucho más patente que la represión que dicho contenido hubo de sufrir anteriormente. En las diversas modalidades del acto fallido provocado por el olvido es donde estos dos factores aparecen con mayor precisión. El olvido de propósitos es un fenómeno cuya interpretación no presenta dificultad alguna, hasta el punto de que, como ya hemos visto, no es rechazada siquiera por los profanos. La tendencia que perturba un propósito consiste siempre en una intención contraria al mismo, esto es, en una volición opuesta cuya única singularidad es la de escoger este medio disimulado de manifestarse en lugar de surgir francamente. Pero la existencia de esta volición contraria es incontestable y algunas veces conseguimos también descubrir parte de las razones que la obligan a disimularse, medio por el cual alcanza siempre con el acto fallido el fin hacia el que tendía, mientras que presentándose como una franca contradicción hubiera sido seguramente rechazada. Cuando en el intervalo que separa la concepción de un propósito de su ejecución se produce un cambio importante de la situación psíquica que hace imposible dicha ejecución no podremos calificar ya de acto fallido el olvido del propósito de que se trate. Este olvido no nos admira ya, pues nos damos cuenta de que hubiera sido superfluo recordar el propósito, dado que la nueva situación psíquica ha hecho imposible su realización. El olvido de un proyecto no puede ser considerado como un acto fallido más que en los casos en que no podemos creer en un cambio de dicha situación.

Los casos de *olvido de propósitos* son en general tan uniformes y transparentes que no presentan ningún interés para nuestra investigación. Sin embargo, el estudio de este acto fallido puede enseñarnos algo nuevo con relación a dos importantes cuestiones: Hemos dicho que el olvido y, por lo tanto, la no ejecución de un propósito, testimonia una volición contraria hostil al mismo. Esto es cierto, pero según nuestras investigaciones, tal volición contraria puede ser directa o indirecta. Para mostrar qué es lo que entendemos al hablar de voluntad contraria indirecta expondremos unos cuantos ejemplos. Cuando una persona olvida recomendar un protegido suyo a una tercera persona, su olvido puede depender de que su protegido le tiene en realidad sin cuidado y que, por lo tanto, no tiene deseo ninguno de hacer la recomendación que le ha de favorecer. Esta será, por lo menos, la interpretación que el demandante dará al olvido de su protector. Pero la situación puede ser más complicada. La repugnancia a realizar su propósito puede provenir, en el protector, de una causa distinta, relacionada no con el demandante, sino con aquella persona a la que se ha de hacer la recomendación. Vemos, pues, que también en estos casos tropieza con graves obstáculos el aprovechamiento práctico de nuestras interpretaciones. A pesar de acertar en su interpretación del olvido, corre el protegido el peligro de caer en una exagerada desconfianza y mostrarse injusto para con su protector. Análogamente, cuando alguien olvida una cita a la que prometió y se propuso acudir, el fundamento más frecuente de un tal olvido debe buscarse en la escasa simpatía que el sujeto siente por la persona con la que ha quedado citado. Pero en estos casos puede también demostrar el análisis que la tendencia perturbadora no se refiere a dicha persona, sino al lugar en el que la cita debía realizarse, lugar que quisiéramos evitar a causa de un penoso recuerdo a él ligado. Otro ejemplo: cuando olvidamos expedir una carta, la tendencia perturbadora puede tener su origen en el contenido de la misma, pero puede también suceder que dicho contenido sea por completo inocente y provenga del olvido de algo que en la carta recuerde a otra anterior que ofreció realmente motivos suficientes y directos para la aparición de la tendencia perturbadora. Podremos decir, entonces, que la volición contraria se ha transferido desde la carta anterior, en la cual se hallaba justificada, a la carta actual, en la que no tiene justificación alguna. Vemos así que debemos proceder con gran precaución y prudencia hasta en las interpretaciones aparentemente más exactas, pues aquello que desde el punto de vista psicológico presenta un solo significado puede mostrarse susceptible de varias interpretaciones desde el punto de vista práctico.

Fenómenos como estos que acabamos de describir han de pareceros harto extraordinarios, y quizá os preguntéis si la voluntad contraria indirecta no imprime al proceso un carácter patológico. Por el contrario, puedo aseguraros que este proceso aparece igualmente en plena y normal salud. Mas, entendámonos: No quisiera que interpretando mal mis palabras las creyerais una confesión de la insuficiencia de nuestras interpretaciones analíticas. La indicada posibilidad de múltiples interpretaciones del olvido de propósitos subsiste solamente en tanto que no hemos emprendido el análisis del caso y mientras nuestras interpretaciones no se basen sino en hipótesis de orden general. Una vez realizado el análisis, con el auxilio del sujeto, vemos siempre, con certeza más que suficiente, si se trata de una voluntad contraria directa y cuál es la procedencia de la misma.

Abordaremos ahora otra cuestión diferente: Cuando en un gran número de casos hemos comprobado que el olvido de un propósito obedece a una voluntad contraria, nos sentimos alentados para extender igual solución a otra serie de casos en los que la persona analizada, en lugar de confirmar la voluntad contraria por nosotros deducida, la niega rotundamente. Pensad en los numerosos casos en los que se olvida devolver los libros prestados y pagar facturas o préstamos. En estas circunstancias, habremos de atrevernos a afirmar al olvidadizo que su intención latente es la de conservar tales libros o no satisfacer sus deudas. Claro es que lo negará indignado, pero seguramente no podrá darnos otra distinta explicación de su olvido. Diremos entonces, que el sujeto tiene realmente las intenciones que le atribuimos, pero que no se da cuenta de ellas, siendo el olvido lo que a nosotros nos las ha revelado. Observaréis que llegamos aquí a una situación en la cual nos hemos encontrado ya una vez. Si queremos dar todo su desarrollo lógico a nuestras interpretaciones de los actos fallidos, cuya exactitud hemos comprobado en tantos casos, habremos de admitir obligadamente que existen en el hombre tendencias susceptibles de actuar sin que él se dé cuenta. Pero formulando este principio nos situamos enfrente de todas las concepciones actualmente en vigor tanto en la vida práctica como en la ciencia psicológica.

El olvido de *nombres propios o palabras extranjeras* puede explicarse igualmente por una intención contraria, orientada directa o indirectamente contra el nombre o la palabra de referencia. Ya en páginas anteriores os he citado varios ejemplos de repugnancia directa a ciertos nombres y palabras. Pero en este género de olvidos, la causación indirecta es la más frecuente y no puede ser establecida la mayor parte de las veces sino después de un minucioso análisis. Así, en la actual época de guerra, durante la cual nos estamos viendo obligados a renunciar a tantas de nuestras inclinaciones afectivas, ha sufrido una gran disminución, a causa de las más singulares asociaciones, nuestra facultad de recordar nombres propios. Recientemente me ha sucedido no poder reproducir el nombre de la inofensiva ciudad morava de *Bisenz,* y el análisis me demostró que no se trataba en absoluto de una hostilidad mía contra dicha ciudad y que el olvido era motivado por la semejanza de su nombre con el del palacio *Bisenzi* de Orvieto en el que repetidas veces había yo pasado días agradabilísimos. Como motivo de esta tendencia opuesta al recuerdo de un nombre hallamos aquí por vez primera un principio que más tarde nos revelará toda su enorme importancia para la causación de síntomas neuróticos. Trátase de la repugnancia de la memoria a evocar recuerdos que se hallan asociados con sensaciones displacientes, y cuya evocación habría de renovar tales sensaciones. En esta tendencia a evitar el displacer que pueden causar los recuerdos u otros actos psíquicos, en esta fuga psíquica ante el displacer hemos de ver el último motivo eficaz no solamente del olvido de nombres, sino también en muchas otras funciones fallidas, tales como las torpezas o actos de término erróneo, los errores, etc. El olvido de nombres parece quedar particularmente facilitado por factores psicofisiológicos y surge, por lo tanto, aun en aquellos casos en los que no interviene ningún motivo de displacer. En aquellos sujetos especialmente inclinados a olvidar los nombres, la investigación analítica nos revela siempre que si determinados nombres escapan a la memoria de los mismos no es tan sólo porque les sean desagradables o les recuerden sucesos displacientes, sino también porque pertenecen en su psiquismo a otros ciclos de asociaciones con los cuales se hallan en relación más estrecha. Diríase que tales nombres son retenidos por estos ciclos y se niegan a obedecer a otras asociaciones circunstanciales. Recordando los artificios de que se sirve la mnemotecnia observaréis, no sin alguna sorpresa, que ciertos nombres quedan olvidados a consecuencia de las mismas asociaciones que se establecen intencionadamente para preservarlos del olvido. El olvido de nombres propios, los cuales poseen, naturalmente, un distinto valor psíquico para cada sujeto, constituye el caso más típico de este género. Tomad, por ejemplo, el nombre de Teodoro. Para muchos de vosotros no presentará ningún significado particular. En cambio, para otros, será el nombre de su padre, de un hermano, de un amigo o hasta el suyo propio. La experiencia analítica os demostrará que los primeros no corren riesgo alguno de olvidar que cierta persona extraña a ellos se llama así, mientras que los segundos mostrarán siempre una tendencia a rehusar a un extraño un nombre que les parece reservado a sus relaciones íntimas. Teniendo, además, en cuenta que a este obstáculo asociativo puede añadirse la acción del principio del displacer y la de un mecanismo indirecto, podréis haceros una idea exacta del grado de complicación que presenta la causación del olvido temporal de un nombre. Sin embargo, un detenido análisis puede siempre desembrollar todos los hilos de esta complicada trama.

El olvido *de impresiones y de sucesos vividos* muestra con más claridad, y de una manera más exclusiva que el olvido de los nombres, la acción de la tendencia que intenta alejar del recuerdo todo aquello que puede sernos desagradable. Claro es que este olvido no puede ser incluido entre las funciones fallidas más que en aquellos casos en los que, observado a la luz de nuestra experiencia cotidiana, nos parece sorprendente e injustificado, por ejemplo, cuando recae sobre impresiones demasiado recientes o importantes o sobre aquellas otras cuya ausencia determinaría una laguna en un conjunto del cual guardamos un recuerdo perfecto. Las causas del olvido, en general, y especialmente del de aquellos sucesos que, como los que vivimos en nuestros primeros años infantiles, han tenido que dejar en nosotros una profundísima impresión, constituyen un problema de orden totalmente distinto en el que la defensa contra las sensaciones de displacer desempeña desde luego cierto papel, pero no resulta suficiente para explicar el fenómeno en su totalidad. Lo que, desde luego, constituye un hecho incontestable es que las impresiones displacentes son olvidadas con facilidad. Este fenómeno, comprobado por numerosos psicólogos, causó al gran Darwin una impresión tan profunda que se impuso la regla de anotar con particular cuidado las observaciones que parecían desfavorables a su teoría ya que como tuvo ocasión de confirmarlo repetidas veces, se resistían a imprimirse en su memoria.

Aquellos que oyen hablar por primera vez del olvido como medio de defensa contra los recuerdos displacientes, rara vez dejan de formular la objeción de que, conforme a su propia experiencia, son más bien los recuerdos desagradables, por ejemplo, los de ofensas o humillaciones los que más difícilmente se borran, tornando sin cesar contra el imperio de nuestra voluntad y torturándonos de continuo. El hecho es exacto, pero no así la objeción en él fundada. Debemos acostumbrarnos a tener siempre en cuenta, pues es algo de capital importancia, el hecho de que la vida psíquica es un campo de batalla en el que tachan tendencias opuestas, o para emplear un lenguaje menos dinámico, un compuesto de contradicciones y de pares antinómicos. De este modo, la existencia de una tendencia determinada no excluye la de su contraria. En nuestro psiquismo hay lugar para ambas y de lo que se trata únicamente es de conocer las relaciones que se establecen entre tales tendencias opuestas y los efectos que emanan de cada una de ellas.

La *pérdida de objetos y la imposibilidad de encontrar* aquellos que sabemos haber colocado en algún lugar nos interesan particularmente a causa de las múltiples interpretaciones de que son susceptibles como funciones fallidas y de la variedad de tendencias a las cuales obedecen. Lo que es común a todos estos casos es la voluntad de perder, diferenciándose unos de otros en la razón y el objeto de la pérdida. Perdemos un objeto cuando el mismo se ha estropeado por el mucho uso, cuando pensamos reemplazarlo por otro mejor, cuando ha cesado de agradarnos, cuando procede de una persona con la cual nos hemos disgustado o cuando ha llegado a nuestras manos en circunstancias desagradables que no queremos recordar. Idénticos fines pueden atribuirse a los hechos de romper, deteriorar o dejar caer un objeto. Así mismo, parece ser que en la vida social se ha demostrado que los hijos ilegítimos y aquellos que el padre se ve obligado a reconocer son mucho más delicados y sujetos a enfermedades que los legítimos, resultado que no hay necesidad de atribuir a la grosera táctica de los "fabricantes de ángeles" pues se explica perfectamente por cierta negligencia en su cuidado y custodia. La conservación de los objetos podría muy bien tener igual explicación que, en este caso, la de los hijos.

También, en otras muchas ocasiones, se pierden objetos que conservan todo su valor con la sola intención de sacrificar algo a la suerte y evitar de esta manera otra pérdida que se teme. El análisis demuestra que esta manera de conjurar la suerte es aún muy común entre nosotros y que, por lo tanto, nuestras pérdidas constituyen a veces un sacrificio voluntario. En otros casos pueden asimismo ser expresión de un desafío o una penitencia. Vemos, pues, que la tendencia a desembarazarnos de un objeto, perdiéndolo, puede obedecer a numerosísimas y muy lejanas motivaciones. Análogamente a los demás errores, utilizamos también a veces los *actos de término erróneo* (*Vergreifen*) para realizar deseos que debíamos rechazar. En estos casos se disfraza la intención bajo la forma de una feliz casualidad. Citaremos como ejemplo el caso de uno de nuestros amigos que debiendo hacer una visita desagradable en los alrededores de la ciudad, se equivocó al cambiar de tren en una estación intermedia y subió en uno que le reintegró al punto de partida. Suele también ocurrir que cuando durante el curso de un viaje deseamos hacer una parada incompatible con nuestras obligaciones, en un punto intermedio, perdemos un tren como por casualidad o equivocamos un transbordo, error que nos impone la detención que deseábamos. Puedo relataros, asimismo, el caso de uno de mis enfermos al cual tenía yo prohibido que hablase a su querida por teléfono, pero que cada vez que me telefoneaba pedía "por error" un número equivocado, el cual era precisamente el de su querida. Otro caso interesante y que, revelándonos los preliminares del deterioro de un objeto, muestra palpablemente una importancia práctica es la siguiente observación de un ingeniero:

«Hace algún tiempo trabajaba yo con varios colegas de la Escuela superior en una serie de complicados experimentos sobre la elasticidad, labor de la que nos habíamos encargado voluntariamente, pero que empezaba a ocuparnos más tiempo de lo que hubiésemos deseado. Yendo un día hacia el laboratorio en compañía de mi colega F., expresó este lo desagradable que era para él, aquel día, verse obligado a perder tanto tiempo, teniendo mucho trabajo en su casa. Yo asentía a sus palabras y añadí en broma, haciendo alusión a un accidente sucedido la semana anterior: "Por fortuna es de esperar que la máquina falle otra vez y tengamos que interrumpir el experimento. Así podremos marcharnos pronto". En la distribución del trabajo, le tocó a F. regular la válvula de la prensa, esto es, ir abriéndola con prudencia para dejar pasar poco a poco el líquido presionador desde los acumuladores al cilindro de la prensa hidráulica. El director del experimento se hallaba observando el manómetro, y cuando este marcó la presión deseada, gritó: "¡Alto!" Al oír esta voz de mando, cogió F. la válvula y le dio vuelta con toda su fuerza hacia la izquierda (todas las válvulas, sin excepción, se cierran hacia la derecha). Esta falsa maniobra hizo que la presión del acumulador actuara de golpe sobre la prensa, cosa para lo cual no estaba preparada la tubería y que hizo estallar una unión de esta, accidente nada grave para la máquina, pero que nos obligó a abandonar el trabajo por aquel día y regresar a nuestras casas.

Resulta, además, muy característico el hecho de que algún tiempo después, hablando de este incidente, no pudo F. recordar las palabras que le dije al dirigirnos juntos al laboratorio, palabras que yo recordaba con toda seguridad.»

Casos como el antes mencionado nos sugieren la sospecha de que si las manos de nuestros criados se transforman tantas veces en instrumentos destructores de los objetos que poseemos en nuestra casa, ello no obedece siempre a una inocente casualidad. De igual manera podemos también preguntarnos si es por puro azar por lo que nos hacemos daño a nosotros mismos y ponemos en peligro nuestra personal integridad. El análisis de observaciones de este género habrá de darnos la solución de estas interrogantes.

Con lo que hasta aquí hemos dicho sobre las funciones fallidas no queda, desde luego, agotado el tema, pues aún habríamos de investigar y discutir numerosos puntos. Mas me consideraría satisfecho si con lo expuesto hubiera conseguido haceros renunciar a vuestras antiguas ideas sobre esta materia y disponeros a aceptar las nuevas. Por lo demás, no siento ningún escrúpulo en abandonar aquí el estudio de las funciones fallidas sin haber llegado a un completo esclarecimiento de las mismas, pues dicho estudio no habría de proporcionarnos la demostración de todos nuestros principios y nada hay que nos obligue a limitar nuestras investigaciones haciéndolas recaer únicamente sobre los materiales que las funciones fallidas nos proporcionan. El gran valor que los actos fallidos presentan para la consecución de nuestros fines consiste en que siendo grandemente frecuentes y no teniendo por condición estado patológico ninguno, todos podemos observarlos con facilidad en nosotros mismos. Para terminar, quiero únicamente recordaros una de vuestras interrogantes que he dejado hasta ahora sin respuesta: Dado que, como en numerosos ejemplos hemos podido comprobar, la concepción vulgar de las funciones fallidas se aproxima a veces considerablemente a la que en estas lecciones hemos expuesto, conduciéndose los hombres en muchas ocasiones como si adivinaran el sentido de las mismas ¿por qué se considera tan generalmente a estos fenómenos como accidentales y faltos de todo sentido, rechazando con la mayor energía su concepción psicoanalítica?

Tenéis razón; es este un hecho harto singular y necesitado de explicación. Mas en lugar de dárosla desde luego, prefiero iros exponiendo aquellos datos cuyo encadenamiento os llevará a deducir dicha explicación por vosotros mismos y sin que preciséis para nada de mi ayuda.

PARTE II

LOS SUEÑOS

V
Dificultades y primeras aproximaciones

Se descubrió un día que los síntomas patológicos de determinados sujetos nerviosos poseían un sentido, descubrimiento que constituyó la base y el punto de partida del tratamiento psicoanalítico. En este tratamiento se observó después que los enfermos incluían entre sus síntomas algunos de sus sueños, y esta inclusión fue lo que hizo suponer que dichos sueños debían poseer igualmente su sentido propio.

Mas en lugar de seguir aquí este orden histórico, comenzaremos nuestra exposición por el extremo opuesto, considerando la demostración de tal sentido de los sueños como una labor preparatoria para el estudio de las neurosis. Esta inversión de orden expositivo es perfectamente justificada, pues no solamente constituye el estudio de los sueños la mejor preparación al de las neurosis, sino que el fenómeno onírico es por sí mismo un síntoma neurótico que presenta, además, la inapreciable ventaja de poder ser observado en todo el mundo, incluso en los individuos de salud normal. Aun cuando todos los hombres gozasen de perfecta salud, podríamos llegar, por el examen de sus sueños, a deducir casi todas las conclusiones a las que el análisis de las neurosis nos ha conducido.

De este modo llegan a ser los sueños objeto de la investigación psicoanalítica, y nos hallamos de nuevo en estas lecciones ante un fenómeno vulgar al que, como sucedía con las funciones fallidas, con las cuales tiene, además, el carácter común de manifestarse incluso en los individuos más normales, se considera generalmente desprovisto de todo sentido e importancia práctica. Pero los sueños se presentan a nuestro estudio en condiciones más desfavorables que las funciones fallidas. Se hallaban estas tan descuidadas por la ciencia que jamás se había dignado dirigir su atención sobre ellas, pero el consagrarse a su estudio no constituía nada vergonzoso, e incluso podía disculparse alegando que, si bien hay cosas más importantes, pudiera ser, sin embargo, que la investigación de los actos fallidos proporcionase algunos resultados de interés. En cambio, el dedicarse a investigar los sueños es considerado no sólo como una ocupación falta de todo valor práctico y absolutamente superflua, sino como un pasatiempo censurable, anticientífico y revelador de una tendencia al misticismo.

Parece, en general, inverosímil que un médico se consagre al estudio de los sueños cuando la Neuropatología y la Psiquiatría ofrecen tantos fenómenos infinitamente más serios: tumores, a veces del volumen de una manzana, que comprimen el órgano de la vida psíquica y hemorragias e inflamaciones crónicas en el curso de las cuales pueden observarse, por medio del microscopio, las alteraciones de los tejidos. Junto a estos fenómenos resultan los sueños algo tan insignificante que no merece el honor de llegar a constituirse en objeto de una investigación.

Trátase además de un objeto cuyo carácter desafía todas las exigencias de la ciencia exacta y sobre el cual el investigador no posee certeza alguna. Una idea fija, por ejemplo, se presenta a nuestros ojos con toda claridad y mostrando un contorno preciso y bien delimitado: "Yo soy el Emperador de la China", proclama en alta voz el enfermo. En cambio, los sueños no son a veces ni siquiera susceptibles de ser fijados en una ordenada exposición. Cuando alguien nos refiere un sueño no poseemos garantía ninguna de la exactitud de su relato y nada nos prueba que no lo deforma al comunicarlo o añade a él detalles imaginarios procedentes de la imprecisión de su recuerdo. Además, la mayoría de los sueños escapa al recuerdo y no quedan de ellos en la memoria del sujeto sino fragmentos insignificantes. Parece, pues, imposible que sobre la interpretación de estos materiales quiera fundarse una psicología científica o un método terapéutico.

Sin embargo, debemos desconfiar de aquellos juicios que muestran una clara exageración y es evidente que las objeciones contra el sueño, como objeto de investigación, van demasiado lejos. Los sueños, se dice, tienen una importancia insignificante. Ya hemos respondido a una objeción de este mismo género a propósito de los actos fallidos. Dijimos entonces que cosas de gran importancia pueden no manifestarse sino por muy pequeños indicios. Por otra parte, la indeterminación que tanto se reprocha a los sueños constituye un carácter peculiar de los mismos y habremos de aceptarla sin protesta, pues, como es natural, no podemos prescribir a las cosas el carácter que deban presentar. Además, hay también sueños claros y definidos, y fuera de esto, la investigación psiquiátrica recae con frecuencia sobre objetos que presentan igual indeterminación. Así sucede en numerosos casos de representaciones obsesivas, de las cuales se ocupan, sin embargo, los psiquiatras más respetables y eminentes. Recuerdo aún el último caso que de este género se me presentó en el ejercicio de mi actividad profesional. La enferma comenzó por declararme lo siguiente: "Siento como si hubiera causado daño a un ser vivo. ¿A un niño? No. Más bien a un perro. Tengo la impresión de haberlo arrojado desde un puente o haberlo hecho sufrir de otra manera cualquiera". Podemos evitar el inconveniente resultante de la incertidumbre de los recuerdos referentes al sueño estableciendo que no debe ser considerado como tal sino lo que el sujeto nos relata, haciendo abstracción de todo aquello que el mismo ha podido olvidar o deformar en su recuerdo. Por último, indicaremos que no es lícito afirmar de un modo general que el sueño es un fenómeno sin importancia. Todos sabemos por propia experiencia que la disposición psíquica en la que despertamos después de un sueño puede mantenerse durante todo un día. Los médicos conocen casos en los que una enfermedad psíquica ha comenzado por un sueño y en los que el enfermo ha retenido una idea fija procedente del mismo. Cuéntase también que varios personajes históricos hallaron en sus sueños estímulos para llevar a cabo determinados actos de gran trascendencia. Resulta, pues, un tanto extraño este desprecio que en los círculos científicos se profesa con respecto al sueño.

En este desprecio veo yo una reacción contra la importancia exagerada que a los fenómenos oníricos se dio en tiempos antiguos. La reconstrucción del pasado no es desde luego cosa fácil, pero podemos admitir sin vacilación que nuestros antepasados de hace tres mil años o más soñaban de la misma manera que nosotros. Sabemos asimismo que todos los pueblos antiguos han atribuido a los sueños un importante valor, y los han considerado como prácticamente utilizables, hallando en ellos indicaciones relativas al futuro y dándoles el significado de presagios. En Grecia y otros pueblos orientales resultaba tan imposible una campaña militar sin intérpretes oníricos como hoy resultaría sin los medios de observación que la aviación proporciona.

Cuando Alejandro Magno emprendió su expedición de conquista, llevaba en su séquito a los más reputados onirocríticos. La ciudad de Tiro, que en aquella época se hallaba situada todavía en una isla, oponía al monarca una tan pertinaz resistencia que Alejandro había decidido ya levantar el sitio, cuando una noche vio en sueños a un sátiro entregado a una danza triunfal. Habiendo dado parte de su sueño a su adivino, este lo interpretó como el seguro anuncio de una victoria próxima, y Alejandro Magno ordenó, en consecuencia, el asalto que rindió a la ciudad. Los etruscos y los romanos se servían de otros métodos para adivinar el porvenir, pero la interpretación de los sueños continuó siendo cultivada y *gozó* de gran predicamento durante la época grecorromana. En la literatura, en cuanto a esta cuestión se refiere, ha llegado, por lo menos, hasta nosotros una obra capital: el libro de Artemidoro de Daldis, escrito probablemente en la época del emperador Adriano. Lo que no puedo indicaros es cómo se produjo la decadencia del arte de interpretar los sueños y cómo estos mismos cayeron en un total descrédito. A mi juicio, no podemos atribuir tal decadencia y tal descrédito a los efectos del progreso intelectual, pues la sombría Edad Media conservó fielmente cosas harto más absurdas que la antigua interpretación de los sueños. El hecho es que el interés por los sueños degeneró poco a poco en superstición y halló su último refugio en el pueblo inculto. El último abuso que de la interpretación onírica ha llegado hasta nuestros días, consiste en tratar de deducir de los sueños los números que saldrán premiados en las loterías. En compensación, la ciencia exacta actual se ha ocupado de los sueños repetidas veces, pero siempre con la intención de aplicar a ellos teorías fisiológicas. Los médicos veían naturalmente en los sueños no un acto psíquico, sino la manifestación en la vida anímica de excitaciones somáticas. Binz declara en 1879 que los sueños son un "proceso corporal, inútil siempre, patológico con frecuencia, y que con respecto al alma universal y a la inmortalidad es lo que una llanura arenosa y estéril al éter azul que la domina desde inmensa altura". Maury compara los sueños a las contracciones desordenadas del baile de San Vito, que contrastan con los movimientos coordinados del hombre normal, y una vieja comparación asimila los sueños a los sonidos "que produce un individuo, profano en música, recorriendo con sus diez dedos las teclas del piano".

Interpretar significa hallar un sentido oculto y, naturalmente, no puede hablarse de nada semejante desde el momento en que se desprecia de este modo el valor de los sueños. Leed la descripción que de los mismos hacen Wundt, Jordl y otros filósofos modernos. Todos ellos se limitan a enumerar los puntos en los que el fenómeno onírico se desvía del pensamiento despierto y a hacer resaltar la descomposición de las asociaciones, la supresión del sentido crítico, la eliminación de todo conocimiento y todos los demás signos en los que se puede fundar un juicio adverso a toda la importancia a que dicho fenómeno pudiera aspirar. La única contribución interesante que para el conocimiento de los sueños nos ha sido proporcionada por la ciencia exacta se refiere a la influencia que sobre su contenido ejercen las excitaciones corporales que se producen durante el reposo nocturno. Un autor noruego recientemente fallecido, J. Mourly Vold, nos ha dejado dos grandes volúmenes de investigaciones experimentales sobre los sueños y relativas, casi exclusivamente, a los efectos producidos por el desplazamiento de los miembros del durmiente. Estos trabajos son justamente apreciados como modelo de investigación exacta sobre los sueños. Mas ¿qué diría la ciencia exacta al saber que queremos intentar descubrir el *sentido* de los sueños? Quizá se ha pronunciado ya la ciencia sobre esta cuestión, pero no hemos de dejarnos desalentar por su juicio. Puesto que los actos fallidos pueden tener un sentido que la investigación exacta ni siquiera sospechaba, nada se opone a que también lo tengan los sueños. Hagamos, pues, nuestro el prejuicio de los antiguos y del pueblo, y sigamos las huellas de los primitivos onirocríticos.

Pero ante todo debemos orientarnos en nuestra labor y pasar revista a los dominios del sueño. ¿Qué es un sueño? Resulta difícil responder a esta pregunta con una definición y, por lo tanto, no intentaremos construirla, pues se trata además de algo que todo el mundo conoce. Sin embargo, deberíamos por lo menos hacer resaltar los caracteres esenciales de este fenómeno. Mas ¿dónde encontrarlos? Existen tantas diferencias de toda clase dentro de los límites del objeto de nuestra labor que tendremos que considerar como caracteres esenciales de los sueños aquellos que resulten comunes a todos ellos. Ahora bien, el primero de tales caracteres comunes a todos los sueños es el de que cuando soñamos nos hallamos dormidos. Es evidente, pues, que los sueños son una manifestación de la vida psíquica durante el reposo[4] y que, si esta vida ofrece determinadas semejanzas con la de la vigilia, también se separa de ella por considerables diferencias. Tal era ya la definición de Aristóteles. Es posible que entre el sueño y el estado de reposo existan relaciones aún más estrechas. Muchas veces es un sueño lo que nos hace despertar y en otras se inicia el mismo inmediatamente antes de un despertar espontáneo o cuando hay algo que viene a interrumpir violentamente nuestro reposo. De este modo, el fenómeno onírico se nos muestra como un estado intermedio entre el reposo y la vigilia, planteándonos, ante todo, el problema de la naturaleza del acto de dormir.

Es este un problema fisiológico o biológico aún muy discutido y discutible. No podemos decidir todavía nada con respecto a él, pero, a mi juicio, podemos intentar caracterizar el reposo desde el punto de vista psicológico. El reposo es un estado en el que el durmiente no quiere saber nada del mundo exterior, habiendo desligado del mismo todo su interés. Retirándonos precisamente del mundo exterior y protegiéndonos contra las excitaciones que de él proceden es como nos sumimos en el reposo. Nos dormimos cuando nos hallamos fatigados del mundo exterior y de sus excitaciones, y durmiéndonos, le decimos: "Déjame en paz, pues quiero dormir". Por el contrario,

---

[4] N. del Traductor. —En alemán existen términos diferentes para designar el sueño —fenómeno onírico— y el acto de dormir (*Traum* y *Schlaf*). Igualmente, en francés y en inglés (*réve* y *sommeil* — *dream* y *sleep*). Pero en castellano poseemos un mismo término —sueño— para ambos conceptos. Como esto pudiera originar confusiones, diremos tan solo *sueño* refiriéndonos al fenómeno onírico y emplearemos para designar el acto de dormir la palabra *reposo*.

el niño suele decir: "No quiero irme a dormir todavía; no estoy fatigado. Quiero jugar aún otro poco". La tendencia biológica del reposo parece, pues, consistir en el descanso y su carácter psicológico en la extinción del interés por el mundo exterior. Uno de los caracteres de nuestra relación con este mundo, al cual hemos venido sin una expresa voluntad por nuestra parte, es el de que no podemos soportarlo de una manera ininterrumpida y, por lo tanto, tenemos que volvernos a sumir temporalmente en el estado en que nos hallábamos antes de nacer, en la época de nuestra existencia intrauterina. Por lo menos, nos creamos condiciones por completo análogas a las de esta existencia, o sea, las de calor, obscuridad y ausencia de excitaciones. A más de esto, muchos de nosotros se envuelven estrechamente en las sábanas y dan a su cuerpo durante el reposo una actitud similar a la del feto en el seno materno. Diríase que aun en el estado adulto no pertenecemos al mundo sino con dos terceras partes de nuestra individualidad y que otra tercera parte es como si todavía no hubiéramos nacido. En estas condiciones cada despertar matinal es para nosotros como un nuevo nacimiento y cuando nuestro reposo ha sido tranquilo y reparador decimos, al despertar, que nos encontramos como si acabáramos de nacer. Claro es que al decir esto nos hacemos sin duda una idea muy falsa de la sensación general del recién nacido, pues es sospechable que este se sienta muy a disgusto. Mas también llamamos con igual impropiedad al acto del nacimiento "ver por primera vez la luz del día".

Si la naturaleza del reposo es la que acabamos de exponer, el fenómeno onírico, lejos de deber formar parte de él, se nos muestra más bien como un accesorio inoportuno. Tal es, en efecto, la opinión general según la cual el reposo sin sueños es el más reparador y el único verdadero. Durante el descanso no debe subsistir actividad psíquica ninguna y sólo cuando no hemos conseguido alcanzar por completo el estado de reposo fetal perdurarían en nosotros restos de dicha actividad, los cuales constituirían precisamente los sueños. Mas, siendo así, no necesitaríamos buscar en ellos sentido alguno. En las funciones fallidas la situación era distinta, pues se trataba de actividades correspondientes a la vida despierta. Pero cuando dormimos, después de haber conseguido suprimir nuestra actividad psíquica con excepción de algunos restos, no hay razón alguna para que los mismos posean un sentido, el cual, nos sería, además, imposible utilizar, dado que la mayor parte de nuestra vida psíquica se halla dormida. No podría, pues, tratarse sino de reacciones convulsiformes o de fenómenos psíquicos provocados directamente por un estímulo somático. Los sueños no serían, por lo tanto, sino restos de la actividad psíquica del estado de vigilia susceptibles de perturbar el reposo, y tendríamos que abandonar esta cuestión como extraña al alcance del psicoanálisis.

Pero aun suponiendo que el sueño sea inútil, no por eso deja de existir y podríamos, por lo menos, intentar explicarnos tal existencia. ¿Por qué la vida psíquica no duerme? Hay, sin duda, algo que se opone a su reposo. Sobre ella actúan estímulos a los que tiene que reaccionar. Así, pues, los sueños no serán otra cosa que la forma que el alma tiene de reaccionar durante el estado de reposo a las excitaciones que sobre ella actúan, deducción que abre un camino a nuestra comprensión del fenómeno onírico. Habremos pues de investigar en diferentes sueños cuáles son las excitaciones que tienden a perturbar el reposo y a las que el durmiente reacciona por medio del fenómeno onírico.

Las consideraciones que anteceden nos han llevado a descubrir el primer carácter común de los sueños. Pero estos presentan todavía un segundo carácter de este género que resulta harto más difícil de establecer y describir. Los procesos psicológicos del reposo difieren por completo de los de la vida despierta. En el estado de reposo asistimos a muchos sucesos en cuya realidad creemos mientras dormimos, aunque lo único real que en ellos hay es quizá la presencia de una excitación perturbadora. Dichos sueños se nos presentan predominantemente en forma de imágenes visuales acompañadas algunas veces de sentimientos, ideas e impresiones. Pueden, pues, intervenir en nuestros sueños sentidos diferentes del de la vista, pero siempre dominan en ellos las imágenes visuales. De este modo, parte de la dificultad con la que tropezamos para exponerlos en un relato verbal proviene de tener que traducir las imágenes en palabras. "Podía dibujaros mi sueño —dice con frecuencia el sujeto— pero no sé cómo contároslo". No se trata aquí, en realidad, de una actividad psíquica reducida, como lo es la del mentecato comparada con la del hombre de genio, sino de algo cualitativamente diferente, sin que pueda decirse en qué consiste tal diferencia. Fechner formula en una de sus obras la hipótesis de que la escena en la que se desarrollan los sueños (en el alma) no es la misma de las representaciones de la vida despierta, hipótesis que nos desorienta y nos parece incomprensible, pero que expresa muy bien aquella impresión de extrañeza que nos deja la mayor parte de los sueños. Tampoco la comparación de la actividad onírica con los efectos obtenidos en un piano por una mano inexperta en música resulta ya aplicable, pues el instrumento musical producirá, siempre que una mano recorra al azar su teclado, los mismos sonidos, sin reunirlos nunca en una melodía. Para lo sucesivo habremos de tener siempre presente el segundo carácter común que aquí hemos establecido, aunque permanezca obscuro e incomprendido.

¿Tendrán todavía los sueños otros caracteres comunes? Por mi parte no he podido hallar más y no encuentro ya entre ellos sino diferencias, tanto en lo que concierne a su duración aparente, como a su precisión, a la intervención de las emociones, a la persistencia, etcétera. Todo esto se muestra muy diferente de lo que pudiéramos esperar si no se tratase más que de una defensa forzada, momentánea y espasmódica contra una excitación. Por lo que respecta a lo que pudiéramos calificar de dimensiones de los sueños, existen algunos muy breves que se componen de una sola o muy pocas imágenes y no contienen sino una idea o una palabra, y hay otros cuyo contenido es extraordinariamente amplio y que se desarrollan como verdaderas novelas, durando, en apariencia, largo tiempo. Hay sueños tan precisos como los sucesos de la vida real, tanto que, al despertar, tenemos necesidad de cierto tiempo para darnos cuenta de que no se ha tratado sino de un sueño. En cambio, hay otros indeciblemente débiles y borrosos e incluso en un solo y único sueño se encuentran a veces partes de una gran precisión al lado de otras inaprehensiblemente vagas. Existen sueños llenos de sentido, o por lo menos, coherentes, hasta ingeniosísimos y de una fantástica belleza. Otros, en cambio, son embrollados, estúpidos, absurdos y extravagantes. Algunos nos dejan por completo fríos, mientras que otros despiertan todas nuestras emociones, y nos hacen experimentar dolor hasta el llanto, angustia que nos hace despertar, asombro, admiración, etc. La mayor parte de los sueños quedan olvidados inmediatamente después del despertar, o, si se mantienen vivos durante el día, palidecen cada vez más y al llegar la noche presentan grandes lagunas. Por el contrario, ciertos sueños —por ejemplo, los de los niños— se conservan tan bien que los recordamos, a veces, al cabo de treinta años como si de una impresión recentísima se tratase. Algunos se producen una sola y única vez, y otros surgen repetidamente en la misma persona sin sufrir modificación alguna o con ligeras variantes. Vemos, pues, que este mínimo fragmento de actividad psíquica dispone de un repertorio colosal y es apto para recrear todo lo que el alma crea en su actividad diurna; mas sus creaciones son siempre distintas de las de la vida despierta.

Podríamos intentar explicar todas estas variedades de los sueños suponiendo que corresponden a los diversos estadios intermedios entre el reposo y la vigilia, o sea, a diversos grados del reposo incompleto. Pero si así fuera, a medida que el rendimiento onírico nos mostrase un mayor valor, un contenido más rico y una precisión más grande, deberíamos darnos cuenta cada vez con más claridad de su carácter de sueño, pues, en los de este género, la vida psíquica nocturna se aproxima mucho a la del estado de vigilia, y sobre todo no deberían aparecer en ellos, al lado de fragmentos precisos y razonables, otros por completo nebulosos y absurdos, seguidos a su vez por nuevos fragmentos precisos. Admitir la explicación que acabamos de enunciar sería atribuir a nuestra alma la facultad de cambiar la profundidad de su reposo con una velocidad y una facilidad inadmisibles. Podemos, pues, rechazar tal explicación, demasiado fácil para un problema tan complicado.

Renunciaremos por ahora, y hasta nueva orden, a investigar el "sentido" de los sueños para intentar, partiendo de los caracteres comunes a todos ellos, llegar a una mejor comprensión de los mismos. De las relaciones que existen entre los sueños y el estado de reposo hemos deducido que el sueño es una reacción a un estímulo perturbador de dicho reposo. Como ya indicamos, es este el único punto en el que la psicología experimental puede prestarnos su concurso, proporcionándonos la prueba de que las excitaciones producidas durante el reposo aparecen en el fenómeno onírico. Conocemos gran número de investigaciones sobre esta cuestión, incluyendo las últimas de Mourly Vold, antes mencionadas, y todos nosotros hemos tenido ocasión de confirmar esta circunstancia por medio de observaciones personales. Citaré aquí algunas experiencias de este género escogidas entre las más antiguas. Maury llevó a cabo varias de ellas en su propia persona. Haciéndole oler mientras se hallaba durmiendo agua de colonia, soñó que se encontraba en El Cairo, en la tienda de Juan María Farina, hecho con el que se enlazó después de una serie de extravagantes aventuras.

Otra vez, pellizcándole ligeramente en la nuca, soñó que se aplicaba una cataplasma y con un médico que le había cuidado en su infancia. Por último, en otro experimento, se le vertió una gota de agua sobre la frente y soñó que se encontraba en Italia, sudaba mucho y bebía vino blanco de Orvieto.

Aquello que más nos impresiona en estos sueños provocados experimentalmente, lo hallaremos quizá con una mayor precisión en otra serie de sueños obtenidos por medio de un estímulo artificial. Nos referimos a tres sueños comunicados por un sagaz observador, Hildebrandt, y los cuales constituyen reacciones al ruido producido por el timbre de un despertador:

«En una mañana de primavera, paseo a través de los verdes campos en dirección a un pueblo vecino a cuyos habitantes veo dirigirse, vestidos de fiesta y formando numerosos grupos, hacia la iglesia, con el libro de misa en la mano. Es, en efecto, domingo, y la primera misa debe comenzar dentro de pocos minutos. Decido asistir a ella, pero como hace mucho calor, entro para reposar en el cementerio que rodea la iglesia. Mientras me dedico a leer las diversas inscripciones funerarias, oigo al campanero subir al campanario y veo en lo alto del mismo la pequeña campana pueblerina que debe anunciar dentro de poco el comienzo del servicio divino. Durante algunos instantes, la campana permanece inmóvil, pero luego comienza a moverse y de repente sus sones llegan a hacerse tan claros y agudos que ponen fin a mi sueño. Al despertar oigo a mi lado el timbre del despertador.»

«Otra combinación: Es un claro día de invierno y las calles se hallan cubiertas por una espesa capa de nieve. Tengo que tomar parte en un paseo en trineo, pero me veo obligado a esperar largo tiempo antes de que se me anuncie que el trineo ha llegado y espera a la puerta. Antes de subir a él, hago mis preparativos, poniéndome el gabán de pieles e instalando en el fondo del coche un calentador. Por fin subo al trineo, pero el cochero no se decide a dar la señal de partida a los caballos. Sin embargo, estos acaban por emprender la marcha, y los cascabeles de sus colleras, violentamente sacudidos, comienzan a sonar, pero con tal intensidad que el cascabeleo rompe instantáneamente la tela de araña de mi sueño. También esta vez se trataba simplemente del agudo timbre de mi despertador.»

«Tercer ejemplo: Veo a mi criada pasar por un corredor hacia el comedor llevando una pila de varias docenas de platos. La columna de porcelana me parece a punto de perder el equilibrio. "Ten cuidado —advierto a la criada—, vas a tirar todos los platos". La criada me responde, como de costumbre, que no me preocupe, pues ya sabe ella lo que se hace, pero su respuesta no me impide seguirla con una mirada inquieta. En efecto, al llegar a la puerta del comedor, tropieza, y la frágil vajilla cae, rompiéndose en mil pedazos sobre el suelo y produciendo un gran estrépito que se sostiene hasta hacerme advertir que se trata de un ruido persistente distinto del que la porcelana ocasiona al romperse y parecido más bien al de un timbre. Al despertar compruebo que es el ruido del despertador.»

Estos tres interesantes sueños se nos muestran plenos de sentido y, al contrario de lo que generalmente sucede, en extremo coherentes. Por lo tanto, no les pondremos tacha alguna. Su rasgo común consiste en que la situación se resuelve siempre por un ruido que el durmiente reconoce, al despertar, ser el ocasionado por el timbre del despertador. Vemos, pues, cómo un sueño se produce, pero aun observamos algo más. El sujeto no reconoce en su sueño el repique del despertador, el cual para nada interviene además en el sueño, sino que reemplaza dicho ruido por otro e interpreta de un modo diferente cada vez la excitación que interrumpe su reposo. ¿Por qué así? Es esta una interrogante para la que no hallamos respuesta por ahora; diríase que se trata de algo arbitrario. Pero comprender el sueño sería precisamente poder explicar por qué el sujeto escoge precisamente tal ruido y no tal otro para explicar la excitación provocada por el despertador. Puédase igualmente objetar a los experimentos de Maury que, si bien vemos manifestarse la excitación en el sueño, no llegamos a explicarnos por qué se manifiesta en una forma determinada que nada tiene que ver con la naturaleza de la excitación. Además, en los sueños de Maury aparecen enlazados, con el efecto directo de la excitación, numerosos efectos secundarios, tales como las extravagantes aventuras del sueño provocado por el agua de colonia, aventuras que resultan imposibles de explicar.

Ahora bien: observad que es también en los sueños que acaban en el despertar del sujeto en los que fácilmente logramos establecer la influencia de las excitaciones interruptoras del reposo. En la mayoría de los demás casos nuestra misión será harto más difícil. No siempre nos despertamos después de un sueño y cuando por la mañana recordamos el sueño de aquella noche nos ha de ser imposible volver a encontrar la excitación que quizá había actuado durante el reposo. Por mi parte, sólo una vez, y merced a circunstancias particulares, he conseguido comprobar *a posteriori* una excitación sonora de este género. En un balneario del Tirol, desperté una mañana con la convicción de haber soñado que el Papa había muerto. Mientras intentaba explicarme este sueño me preguntó mi mujer si había oído, al amanecer, un formidable repique de todas las iglesias y capillas de los alrededores. No había oído nada, pues mi reposo es harto profundo, pero estas palabras de mi mujer me permitieron comprender mi sueño. Mas ¿cuál es la frecuencia de estas excitaciones que inducen al durmiente a soñar, sin que más tarde le sea posible obtener la menor información con respecto a ellas? Nada podemos determinar a este respecto, pues cuando la excitación no puede ser comprobada al despertar, resulta generalmente imposible hallar indicio alguno que nos permita deducir su efectividad. Además, no tenemos por qué detenernos en la discusión del valor de las excitaciones exteriores desde el punto de vista de la perturbación que las mismas aportan al reposo, pues sabemos que no pueden explicarnos sino solamente un pequeño fragmento del sueño y no toda la reacción que lo constituye.

Sin embargo, no resulta esto razón suficiente para abandonar toda esta teoría, susceptible además de un importante desarrollo. Poco importa, en el fondo, la causa que perturba el reposo e incita al fenómeno onírico. Si esta causa no es siempre una excitación sensorial procedente del exterior, puede tratarse también de una excitación cenestésica procedente de los órganos internos. Esta última hipótesis parece muy probable y responde a la concepción popular sobre la génesis de los sueños. Así, habréis oído decir muchas veces que los sueños provienen del estómago. Pero también en este caso puede suceder, desgraciadamente, que una excitación cenestésica que ha actuado durante la noche no deje por la mañana huella alguna y quede, por lo tanto, oculta a toda investigación. No queremos, sin embargo, despreciar las excelentes y numerosas experiencias que testimonian en favor de la conexión de los sueños con las excitaciones internas. Constituye, en general, un hecho incontestable que el estado de los órganos internos es susceptible de influir sobre los sueños. Las reacciones que existen entre el contenido de determinados sueños y la acumulación de orina en la vejiga o la excitación de los órganos genitales no pueden dejar de reconocerse. Mas de estos casos evidentes se pasa a otros en los que el contenido del sueño no nos autoriza sino a formular la hipótesis más o menos justificada de que tales excitaciones cenestésicas hayan podido intervenir en su génesis, pues sólo hallamos en dicho contenido algunos elementos que podemos considerar como una elaboración, una representación o una interpretación de excitaciones de dicho género. Scherner, que se ha ocupado mucho de los sueños (1861), defendió particularmente esta motivación de los mismos por excitaciones procedentes de los órganos internos, y ha citado en apoyo de su tesis algunos bellos ejemplos. En uno de ellos ve "frente a frente, en actitud de lucha, dos filas de bellos muchachos de cabellos rubios y pálido rostro que, al poco tiempo, se precipitan unos sobre otros, atacándose mutuamente, para separarse luego de nuevo, volver a su posición primitiva y recomenzar otra vez el combate". La primera interpretación que para este sueño hallamos es la de que las dos hileras de muchachos son una representación simbólica de las dos filas de dientes, interpretación que queda confirmada por el hecho de que el durmiente se ve, poco después, "extrayéndose una larga muela de la mandíbula". No menos plausible se nos muestra la explicación que atribuye a una irritación intestinal un sueño en el que el autor vio "largos corredores sinuosos y estrechos". Podemos, pues, admitir, con Scherner, que el sueño busca ante todo representar el órgano que envía la excitación por objetos a él semejantes.

Debemos, pues, hallarnos dispuestos a conceder que las excitaciones internas son susceptibles de desempeñar, con respecto a los sueños, la misma misión que las procedentes del exterior. Desgraciadamente, su valoración se encuentra sujeta a las mismas objeciones. En un gran número de casos, la interpretación de un sueño por una excitación interna es insegura o indemostrable, y sólo ciertos sueños permiten sospechar la participación, en su génesis, de excitaciones procedentes de un órgano interno. Por último, al igual de la excitación sensorial externa, la excitación de un órgano interno no explica del sueño más que aquello que corresponde a la reacción directa al estímulo, y nos deja en la incertidumbre en lo que respecta a la procedencia de los restantes elementos del sueño.

Observemos, sin embargo, una particularidad de la vida onírica que podemos deducir del estudio de estas excitaciones. El sueño no reproduce fielmente el estímulo, sino que lo elabora, lo designa por una alusión, lo incluye en un conjunto determinado o lo reemplaza por algo distinto. Esta parte de la elaboración del sueño tiene que atraer intensamente nuestro interés por ser la que más puede aproximarnos al conocimiento del fenómeno onírico. Aquello que realizamos estimulados por determinadas circunstancias puede muy bien rebasar los límites de las mismas. El *Macbeth* de Shakespeare es una obra de circunstancias, escrita con ocasión del advenimiento de un rey que fue el primero que reunió sobre su cabeza las coronas de los tres países británicos. Pero esta circunstancia histórica no agota ni mucho menos el contenido de la obra, ni explica su grandeza y sus enigmas. Análogamente, puede ser que las excitaciones exteriores e interiores que actúan sobre el durmiente no sirvan sino para poner en marcha el sueño sin revelarnos nada de su esencia.

El otro carácter común a todos los sueños, o sea, su singularidad psíquica, es, en primer lugar, harto difícil de comprender, y además no ofrece punto de apoyo alguno para ulteriores investigaciones. La mayor parte de las veces, los sucesos de que el sueño se compone tienen forma visual, y las excitaciones no nos dan una explicación de este hecho. ¿Lo que en el sueño experimentamos es realmente la excitación? Y de ser así, ¿por qué el sueño es predominantemente visual cuando la excitación ocular no aparece como estímulo del sueño, sino en rarísimos casos? Y cuando soñamos con una conversación o un discurso, ¿puede acaso probarse que durante el reposo ha llegado a nuestros oídos un diálogo o cualquier otro ruido semejante? He de permitirme rechazar enérgicamente estas hipótesis.

Puesto que los caracteres comunes a todos los sueños no nos son de utilidad ninguna para la explicación de los mismos, seremos quizá más afortunados llamando en nuestro auxilio a las diferencias que los separan. Los sueños son con frecuencia desatinados, embrollados y absurdos, pero también los hay llenos de sentido, precisos y razonables. Intentaremos ver si estos últimos permiten explicar los primeros. Con este objeto voy a comunicaros el último sueño razonable que me ha sido relatado y que fue soñado por un joven: "Paseando por la calle de C. me encuentro a F., al que acompaño algunos momentos. Luego entro en el restaurante. Dos señoras y un caballero vienen a sentarse a mi mesa. Al principio me contraría su presencia y no quiero mirarlos, mas, por último, levanto los ojos y veo que son muy elegantes". El sujeto de este sueño manifiesta, con relación al mismo, que la tarde inmediatamente anterior había pasado en realidad por la calle de C. y había encontrado a F. La otra parte del sueño no constituye ya una reminiscencia directa, pero presenta cierta analogía con un suceso del que el sujeto fue protagonista en una época anterior. He aquí otro sueño de este género, soñado por una señora: "Su marido le pregunta si no hay que afinar el piano. Ella responde: Es inútil, pues de todas maneras habrá que cambiar la piel". Este sueño reproduce, sin grandes modificaciones, una conversación que la señora ha tenido con su marido el día que precedió al sueño. Veamos, ahora, qué es lo que estos dos sueños, un tanto sobrios, nos enseñan. Ante todo, observamos que en ellos se nos muestran reproducciones de sucesos de la vida diurna o elementos con ella enlazados. Si pudiéramos decir otro tanto de todos los sueños habríamos obtenido ya un resultado harto apreciable. Pero no es este el caso, y la conclusión que acabamos de formular no se aplica sino a un pequeño número de sueños. En la mayor parte de estos no encontramos nada que tenga conexión con el estado de vigilia y permanecemos siempre en la ignorancia de los factores determinantes de los sueños absurdos y desatinados. Sabemos tan sólo que nos hallamos en presencia de un nuevo problema. Queremos saber no solamente lo que un sueño significa, sino también, cuándo, como en los casos que acabamos de citar, posee una precisa significación, por qué y con qué fin reproduce el sueño un suceso conocido y acaecido recientemente.

Os hallaréis, sin duda, como yo me hallo, fatigados de proseguir nuestra investigación por este camino. Vemos que todo el interés que consagremos a un problema será inútil mientras ignoremos en qué dirección habremos de buscar su solución, orientación de la que hasta ahora carecemos en nuestra labor investigadora. La Psicología experimental no nos aporta sino algunos —muy pocos— datos, aunque ciertamente preciosos, sobre el papel de las excitaciones en la iniciación de los sueños. De la Filosofía podemos solamente esperar que nos muestre de nuevo desdeñosamente la insignificancia intelectual de nuestro objeto y tampoco podemos ni queremos tomar nada de las ciencias ocultas. La Historia y la sabiduría de los pueblos nos dicen, en cambio, que el sueño posee todo el sentido e importancia de una anticipación del porvenir, cosa difícil de aceptar y de imposible demostración. Así, pues, nuestros primeros esfuerzos han sido por completo baldíos y sólo han servido para colocarnos en una situación de penosa perplejidad.

Mas contra todo lo que pudiéramos esperar, hallamos un auxilio en algo correspondiente a un sector que aún no habíamos examinado. El lenguaje, que no debe nada a la casualidad, sino que constituye, por decirlo así, la cristalización de los conocimientos acumulados; el lenguaje, decimos, que no debe sin embargo ser utilizado sin precauciones, nos habla de "sueños diurnos" (*Tagtraeume*), esto es, de aquellos productos de la imaginación —fenómenos muy generales— que se observan tanto en las personas sanas como en los enfermos y que cada uno puede fácilmente estudiar en sí mismo. Lo más singular de estas producciones imaginarias es el hecho de haber recibido el nombre de sueños diurnos, pues no presentan ninguno de los dos caracteres comunes a los sueños propiamente dichos. Como lo indica su nombre, no tiene relación alguna con el estado de reposo, y por lo que respecta al segundo de los caracteres comunes señalados, observamos que en estas producciones imaginativas no se trata de sucesos ni de alucinaciones, sino de representaciones, pues sabemos que fantaseamos y no vemos nada, sino que lo pensamos. Estos sueños diurnos aparecen en la edad que precede a la pubertad —muchas veces ya en la segunda infancia— y se conservan hasta la edad madura y, en algunos casos, hasta la más avanzada vejez. El contenido de estas fantasías obedece a una motivación harto transparente. Trátase de escenas y suceso en los cuales el egoísmo, la ambición, la necesidad de potencia o los deseos eróticos del soñador hallan satisfacción. En los jóvenes dominan los sueños de ambición, y en las mujeres, que ponen toda la suya en los éxitos amorosos, ocupan el primer lugar los sueños eróticos. Pero, con la mayor frecuencia, se advierte también la necesidad erótica en el segundo término de los sueños masculinos. Todos los éxitos y hechos heroicos de estos soñadores no tienen por objeto sino conquistarles la admiración y los favores de las mujeres.

Aparte de esto, los sueños diurnos son muy variados y sufren diversas suertes. Muchos de ellos son abandonados y sustituidos, al cabo de poco tiempo, mientras que otros se conservan y desarrollan formando largas historias que van adaptándose a las modificaciones de la vida del sujeto, marchando, por decirlo así, con el tiempo, y recibiendo de él la marca que testimonia la influencia de cada situación. Estos sueños diurnos son la materia bruta de la producción poética, pues sometiéndolos a determinadas transformaciones y abreviaciones y revistiéndolos con determinados ropajes, es como el poeta crea las situaciones que incluye luego en sus novelas, sus cuentos o sus obras teatrales. Pero es siempre el soñador en persona quien, directamente o por identificación manifiesta con otro, es el héroe de sus sueños diurnos, los cuales deben quizá su nombre al hecho de que, en lo que concierne a sus relaciones con la realidad, no deben ser considerados como más reales que los sueños propiamente dichos. Puede ser también que esta comunidad de nombre repose sobre un carácter psíquico que no conocemos todavía. Por último, es también posible que nos equivoquemos al atribuir tal importancia a esta comunidad de nombres. Son estos problemas que quizá más adelante podamos dilucidar.

VI
Condiciones y técnica de la interpretación

De las condiciones expuestas en la lección anterior se deduce que si deseamos avanzar en nuestra investigación de los sueños necesitamos, ante todo, hallar un nuevo camino y un nuevo método. Para conseguirlo voy a haceros una proposición harto sencilla: Admitamos, como punto de partida de la labor que vamos a emprender ahora, la hipótesis de que los sueños no son un fenómeno *somático, sino psíquico*. Ya sabéis lo que esto significa, pero preguntaréis quizá qué es lo que nos autoriza a aceptar tal hipótesis En realidad, nada; pero tampoco tropezamos con razón alguna que nos lo prohíba. La situación en que ante estos problemas nos hallamos es la siguiente: si los sueños son un fenómeno somático no presentarán para nosotros interés alguno. No pueden interesarnos más que admitiendo que se trata de un fenómeno psíquico. Laboraremos, pues, partiendo de esta hipótesis, y por las conclusiones que obtengamos juzgaremos si debemos mantenerla y adoptarla, a su vez, como un resultado. Obrando así no nos proponemos fines distintos de aquellos a que, en general, aspira toda ciencia. Queremos llegar a la comprensión de los fenómenos, enlazarlos unos con otros, y como último resultado, ampliar lo más posible nuestro poder sobre ellos.

Continuaremos, pues, nuestro trabajo, admitiendo que el sueño es un fenómeno psíquico. Pero, desde este punto de vista, tenemos que considerarlo como una manifestación para nosotros incomprensible del durmiente. Ahora bien, ¿qué haríais vosotros ante una manifestación mía que juzgarais incomprensible? Sin duda me interrogaríais. Y entonces, ¿por qué no hemos de hacer lo mismo con respecto al durmiente; por qué no *preguntarle a él mismo lo que su sueño significa*?

Recordad que ya nos hemos hallado anteriormente en una situación parecida al investigar algunos casos de equivocación oral. Uno de estos fue el de aquel sujeto que al decir: *Es sind da Dinge zum Vorschein gekommen* (Aparecieron entonces ciertos hechos...) introdujo en su frase la palabra mixta *Vorschwein*, compuesta de *Vorschein* y *Schweinereien* (cochinerías). Al oír tal equivocación le preguntamos, o, mejor dicho, le preguntaron personas por completo ajenas al psicoanálisis lo que con aquella expresión ininteligible quería manifestar, respondiendo el interesado que había tenido la intención de calificar aquellos hechos como de *cochinerías* (*Schweinereien*); pero que pareciéndole poco correcta tal expresión hubo de reprimirla, cosa que, como hemos visto, no consiguió sino a medias. Ya al exponer este caso os adelanté que su análisis, tal y como lo habíamos verificado, constituía el prototipo de toda investigación psicoanalítica, pero supongo que ahora comprenderéis más claramente cómo la técnica del psicoanálisis consiste, sobre todo, en hacer resolver, en lo posible, por el mismo sujeto del análisis los problemas que se plantea. De este modo será el propio sujeto del sueño el que deberá decirnos lo que éste significa.

Más al aplicar esta técnica a los sueños, tropezamos con graves complicaciones. En las funciones fallidas hallamos, al principio, un cierto número de casos que no presentaban, a la aplicación de la misma, obstáculo ninguno, seguidos luego de otros en los que el sujeto interrogado se negaba a hacer manifestación alguna y llegaba hasta rechazar con indignación la respuesta que le sugeríamos. En cambio, en los sueños, faltan totalmente los casos de la primera categoría. El sujeto nos dice siempre que no sabe nada de lo que le preguntamos, y no puede tampoco recusar nuestra interpretación porque no tenemos ninguna que proponerle. ¿Deberemos, pues, renunciar a toda tentativa? No sabiendo nada el propio sujeto y no poseyendo nosotros elemento alguno de información, que tampoco puede sernos proporcionado por una tercera persona, parece que no nos queda esperanza alguna de éxito, mas no por ello hemos de renunciar a nuestro propósito. Yo os aseguro que es posible y hasta muy probable que el durmiente sepa, a pesar de todo, lo que significa su sueño, *pero no sabiendo que lo sabe, cree ignorarlo.*

Me diréis, sin duda, que introduzco aquí una nueva hipótesis, la segunda ya desde el comienzo de nuestras investigaciones sobre los sueños, y que obrando de este modo disminuyo considerablemente el valor de los resultados a que dichas investigaciones nos conduzcan. Primera hipótesis: el sueño es un fenómeno psíquico; segunda: se realizan en nosotros hechos psíquicos que conocemos sin saberlo, etc. Bastará —añadiréis— con tener en cuenta la inverosimilitud de estas dos hipótesis para desinteresarse por completo de las conclusiones que de ellas pueden deducirse.

Son estas, efectivamente, dificultades con las que tropieza toda sincera exposición de nuestra disciplina y que yo prefiero no ocultaros. Al anunciar una serie de conferencias con el título de *Introducción al psicoanálisis*, no he abrigado ni por un momento el propósito de presentaros una exposición *ad usum delphini*, esto es, una exposición de conjunto que disimulase las dificultades, llenase las lagunas existentes y corriera un velo sobre las dudas para haceros creer concienzudamente que habíais aprendido algo nuevo. Nada de eso; precisamente porque sois novicios en estas materias, he querido presentaros nuestra ciencia tal y como es, con sus desigualdades y asperezas, sus aspiraciones y sus dudas. Sé muy bien que lo mismo sucede en toda otra ciencia, y, sobre todo, que no puede suceder de otra manera en los principios de cualquier disciplina, y sé asimismo que la enseñanza trata casi siempre de disimular al principio a los estudiantes las dificultades y las imperfecciones de la materia enseñada. Mas esta conducta no puede seguirse en el psicoanálisis. Así, pues, he formulado realmente dos hipótesis de las cuales una cae dentro de la otra, y si este hecho os parece inadmisible o estáis habituados a mayores certidumbres y a deducciones más elegantes, podéis dispensaros de seguirme, e incluso creo que haríais bien en abandonar por completo el estudio de los problemas psicológicos, pues es de temer que no encontréis en él aquellos caminos exactos y seguros, únicos que estáis dispuestos a seguir. Además, es inútil que una ciencia que tiene algo que enseñar busque oyentes y partidarios. Sus resultados habrán de ser siempre sus mejores defensores y podrá, por lo tanto, esperar que los mismos hayan conseguido forzar la atención.

Pero a aquellos de entre vosotros que sigan dispuestos a acompañarme en esta ardua labor de investigación, he de advertirles que mis dos hipótesis no poseen igual valor. La primera, aquella según la cual el sueño sería un fenómeno psíquico, es la que nos proponemos demostrar con el resultado de nuestra labor, pues la segunda ha sido ya demostrada en otro sector científico diferente, y, por lo tanto, nos limitaremos a utilizarla aquí para la solución de los problemas de que ahora tratamos. Mas ¿dónde se ha demostrado que existe un conocimiento del que, sin embargo, no tenemos la menor noticia, como es el de que del sueño atribuimos aquí al sujeto del mismo? Sería este un hecho interesantísimo y susceptible de modificar por completo nuestra concepción de la vida psíquica, hecho cuya definición se nos muestra como una *contradictio in adjecto*, pero que no tendría por qué permanecer oculto, como parece estarlo, a juzgar por lo poco generalizado que se halla su conocimiento. Trátase, además, de algo patentísimo y que si no ha atraído hasta ahora el interés que merece es tan sólo por la dificultad que los nuevos conocimientos tienen que vencer para imponerse a las opiniones corrientes sobre estos problemas psicológicos, opiniones fundadas por lo general en juicios formulados por personas ajenas a las observaciones y experiencias más decisivas sobre estas materias.

La demostración de que hablamos ha sido realizada en el campo de los fenómenos hipnóticos. Asistiendo en 1889 a los impresionantes estudios prácticos de Liébault y Bernheim, en Nancy, fui testigo del siguiente experimento: Sumido un individuo en estado de sonambulismo se le hacía experimentar toda clase de alucinaciones. Luego, al despertar, parecía no saber nada de lo sucedido durante su sueño hipnótico, y a la petición directa de Bernheim de participarle dichos sucesos, comenzaba por responder que no se acordaba de nada. Pero Bernheim insistía y le aseguraba que sabía lo que le preguntaba y que debía recordarlo. Comenzaba entonces el sujeto a vacilar en su negativa, reflexionaba y acababa por recordar, como a través de un sueño, la primera sensación que le había sido sugerida y luego, sucesivamente, las restantes, haciéndose cada vez más precisos y completos los recuerdos hasta emerger sin la menor laguna. Ahora bien, no habiendo informado nadie al sujeto de aquellos sucesos acaecidos durante su sueño hipnótico y que al principio negaba reconocer, podemos deducir, con absoluta justificación, que en todo momento poseía un perfecto conocimiento de ellos. Lo que sucedía es que le eran inaccesibles y no sabiendo que los conocía creía ignorarlos por completo. Trátase, pues, de una situación totalmente análoga a la que atribuimos al sujeto del sueño.

Este hecho que acabamos de establecer os sorprenderá sin duda, y os hará preguntarme por qué no he recurrido a la misma demostración cuando, al tratar de los actos fallidos, llegamos a atribuir, al sujeto que había cometido la equivocación, intenciones verbales que ignoraba y negaba haber tenido. Desde el momento en que alguien cree no saber nada de sucesos cuyo recuerdo lleva, sin embargo, en sí, no es inverosímil que ignore muchos otros de sus procesos psíquicos. "Este argumento

—añadirías— nos hubiera impresionado ciertamente y nos hubiera ayudado a comprender las funciones fallidas". Es cierto que hubiera podido recurrir a él en las lecciones que preceden, pero he querido reservarlo para otra ocasión en la que me parecía más necesario. Las funciones fallidas os han dado por sí mismas parte de su explicación, y además nos indicaron ya la necesidad de admitir, en nombre de la unidad fenoménica, la existencia de procesos psíquicos ignorados por el sujeto. Para los sueños nos íbamos a hallar, en cambio, obligados a buscar la explicación fuera de los mismos, y, aparte de esto, me figuraba, justificadamente, que encontraríais más admisible en este sector que en el de las funciones fallidas la aportación de un elemento procedente del estudio de los fenómenos hipnóticos. El estado en el que llevamos a cabo un acto fallido debe pareceros normal y sin semejanza alguna con el hipnótico, mientras que por el contrario existe una analogía muy precisa entre el estado hipnótico y el estado de reposo, condición indispensable de los sueños. Solemos, en efecto, calificar la hipnosis de sueño artificial y para sumir en estado hipnótico a una persona le ordenamos que duerma. Además, las sugestiones de que hacemos objeto al hipnotizado son perfectamente comparables a los sueños del estado de reposo natural y la situación psíquica presenta en ambos casos una real analogía. En el reposo natural desviamos nuestra atención de todo el mundo exterior, cosa que también sucede en el sueño hipnótico, excepción hecha de la relación que continúa subsistiendo entre el sujeto y su hipnotizador. El llamado "sueño de nodriza", durante el cual permanece ésta en conexión con el niño que tiene a su cuidado, y sólo por él puede ser despertado, constituye un perfecto paralelo, dentro de lo normal, con el sueño hipnótico. No hay, pues, atrevimiento ninguno en transferir al reposo normal una peculiaridad de la hipnosis. Vemos, de este modo, que no carece por completo de base la hipótesis según la cual el sujeto del sueño posee un conocimiento del mismo, pero un conocimiento que le es, por el momento, inaccesible. Anotemos, por último, que se inicia aquí un tercer camino de acceso al estudio de los sueños: el primero nos fue marcado por las excitaciones interruptoras del reposo, el segundo por los sueños diurnos, y ahora, los sueños sugeridos del estado hipnótico nos indican el tercero.

Tras de estas consideraciones podemos quizá volver a emprender nuestra labor con mayor confianza. Creyendo ya muy verosímil que el sujeto del sueño tenga un conocimiento del mismo, nuestra labor se limitará a hacerle hallar tal conocimiento y comunicárnoslo. No le pedimos que nos revele en seguida el sentido de su sueño, pero sí le suponemos capaz de encontrar tanto el origen del mismo como el círculo de ideas e intereses de que proviene. En los casos de actos fallidos, y particularmente en el ejemplo de equivocación oral *Vorschwein*, solicitamos del interesado que nos dijera cómo había llegado a él ver escapar aquella palabra, y la primera idea que acudió a su mente trajo consigo dicha explicación. Para el sueño seguiremos una técnica muy sencilla, calcada sobre este modelo. Pediremos al sujeto que nos explique cómo ha llegado a soñar tal o cual cosa, y consideraremos su primera respuesta como una explicación, sin tener en cuenta las diferencias que pueden existir entre los casos en los que el sujeto cree saber y aquellos otros en que manifiesta ignorarlo todo y tratando unos y otros como partes de una sola y única categoría.

Esta técnica es ciertamente muy sencilla, pero temo que provoque en vosotros una enérgica oposición. Observaréis, sin duda, que es esta una nueva hipótesis, la tercera ya y la más inverosímil de todas. ¿Cómo es posible —me diréis— que interrogado el sujeto por lo que a propósito de su sueño se le ocurre, sea precisamente la primera idea que a su imaginación acuda lo que constituya la explicación buscada? A lo mejor puede no ocurrírsele nada o algo que no tenga la menor conexión con lo que de investigar se trata. No vemos en qué podéis fundar una tal esperanza, y nos parece que dais muestras de una excesiva credulidad en una cuestión en que un poco más de espíritu crítico sería harto indicado. Además, un sueño no puede ser comparado a una equivocación única, puesto que se compone de numerosos elementos. Y siendo así, ¿a cuál de las ocurrencias del sujeto habremos de atenernos?

Tenéis razón en todo aquello que en vuestras objeciones resulte secundario. Un sueño se distingue, en efecto, de una equivocación, por la multiplicidad de sus elementos, y la técnica debe tener en cuenta esta diferencia. Por lo tanto, os propondré descomponer el sueño en sus elementos y examinar aisladamente cada uno de ellos, restableciendo de este modo la analogía con la equivocación. Tenéis, igualmente, razón al decir que, interrogado a propósito de cada elemento de sus sueños, el sujeto puede responder que no recuerda nada. Sin embargo, hay casos, y más tarde los conoceréis, en los que podemos utilizar esta respuesta, y observaréis la curiosa circunstancia de que estos casos son precisamente aquellos en los que, en lugar del sujeto, es el analizador el que a ellos asocia bien definidas ocurrencias. Pero, en general, cuando el sujeto del sueño nos comunica que no tiene idea alguna sobre el mismo, le contradiremos con insistencia, y asegurándole que una tal falta de ideas es imposible, acabaremos por lograr un completo éxito, pues producirá una ocurrencia cualquiera, y, sobre todo, nos comunicará con especial facilidad determinadas informaciones que podemos calificar de históricas. Nos participará, por ejemplo, algo que le sucedió el día anterior (como en los dos sueños sobrios que citamos en la lección precedente) o nos dirá que determinado elemento del sueño le recuerda un suceso reciente. Procediendo así, observaremos que el enlace de los sueños con las impresiones recibidas durante los últimos días anteriores a ellos es mucho más frecuente de lo que al principio creímos. Por último, conservando siempre el sueño como punto de partida, recordará el sujeto sucesos más lejanos y a veces pertenecientes a épocas muy pasadas.

En lo que no tenéis razón es en lo esencial de vuestras objeciones. Os equivocáis de medio a medio al pensar que obro arbitrariamente cuando admito que la primera idea del sujeto debe procurarme aquello que busco o ponerme sobre sus huellas, y también al decir que dicha idea puede ser una cualquiera sin relación alguna con lo investigado, siendo un exceso de confianza el esperar que dicha relación exista. Ya antes me permití una vez reprocharos vuestra creencia, profundamente arraigada, en la libertad y la espontaneidad psicológicas y os dije que semejante creencia es por completo anticientífica y debe desaparecer ante la reivindicación de un determinismo psíquico. Cuando el sujeto interrogado expresa una idea dada, nos encontramos en presencia de un hecho ante el cual debemos inclinarnos. Mas, al hablar así, no me limito a oponer una teoría a otra, pues es posible demostrar que la idea producida por el sujeto interrogado no presenta nada de arbitrario ni de indeterminado y posee realmente una relación con lo que de hallar se trata. Puedo incluso aducir —aunque no constituye un hecho de gran trascendencia— que, según he oído hace poco, la psicología experimental ha proporcionado igualmente pruebas de este género.

Os ruego ahora que, dada la importancia de lo que voy a exponeros, me concedáis toda vuestra atención. Cuando yo pido a alguien que me diga lo que se le ocurre con respecto a determinado elemento de su sueño, solicito de él que se abandone a la libre asociación *conservando siempre una representación inicial.* Esto exige una orientación particular de la atención, muy diferente y hasta exclusiva de aquella que corresponde a la reflexión. Algunos sujetos hallan fácilmente esta orientación, y en cambio otros dan pruebas de una increíble torpeza. Ahora bien, la libertad de asociación presenta todavía un grado superior que aparece cuando abandonamos incluso tal representación inicial y no fijamos sino el género y la especie de la idea, invitando, por ejemplo, al sujeto a pensar libremente un nombre propio o un número. En estos casos, la ocurrencia espontánea del sujeto debería ser aún más arbitraria e imprevisible que la que en nuestra técnica utilizamos. Sin embargo, puede demostrarse que la misma se halla siempre rigurosamente determinada por importantes dispositivos internos que en el momento en que actúan nos son tan desconocidos como las tendencias perturbadoras de los actos fallidos y las provocadoras de los actos casuales.

He realizado numerosos experimentos de este género sobre los nombres y los números pensados al azar y otros han repetido tras de mí iguales análisis, muchos de los cuales han sido publicados. Para realizar tales experimentos se procede despertando a propósito del nombre pensado asociaciones continuadas, las cuales no son ya por completo libres, sino que poseen un enlace como las ideas evocadas a propósito de los elementos del sueño. Prosiguiendo así hasta que el estímulo a formar tales asociaciones queda agotado, lograremos descubrir tanto la motivación como el significado de la libre evocación del nombre o número de que se trae. Estos análisis dan siempre los mismos resultados, recaen sobre casos muy numerosos y diferentes y necesitan amplios desarrollos. Las asociaciones a los números libremente pensados son quizá las más probatorias. Se desarrollan con una tal rapidez y tienden hacia un fin oculto con una certidumbre tan incomprensible que nos producen verdadero asombro. No os comunicaré aquí más que un solo ejemplo de análisis de una tal evocación espontánea de un nombre, análisis que por su escaso desarrollo resulta de fácil exposición.

Hablando un día de esta cuestión a un joven cliente mío, formulé el principio de que, a pesar de todas las apariencias de arbitrariedad, cada nombre libremente pensado se halla determinado estrictamente por las circunstancias en que surge, la idiosincrasia del sujeto del experimento y su situación momentánea. Viendo que dudaba de ello le propuse realizar en el acto un análisis de este género, y como sabía que era harto mujeriego, creí que, invitado a pensar libremente un nombre de mujer, la única dificultad que encontraría sería la de escoger entre muchos. Convino en ello, mas, para mi sorpresa y sobre todo para la suya, en lugar de abrumarme con una avalancha de nombres femeninos permaneció mudo durante unos momentos y me confesó, después, que sólo un nombre acudía en aquel instante a su imaginación: *Alvina*. "Es sorprendente —le dije— pero ¿qué es lo que en la imaginación de usted se enlaza con este nombre? ¿Cuántas mujeres conoce usted que se llamen así?" Pues bien, no conocía a ninguna mujer que así se llamara ni veía nada que en su imaginación se hallase ligado a tal nombre. Pudiera, pues, creerse que el análisis había fracasado; mas lo cierto es que habíamos logrado con él un completo éxito y no necesitábamos ya de ningún dato más para hallar la motivación y el significado de la ocurrencia. Veámoslo. Mi joven cliente era excesivamente rubio, y en el curso del tratamiento le había dicho yo muchas veces, bromeando, que parecía *albino*. Además, nos habíamos ocupado, precisamente en los días anteriores a este experimento, en establecer lo que de femenino había en su propia constitución. Era, pues, él mismo aquella *Alvina* que en tales momentos resultaba ser la mujer para él más interesante.

Análogamente, las melodías que acuden a nuestra imaginación sin razón aparente se revelan en el análisis como determinadas por una cierta serie de ideas de la cual forman parte y que tienen motivo justificado para ocupar nuestro pensamiento, aunque nada sepamos de la actividad que en el mismo desarrollan. Resulta fácilmente demostrable que la evocación en apariencia involuntaria de tales melodías se halla en conexión con el texto o la procedencia de las mismas. Claro es que esta afirmación no puede extenderse a los individuos entendidos en música, con los que no he tenido ocasión de realizar análisis ninguno y en los cuales el contenido musical de una melodía puede constituir razón suficiente para su evocación. Pero los casos de la primera categoría son desde luego más frecuentes. Conozco a un joven que durante algún tiempo se hallaba literalmente obsesionado por la melodía, por cierto, encantadora, del aria de Paris en *La belle Hélène*, obsesión que perduró hasta el día en que el análisis le reveló la lucha que en su alma se verificaba entre una Ida y una Elena.

Así, pues, si las ideas que surgen libremente se hallan de este modo condicionadas y forman parte de determinado conjunto, tendremos derecho a concluir que aquellas otras que tienen ya una conexión, que las enlaza a una representación inicial, pueden presentar idénticos caracteres. El análisis muestra, en efecto, que además de poseer dicha conexión, se halla bajo la dependencia de determinados *complejos*, esto es, conjuntos de ideas e intereses saturados de afecto, cuya intervención permanece ignorada, o sea, inconsciente, por el momento.

Las ocurrencias de este modo dependientes han sido y son objeto de investigaciones experimentales muy instructivas y que han desempeñado en la historia del psicoanálisis un papel harto considerable. La escuela de Wundt inició el experimento llamado de asociación, en el que el sujeto del mismo es invitado a responder lo más rápidamente posible con una *reacción* cualquiera a la palabra que se le dirige a título de *estímulo*. De este modo podemos estudiar el intervalo que transcurre entre el estímulo y la reacción, la naturaleza de la respuesta dada a título de reacción, los errores que pueden producirse en la repetición ulterior del mismo experimento, etc. Bajo la dirección de Bleuler y Jung ha obtenido la escuela de Zurich la explicación de las reacciones que se producen en el curso del experimento de asociación, pidiendo al sujeto del mismo que hiciera más explícitas sus reacciones, con ayuda de asociaciones suplementarias, cuando en aquellas aparecía alguna singularidad. Por este medio se descubrió que dichas reacciones singulares se hallaban determinadas con absoluto rigor por los complejos del sujeto, descubrimiento con el que Bleuler y Jung tendieron por vez primera un puente desde la psicología experimental al psicoanálisis.

Ante estos argumentos podréis decirme: "Reconocemos ahora que las ocurrencias espontáneas son determinadas y no arbitrarias como antes creíamos. Reconocemos igualmente la determinación de aquellas ideas que surgen enlazadas con los elementos de los sueños, pero no es esto lo que nos interesa. Pretendéis que la idea que nace a propósito del elemento del sueño es determinada por un segundo término psíquico, que nos es desconocido, de dicho elemento. Y esto es, precisamente, lo que no nos parece aún demostrado. Prevemos que la idea que surge en relación con un elemento de un sueño revelará hallarse determinada por uno de los complejos del durmiente. Pero, ¿cuál es la utilidad de esta observación? En lugar de ayudarnos a comprender el sueño nos proporciona únicamente, como el experimento de asociación, el conocimiento de tales complejos, mas no nos revela lo que los mismos tienen que ver con el sueño".

Tenéis razón, pero hay una cosa en que no os habéis fijado, y que es precisamente el motivo que me ha impedido tomar el experimento de asociación como punto de partida de esta exposición. En este experimento somos, en efecto, nosotros, los que escogemos arbitrariamente uno de los factores determinantes de la reacción, o sea, la palabra-estímulo. La reacción aparece entonces como un enlace entre la palabra-estímulo y el complejo que la misma despierta en el sujeto del experimento. En cambio, en el sueño, la palabra-estímulo queda reemplazada por algo que procede de la vida psíquica del durmiente, aunque de fuentes por él ignoradas, y este "algo" pudiera muy bien ser, a su vez, producto de un complejo. Así, pues, no es aventurado admitir que las ideas ulteriores que se enlazan a los elementos de un sueño se hallan también determinadas por el complejo correspondiente a dicho elemento y pueden, en consecuencia, ayudarnos a descubrir tal complejo.

Permitidme que con un ejemplo os muestre que las cosas suceden realmente de este modo. El olvido de nombres propios implica operaciones que constituyen un excelente modelo de aquellas que hemos de realizar en el análisis de un sueño, con la única reserva de que en los casos de olvido se halla reunido en una sola y misma persona aquello que en la interpretación onírica aparece distribuido entre dos distintas. Cuando momentáneamente hemos olvidado un nombre, no por ello dejamos de poseer la certidumbre de que lo conocemos, certidumbre que el sujeto del sueño no poseerá sino después que le ha sido inspirada por un medio indirecto, esto es, por el experimento de Bernheim. Pero el nombre olvidado y, sin embargo, conocido no nos es accesible. Por muchos esfuerzos que hagamos para evocarlo no lograremos conseguirlo. Lo que sí podremos, en cambio, es evocar siempre, en lugar del nombre olvidado, aquel o aquellos nombres sustitutivos que acudan espontáneamente a nuestra imaginación, circunstancia que hace evidente la analogía de esta situación con la que se da en el análisis de un sueño. El elemento del sueño no es tampoco algo auténtico, sino tan sólo un sustitutivo de algo que no conocemos y que el análisis debe revelarnos. La única diferencia que existe entre las dos situaciones es la de que en el olvido de un nombre reconocemos inmediatamente sin vacilar que los nombres evocados no son sino sustitutivos, mientras que en lo que concierne al elemento del sueño no llegamos a esta convicción sino después de largas y penosas investigaciones. También en los casos de olvido de nombres tenemos un medio de hallar el nombre verdadero olvidado y sumido en lo inconsciente. Cuando, concentrando nuestra atención sobre los nombres sustitutivos, hacemos surgir con relación a ellos otras ideas, llegamos siempre, después de rodeos más o menos largos, hasta el nombre olvidado y observamos que tanto los nombres sustitutivos espontáneamente surgidos, como aquellos que hemos provocado por asociación, se enlazan estrechamente al nombre olvidado y son determinados por el mismo.

He aquí un análisis de este género. Observo un día haber olvidado el nombre del pequeño país situado en la Riviera y cuya ciudad más conocida es Montecarlo. Decidido a recordarlo, paso revista a todo lo que de tal país conozco y pienso en el príncipe Alberto, de la casa de Lusignan, en sus matrimonios, en su pasión por la oceanografía y en otras muchas cosas relacionadas con el territorio cuyo nombre ha huido de mi memoria, pero todo en vano. Ceso, pues, de reflexionar y dejo que en lugar del nombre olvidado surjan nombres sustitutivos. Estos nombres se suceden rápidamente. Primero, *Montecarlo* y después *Piamonte*, *Albania*, *Montevideo* y *Cólico*. En esta serie de palabras, Albania se impone a la primera a mi atención, pero es en el acto reemplazada por *Montenegro,* a causa quizá del contraste entre blanco y negro. Observo, después, que cuatro de estos nombres sustitutivos contienen la sílaba *mon* y en el acto encuentro la palabra olvidada, o sea, *Mónaco*. Los nombres sustitutivos fueron, pues, realmente derivados del nombre olvidado, del cual reproducen los cuatro primeros la primera sílaba y el último la yuxtaposición de las sílabas y la última de ellas. Al mismo tiempo, descubrí la razón que me había hecho olvidar momentáneamente el nombre de Mónaco. La palabra que había ejercido la acción inhibidora era *München*, que no es sino la versión alemana de *Mónaco*.

Presenta desde luego este ejemplo un extraordinario interés, pero resulta demasiado sencillo. En otros olvidos de nombres, en los que nos vemos obligados a hacer surgir a propósito de los primeros nombres sustitutivos una más amplia serie de ocurrencias, aparece con mucha mayor claridad la analogía de estos casos con los de interpretación onírica. Puedo también citaros algún ejemplo de tales olvidos más complicados. Un extranjero me invitó un día a beber con él un vino italiano que le había parecido excelente en ocasiones anteriores, mas, cuando llegamos al café no consiguió recordar el nombre del vino que tenía intención de ofrecerme. Después de oír una larga serie de nombres sustitutivos que mi compañero produjo en lugar del nombre olvidado, creí poder deducir que el olvido era efecto de una inhibición ejercida por el recuerdo de una cierta *Eduvigis* y cuando así se lo comuniqué, me confirmó que, efectivamente, la primera vez que había bebido aquel vino fue en compañía de una mujer que llevaba dicho nombre. Una vez hecho el descubrimiento de la causa inhibitoria halló en seguida el tan buscado nombre del vino que quería ofrecerme. Añadiré aquí que en la época en que esto sucedió mi amigo había contraído un feliz matrimonio y no recordaba con gusto aquella época anterior de su vida a la que pertenecían sus relaciones con la tal Eduvigis.

Lo que es posible cuando se trata del olvido de un nombre debe serlo igualmente cuando queremos interpretar un sueño. Sobre todo, debemos poder hacer accesibles los elementos ocultos e ignorados con ayuda de asociaciones enlazadas a la sustitución tomada como punto de partida. Conforme al ejemplo que el olvido de nombres nos proporciona, tenemos que admitir que las asociaciones enlazadas al elemento de un sueño son determinadas, tanto por este elemento mismo, como por su segundo término inconsciente. Si esta hipótesis demuestra ser exacta, nuestra técnica hallará en ella una determinada justificación.

VII
Contenido manifiesto e ideas latentes del sueño

Habréis observado que nuestro estudio de las funciones fallidas nos ha sido muy provechoso. Partiendo de las hipótesis que conocéis, hemos obtenido en él dos resultados importantes: una concepción del elemento del sueño y una técnica de interpretación onírica. Con respecto al elemento del sueño hemos descubierto que carece de autenticidad y no es sino un sustitutivo de algo ignorado por el sujeto del mismo, o, mejor dicho, de algo de que dicho sujeto posee conocimiento, pero un conocimiento inaccesible para él, como lo es el de las tendencias perturbadoras para los sujetos de las funciones fallidas. Avanzando ahora en nuestra labor, esperamos poder extender esta concepción a la totalidad del sueño, o sea, al conjunto de elementos. Por otra parte, la técnica de interpretación que hemos llegado a establecer consiste en hacer surgir, por asociación con cada uno de dichos elementos, otras transformaciones sustitutivas, de las cuales podemos deducir el oculto sentido buscado.

Os propongo ahora operar una modificación de nuestra terminología con el solo objeto de dar a nuestros movimientos un poco más de libertad. En lugar de decir oculto, inaccesible e inauténtico, diremos en adelante, con expresión mucho más exacta, inaccesible a la conciencia del durmiente o *inconsciente*. Como en el caso de una palabra olvidada o de la tendencia perturbadora que provoca un acto fallido, no se trata aquí sino de cosas *momentáneamente inconscientes*. Cae, pues, de su peso que los elementos mismos del sueño y las representaciones sustitutivas obtenidas por asociación habrán de ser denominadas *conscientes* por contraste con dicho inconsciente momentáneo. Esta terminología no implica aún ninguna construcción teórica. El empleo de la palabra *inconsciente* a título de descripción exacta y fácilmente inteligible resulta irreprochable.

Si extendemos nuestro punto de vista desde el elemento aislado al sueño total, hallaremos que este último constituye, como tal totalidad, una sustitución deformada de un suceso inconsciente cuyo descubrimiento es la misión que atañe a la interpretación onírica.

De este hecho se derivan inmediatamente tres reglas esenciales a las que debemos ceñirnos en nuestra labor de interpretación:

1. —El aspecto exterior que un sueño nos ofrece no tiene que preocuparnos para nada puesto que, sea inteligible o absurdo, claro o embrollado, no constituye en ningún modo lo inconsciente buscado. Más tarde veremos que esta regla tiene, sin embargo, una limitación.

2. —Nuestra labor debe reducirse a despertar representaciones sustitutivas en derredor de cada elemento sin reflexionar sobre ellas o buscar si contienen algo exacto, ni tampoco preocuparnos de averiguar si nos alejan del elemento del sueño y hasta qué punto.

3. —Debe esperarse hasta que lo inconsciente oculto y buscado surja espontáneamente como sucedió con la palabra *Mónaco* en el ejemplo de olvido antes citado.

Comprendemos ahora cuán poco importa saber en qué medida, grande o pequeña, y con qué grado de seguridad o de incertidumbre nos acordamos de un sueño, pues el sueño que recordamos no constituye aquello que buscamos, sino tan sólo su sustitución deformada que debe permitirnos, con ayuda de las demás deformaciones sustitutivas provocadas, descubrir la esencia misma del fenómeno onírico y convertir en consciente lo inconsciente. Si nuestros recuerdos han sido infieles ello se debe a que la formación sustitutiva por ellos constituida ha sufrido una nueva deformación que a su vez puede ser motivada.

Objeto de esta labor de interpretación puede ser tanto los sueños propios como los ajenos, resultando quizá más instructivo el análisis de los primeros, pues en ellos se impone con mayor energía la certeza de los resultados obtenidos. Mas en cuanto emprendemos esta labor interpretativa observamos los obstáculos que a ella se oponen. A nuestra imaginación acuden ocurrencias suficientes, pero no dejamos que surjan todas con absoluta libertad como si algo nos impusiera una labor crítica y seleccionada. De algunas de ellas pensamos que no tienen nada que ver con nuestro sueño y otras las encontramos absurdas, secundarias o insignificantes, resultando que, antes que nuestras ocurrencias hayan tenido tiempo de precisarse claramente, las ahogamos o eliminamos con tales objeciones. Vemos, pues, que, por un lado, nos atenemos demasiado a la representación inicial y, por otro, perturbamos el resultado de la libre asociación con una selección indebida. Cuando en lugar de interpretar nosotros mismos nuestros sueños los hacemos interpretar por otros, aparece un nuevo motivo que nos impulsa a realizar dicha perturbadora selección, pues algunas de las ideas que acuden a nuestra mente nos resultan difíciles o desagradables de comunicar a otra persona y resolvemos silenciarlas.

Es evidente que estas objeciones que a propósito de nuestras ocurrencias surgen en nosotros constituyen una amenaza para el buen éxito de nuestra labor. Debemos, pues, hacer todo lo posible para preservarnos contra ellas. Cuando se trata de nuestros propios sueños, lo lograremos tomando la firme decisión de no ceder a su influjo, y cuando hayamos de interpretar un sueño ajeno, impondremos al sujeto, como regla inviolable, la de no rehusar la comunicación de ninguna idea, aunque la encuentre insignificante, absurda, ajena al sueño o desagradable de comunicar. La persona cuyo sueño queremos interpretar prometerá obedecer a esta regla, pero habremos de alejar de nosotros toda molestia si vemos que no mantiene su promesa. Muchos creerán, en este caso, que a pesar de todas las insistentes seguridades que han dado al sujeto, no han logrado convencerle de la utilidad que para el fin buscado presenta la libre asociación y supondrán necesario comenzar por conquistar su adhesión teórica haciéndole leer determinadas obras o asistir a determinadas conferencias susceptibles de convencerle de la verdad de nuestras ideas sobre la libre asociación. Pero haciendo esto se cometerá un grave error y para no caer en él bastará pensar que, aunque nosotros nos hallamos seguros de nuestra convicción, no por ello dejamos de ver surgir en nosotros, contra determinadas ideas, las mismas objeciones críticas, las cuales no desaparecen sino ulteriormente, como en una segunda instancia.

En lugar de impacientarnos ante la desobediencia del sujeto del sueño, podemos utilizar estos casos para extraer de ellos nuevas enseñanzas, tanto más importantes cuanto que no nos hallábamos preparados a su aparición. Comprendemos ahora que la labor de interpretación se realiza contra una determinada *resistencia*, que halla su expresión en las objeciones críticas de que hablábamos y es independiente de las convicciones teóricas del sujeto. Pero aún aprendemos algo más. Observamos que estas objeciones críticas no se hallan jamás justificadas y que, por el contrario, las ideas que el sujeto quisiera reprimir así revelan ser *siempre y sin excepción* las más importantes y decisivas desde el punto de vista del descubrimiento de lo inconsciente. Una objeción de este género constituye, por decirlo así, un distintivo de la idea a la que acompaña.

Esta resistencia es un fenómeno totalmente nuevo que hemos descubierto merced a nuestras hipótesis, pero que no se hallaba implícito en las mismas. La sorpresa que su descubrimiento nos produce no nos es, por cierto, nada agradable, pues sospechamos que no ha de facilitar precisamente nuestra labor y que incluso pudiera inducirnos a abandonar nuestra investigación de estos problemas al ver que para esclarecer una cosa tan poco importante como los sueños, tropezamos con tan inmensas dificultades técnicas. Mas, por otra parte, también puede ser que tales dificultades sirvan para estimularnos, haciéndonos sospechar que la labor emprendida ha de merecer el esfuerzo que de nosotros exige. Siempre que intentamos penetrar, desde la sustitución constituida por el elemento del sueño, en lo inconsciente que tras del mismo se esconde, tropezamos con tales dificultades, circunstancia que nos da derecho a pensar que detrás de tal sustitución se esconde algo importante, pues de otro modo no podríamos comprender la utilidad de aquellos obstáculos que tienden a mantener oculto lo que nuestra investigación trata de descubrir. Cuando un niño no quiere abrir su mano para mostrarnos lo que en ella se encierra, es que seguramente esconde algo que no debería haber cogido.

Al introducir en nuestra exposición la representación dinámica de una resistencia, hemos de advertir que se trata de un factor cuantitativamente variable. En el curso de nuestra labor interpretadora hallaremos, por lo tanto, resistencias de muy diferente intensidad, hecho con el que quizá podamos relacionar otra de las particularidades que en dicha labor se nos harán patentes. En efecto, hallaremos algunos casos en los que una sola idea o un pequeño número de ellas bastarán para conducirnos desde el elemento del sueño a su substrato inconsciente, mientras que en otros tendremos necesidad, para llegar a este resultado, de alinear largas cadenas de asociaciones y vencer numerosas objeciones críticas. Diremos, pues, y probablemente con razón, que tales diferencias corresponden a las intensidades variables de la resistencia. Cuando esta es poco considerable, la distancia que separa al sustitutivo del substrato inconsciente es mínima; en cambio, una resistencia enérgica trae consigo deformaciones considerables de dicho substrato, circunstancia que necesariamente ha de aumentar su distancia de aquella que en el sueño lo sustituye.

Será quizá ya tiempo de realizar un ensayo práctico de nuestra técnica de interpretación para ver si confirma las esperanzas que en ella hemos cifrado. Mas ¿qué sueño habremos de escoger para tal ensayo? No podéis figuraros hasta qué punto esta elección resulta difícil para mí, y no puedo tampoco haceros comprender, por ahora, en qué reside tal dificultad. Debe de haber, ciertamente, sueños que en conjunto no han sufrido una gran deformación y lo mejor sería comenzar por ellos. Pero ¿cuáles son los sueños menos deformados? ¿Acaso aquellos razonables y nada confusos de los cuales os he citado ya dos ejemplos? Nada de eso; el análisis demuestra, precisamente, que tales sueños han sufrido una deformación extraordinaria. Por otro lado, si renunciando a toda condición particular escogiera yo el primer sueño que a mi recuerdo acudiese, quedaríais, probablemente, decepcionados. Pudiera ser que habiendo de anotar y examinar a propósito de cada elemento de dicho sueño una considerable cantidad de ocurrencias, nos viésemos imposibilitados de adaptar nuestra labor a los límites dentro de los que hemos de mantenernos en estas lecciones. Transcribiendo el relato que de su sueño nos hace el interesado y registrando después todas las ideas que a propósito del mismo surgen en su imaginación, sucede muchas veces que esta última relación alcanza una longitud varias veces superior al texto del sueño. Será, pues, lo más indicado elegir, para analizarlos aquí, varios sueños breves, de los cuales pueda confirmar, cada uno, por lo menos alguna de nuestras afirmaciones. En espera de que una mayor experiencia en estas cuestiones nos muestre más adelante dónde podemos hallar sueños poco deformados, comenzaremos por seguir este procedimiento.

Pero aún se nos ofrece otro medio de hacer más sencilla nuestra labor. En lugar de intentar la interpretación de sueños enteros nos contentaremos por ahora con analizar tan sólo elementos aislados de los mismos con objeto de ver, en una serie de ejemplos bien escogidos, cómo la aplicación práctica de nuestra técnica nos consigue la interpretación deseada.

a) Una señora cuenta que siendo niña soñó repetidamente que *Dios usaba un puntiagudo gorro de papel.* Este absurdo sueño, que nos parece imposible de comprender sin el auxilio del sujeto, queda por completo explicado al relatarnos la señora que cuando era niña le ponían con frecuencia, al ir a comer, un gorro de este género para quitarle la fea costumbre de arrojar furtivas ojeadas a los platos de sus hermanos con el fin de asegurarse que no se les servía más comida que a ella. Así, pues, el gorro aquel tenía una misión parecida a las orejeras que se ponen a los caballos para limitar su campo de visión lateral. Esta información, que pudiéramos calificar de histórica, fue obtenida sin dificultad ninguna, y con ella y una sola ocurrencia del sujeto quedó completada la interpretación de todo este breve sueño. En efecto, al preguntar a la señora qué era lo que de su sueño pensaba, obtuvimos la siguiente respuesta: "Como me habían dicho por entonces que Dios lo sabía y veía todo, mi sueño no podía significar, sino que, como Dios mismo, yo lo sabía y veía todo, aun cuando trataban de impedírmelo". Pero este ejemplo es quizá excesivamente sencillo.

b) Una paciente escéptica tiene un sueño un poco más largo que el anterior, en el curso del cual le hablan varias personas haciéndole grandes elogios de mi libro sobre el chiste. Después, en el mismo sueño, se hace mención de *un canal, quizá de otro libro en el que se habla de un canal o de algo que tiene alguna relación con un canal... no puede decir más... sus recuerdos del sueño son muy confusos.*

Esperaréis quizá que hallándose tan indeterminado el elemento *canal,* este escapará a toda interpretación. Cierto es que la misma tropieza en este caso con algunas dificultades, pero estas no son debidas a la imprecisión del elemento analizado, pues lo que sucede es que tanto esta imprecisión como aquellas dificultades provienen de una causa común. A la imaginación de la sujeto no acudió por el momento idea ninguna a propósito del concepto "canal" y, naturalmente, tampoco a mí se me ocurría nada sobre él. Pero más tarde, al siguiente día de este primer intento de interpretación, recordó algo que a su juicio poseía quizá una relación con dicho elemento de su sueño. Tratábase de un chiste que había oído contar. En un barco destinado al servicio entre Dover y Calais entabló un conocido escritor conversación con un inglés, citando este, en el curso del diálogo, la conocida frase de que "de lo sublime a lo ridículo no hay sino un paso", a lo cual respondió el escritor: "Sí, el Paso de Calais", juego de palabras con el que da a entender que halla a Francia sublime y ridícula a Inglaterra. Pero el Paso de Calais es un *canal*, el *Canal* de la Mancha. Anticipándose a la interrogante que sin duda estáis pensando dirigirme sobre qué relación puedo hallar entre este recuerdo evocado por la sujeto y el sueño cuya interpretación buscamos, os diré que no sólo existe tal relación, sino que dicho recuerdo nos proporciona íntegramente la solución deseada. ¿O es que dudáis de que el mismo existiese antes del sueño como substrato inconsciente del elemento "canal" y creéis que ha sido aprovechado después para proporcionar una apariencia de interpretación? Nada de eso; la ocurrencia de la sujeto testimonia precisamente el escepticismo que, a pesar de una naciente e involuntaria convicción, abriga con respecto a nuestras teorías, y esta resistencia es con seguridad el motivo común del retraso con que surgió la ocurrencia y de la imprecisión del elemento correspondiente. Ahora vemos ya con toda claridad la relación que existe entre el elemento del sueño y su substrato inconsciente. El primero es como un fragmento del segundo o como una alusión al mismo, y lo que motiva su apariencia totalmente incomprensible es su aislamiento de dicho substrato.

c) Uno de mis pacientes tiene en una ocasión un sueño bastante largo: *Varios miembros de su familia se hallan sentados en derredor de una mesa que tiene una forma particular, etc.* A propósito de esta mesa, recuerda el sujeto haber visto un mueble muy semejante en casa de una familia conocida. A esta primera ocurrencia se enlaza luego la de que en dicha familia no son precisamente muy cordiales las relaciones entre el padre y el hijo. Por último, confiesa el sujeto que algo análogo le ocurre también a él con su padre. Así, pues, la introducción de la mesa en el sueño servía para designar este paralelo.

La persona que tuvo este sueño se hallaba desde tiempo atrás familiarizada con las exigencias de la interpretación onírica. No siendo así, hubiera quizá extrañado que un detalle tan insignificante como la forma de una mesa se convirtiese en objeto de investigación. Pero no debe olvidarse que para nosotros no hay en el sueño nada accidental o indiferente, y que precisamente por la elucidación de tales detalles, en apariencia tan insignificante y no motivados, es como llegamos a obtener la información que nos interesa. Lo que quizá os asombre todavía es que la elaboración del sueño que nos ocupa haya elegido la mesa para expresar la idea del sujeto de que en su casa sucede lo mismo que en la de aquella otra familia. Mas también os explicaréis esta particularidad cuando sepáis que el apellido de dicha familia era el de *Tischler* (carpintero, palabra derivada de *Tisch*—mesa). Observaréis ahora cuán indiscretos nos vemos obligados a ser cuando queremos comunicar la interpretación de algún sueño, circunstancia que constituye una de las dificultades con las cuales tropezamos, como ya os anuncié anteriormente, para elegir ejemplos con que ilustrar nuestras explicaciones. Me hubiera sido fácil reemplazar este ejemplo por otro, pero es probable que no hubiera evitado la indiscreción cometida más que al precio de otra indiscreción diferente.

Creo indicado introducir ya en mi exposición dos términos de los que nos hubiéramos podido servir hace mucho tiempo. Llamaremos *contenido manifiesto* del sueño a aquello que el mismo desarrolla ante nosotros, e *ideas latentes* del sueño a aquello que permanece oculto y que intentamos descubrir por medio del análisis de las asociaciones que surgen en el sujeto a propósito de su sueño. Examinaremos, pues, ahora las relaciones que en los sueños antes analizados aparecen entre el contenido manifiesto y las ideas latentes, relaciones que pueden ser muy diversas. En los ejemplos *a* y *b*, el elemento manifiesto resulta ser un fragmento, aunque pequeñísimo, de las ideas latentes. Una parte del gran conjunto psíquico formado por las ideas inconscientes del sueño ha surgido en el sueño manifiesto constituyendo un fragmento del mismo. En otros casos, dichas partes de las ideas latentes surge también en el sueño manifiesto como una alusión, un símbolo o una abreviación de estilo telegráfico. A la labor interpretadora incumbe completar este fragmento o desentrañar la alusión, cosa que hemos conseguido con particular éxito en el caso *b*. La sustitución por un fragmento o una alusión constituye, pues, uno de los métodos de deformación empleados por la elaboración onírica. En el sueño hallamos aún otra distinta particularidad que los ejemplos que siguen nos mostrarán con mayor claridad y precisión.

d) El sujeto del sueño *hace salir de detrás de una cama a una señora a la que conoce*. La primera idea que en el análisis acude a su imaginación nos proporciona el sentido de este elemento del sueño, el cual quiere decir que el sujeto *da a esta señora la preferencia* (juego de palabras: *hace salir—hervorziehen*; *preferencia—Vorzug*).

e) Otro individuo sueña que *su hermano se halla encerrado en un baúl*. La primera idea reemplaza el baúl por un armario (*Schrank*) y la siguiente nos da en seguida la interpretación del sueño: su hermano *restringe sus gastos* (*schränkt sich ein*).

f) El sujeto del sueño *sube a una montaña desde la cual descubre un panorama extraordinariamente amplio.* Tan comprensible y natural resulta este sueño que nos parece no necesitar de interpretación ninguna, debiendo limitarse nuestro análisis a averiguar a qué recuerdo del sujeto se halla enlazado y cuál es el motivo que lo ha hecho surgir. Mas esta primera impresión es totalmente errónea, pues a pesar de su aparente claridad, se halla este sueño tan necesitado de interpretación como los más embrollados y confusos. En efecto, lo que en el análisis acude a la imaginación del sujeto no es el recuerdo de ascensiones realizadas por él anteriormente, sino el de uno de sus amigos, editor de una *revista* (*Rundschau*) que se ocupa de nuestras relaciones con los más lejanos países. El pensamiento latente del sueño consiste, pues, en este caso, en la identificación del sujeto del mismo con *aquel que pasa revista al espacio que le rodea* (*Rundschauer*).

Hallamos aquí un nuevo género de relación entre el elemento manifiesto y el elemento latente del sueño. El primero, más que una deformación del segundo, es una representación del mismo, o sea, su imagen plástica y concreta derivada de la forma de expresión verbal. Claro es que, en último término, también esto constituye una deformación, pues cuando pronunciamos una palabra hemos olvidado ya hace mucho tiempo la imagen concreta que le ha dado origen, siéndonos, por lo tanto, imposible reconocerla cuando en su lugar se nos presenta dicha imagen. Si tenéis en cuenta que el sueño manifiesto se compone principalmente de imágenes visuales y sólo rara vez de ideas y palabras, comprenderéis la particular importancia que esta relación posee en la formación de los sueños. Veréis también que de este modo resulta posible crear en el sueño manifiesto y para toda una serie de pensamientos abstractos, imágenes sustitutivas nada incompatibles con la latencia en que dichos pensamientos deben ser conservados.

Es esta misma técnica de los jeroglíficos que componemos por puro pasatiempo. Observamos, además, que estas representaciones plásticas poseen en el sueño, con gran frecuencia, un marcado carácter "chistoso". Pero la procedencia de este singular carácter constituye un problema cuya investigación no podemos abordar en estas lecciones.

También he de pasar, por ahora, en silencio un cuarto género de relación entre el elemento latente y el elemento manifiesto, relación de la que ya os hablaré cuando se nos revele por sí misma en la aplicación de nuestra técnica. Mi enumeración no será, pues, completa, pero de todos modos bastará para nuestras actuales necesidades.

¿Tendréis ahora valor para abordar la interpretación de un sueño completo? Ensayémoslo con el fin de ver si nos hallamos suficientemente preparados para emprender esta labor. Escogeré un sueño que sin ser de los más obscuros presenta todas las características de esta clase de fenómenos con la mayor agudeza posible:

Una joven señora, casada hace varios años, tiene el sueño siguiente: *Se halla en el teatro con su marido. Una parte del patio de butacas está desocupada. Su marido le cuenta que Elisa L. y su prometido hubieran querido venir también al teatro, pero no habían conseguido sino muy malos puestos —tres por un florín cincuenta céntimos— y no quisieron tomarlos. Ella piensa que el no haber podido ir aquella noche al teatro no es ninguna desgracia.*

Lo primero que la sujeto del sueño nos comunica a propósito del mismo nos demuestra que el estímulo que lo hizo surgir aparece claramente en el contenido manifiesto. Su marido le había contado, en efecto, que Elisa L., una amiga suya de su misma edad, acababa de desposarse. El sueño constituye, pues, una reacción a esta noticia. Sabemos ya que en muchos casos es fácil hallar el estímulo del sueño en los sucesos del día que le precedió y que los analizados indican sin dificultad alguna esta filiación. En este ejemplo, la sujeto nos proporcionó informaciones del mismo género con respecto a otros elementos del contenido manifiesto. Así, el detalle de la ausencia de espectadores en una parte del patio de butacas constituye una alusión a un suceso real de la semana precedente. Habiéndose propuesto asistir a cierta representación, había comprado las localidades con tanta anticipación que tuvo que pagar un sobreprecio. Mas luego, cuando llegó con su marido al teatro, advirtió que sus precauciones habían sido inútiles, pues *una parte del patio de butacas se hallaba casi vacía*. Por lo tanto, no hubiera perdido nada comprando los billetes el mismo día de la representación y su marido la embromó por su exagerada impaciencia. Otro de los detalles del sueño —la suma de un florín cincuenta céntimos— tiene su origen en un suceso totalmente distinto y sin relación alguna con lo que acabamos de exponer, pero constituye también una alusión a una noticia que la señora recibió el día mismo del sueño. Su cuñada, habiendo recibido de su marido la suma de ciento cincuenta florines como regalo, no tuvo mejor ocurrencia (la muy estúpida) que correr a la joyería y comprarse una joya que le costó toda la suma recibida. Sobre el origen del número *tres* que aparece en el sueño (tres localidades), no acierta a decirnos nada la sujeto, a menos que veamos una explicación en el dato de que aquella amiga que acababa de desposarse es tan sólo *tres* meses más joven que ella, y, sin embargo, se halla casada ya hace diez años. Por último, al querer hallar la explicación del absurdo de tomar tres billetes para dos personas, el sujeto rehúsa ya todo nuevo esfuerzo de memoria y toda nueva información.

Pero lo poco que nos ha dicho basta para descubrirnos las ideas latentes de su sueño. Lo que primeramente debe atraer nuestra atención es que la información que a propósito de su sueño nos ha dado nos proporcionan, repetidamente, detalles del orden temporal que establecen una analogía entre dos diferentes partes del mismo. Había pensado en los billetes *demasiado pronto* y los había comprado *con excesiva anticipación*, de manera que tuvo que pagarlos más caros. Su cuñada se había *apresurado* igualmente a correr a la joyería para comprarse una joya como si temiera *perderla*. Si a las nociones tan acentuadas de *demasiado pronto* y *con anticipación* añadimos el hecho que ha servido de pretexto al sueño, la información de que su amiga, que tan sólo tiene tres meses *menos* de edad que ella, se halla prometida a un hombre honrado y distinguido, más la crítica reprobatoria dirigida contra su cuñada, que había obrado absurdamente al *apresurarse* tanto, descubriremos que las ideas latentes del sueño, de las cuales el contenido manifiesto no es sino una mala sustitución deformadora, son las que siguen:

"Fue un *desatino* apresurarme tanto en casarme. Por el ejemplo de Elisa veo que no hubiera perdido nada esperando". (El apresuramiento queda representado por su conducta al adquirir las localidades y la de su cuñada en la compra de la joya. El concepto de matrimonio encuentra su sustitución en el hecho de haber ido con su marido al teatro). Esta idea sería la principal. Aunque con menos seguridad, pues carecemos ya de indicaciones de la sujeto, podríamos añadir a esta idea principal la siguiente: "Por el mismo dinero hubiera podido encontrar uno cien veces mejor". (Ciento cincuenta florines forman una suma cien veces superior a un florín cincuenta céntimos). Si reemplazamos la palabra *dinero* por la palabra *dote*, el sentido de la última frase sería el de que con una buena dote se compra un marido. La joya y los malos billetes del teatro serían entonces las nociones que vendrían a sustituirse a la de marido. Nos interesaría todavía más saber si el elemento "tres billetes" se refiere igualmente a un hombre, pero nada nos permite ir tan lejos. Hemos encontrado solamente que el sueño analizado expresa la escasa *estimación* de la mujer por su marido y su remordimiento por *haberse casado tan pronto*.

A mi juicio, el resultado de esta primera interpretación de un sueño, más que satisfacernos, ha de causarnos sorpresa y confusión, pues nos ofrece demasiadas cosas a la vez, circunstancia que dificulta enormemente nuestra orientación. No pudiendo, desde luego, agotar las enseñanzas que de este análisis se desprenden, nos apresuramos a extraer de ella aquellos datos que consideremos como nuevas e irrefutables aportaciones a nuestro conocimiento del fenómeno onírico.

Lo primero que atrae nuestra atención es que siendo la noción de apresuramiento la más acentuada en las ideas latentes, no aparezca el menor rastro de ella en el sueño manifiesto. Sin el análisis no habríamos sospechado jamás que esta noción desempeñaba un papel en el sueño. Parece, pues, posible que precisamente el nódulo central de las ideas inconscientes no aparezca en el contenido manifiesto, circunstancia que ha de imprimir una modificación profunda a la impresión que deja el sueño en conjunto. Hallamos, además, en este sueño, un detalle absurdo: "Tres por un florín cincuenta céntimos", y en las ideas del sueño descubrimos la proposición siguiente: "Fue un absurdo casarse tan pronto". ¿Puede negarse absolutamente que la idea *fue un absurdo* se halle representada por la introducción de un elemento absurdo en el sueño manifiesto? Por último, un examen comparativo nos revela que las relaciones entre los elementos manifiestos y los latentes se hallan muy lejos de ser sencillas. Es muy raro que cada elemento manifiesto corresponda a otro latente, y las relaciones entre uno y otro campo son más bien relaciones de conjunto, pudiendo un elemento manifiesto reemplazar a varios elementos latentes y un elemento latente ser reemplazado por varios elementos manifiestos.

Sobre el sentido del sueño y sobre la actitud de la sujeto con respecto al mismo podríamos decir también cosas sorprendentes. La sujeto confirma nuestra interpretación, pero se muestra asombrada por ella. Ignoraba que tuviera en tan poca estima a su marido y desconoce las razones por las cuales ha adoptado esta actitud. Quedan todavía aquí muchos puntos incomprensibles. Creo, pues, decididamente que no nos hallamos todavía en circunstancias de poder emprender la interpretación de los sueños y que tenemos necesidad de una mayor preparación.

VIII
Los sueños infantiles

Creo advertir que he avanzado quizá con excesiva rapidez en mi exposición y que, por lo tanto, convendrá que retrocedamos un poco. Antes de emprender nuestro último intento de vencer por medio de la técnica de interpretación las dificultades producidas por la deformación onírica, nos dijimos que lo mejor sería eludir tales dificultades no sometiendo por lo pronto a interpretación más que aquellos sueños en los cuales —suponiendo que existan— la deformación es muy pequeña o falta en absoluto. Claro es que obrando de este modo seguimos una dirección opuesta a la del desarrollo de nuestros conocimientos en estas materias, pues, en realidad, sólo después de una consecuente aplicación de la técnica interpretativa a los sueños deformados y después de un análisis completo de los mismos fue cuando llegamos a darnos cuenta de la existencia de sueños no deformados.

Este género de sueños podemos observarlo en los niños. Los sueños infantiles son breves, claros, coherentes, fácilmente inteligibles e inequívocos y, sin embargo, son sueños. Mas no creáis que todos ellos presentan estas características, pues la deformación onírica aparece muy pronto y conocemos sueños de niños de cinco a ocho años que presentan ya todos los caracteres de los más tardíos. Sin embargo, limitando nuestras observaciones a la edad comprendida entre los comienzos de la actividad psíquica y el cuarto y quinto año, hallamos toda una serie de sueños que presentan un carácter que pudiéramos llamar infantil. Estos sueños de tipo infantil siguen presentándose aisladamente en niños de mayor edad y aun algunas veces, bajo determinadas circunstancias, en personas adultas.

Del análisis de estos sueños infantiles podemos deducir fácilmente y con gran seguridad conclusiones, a nuestro juicio, decisivas y de una validez general sobre la naturaleza del fenómeno onírico:

1. —Para comprender estos sueños no hay necesidad de análisis ni de técnica interpretativa, por lo tanto, no someteremos a interrogatorio ninguno al infantil sujeto, pero, en cambio, habremos de añadir al relato que de su sueño nos hace algunos datos históricos, pues existe siempre algún suceso, acaecido en el día anterior al sueño, que nos proporciona la explicación del mismo, mostrándolo como una reacción del estado de reposo a dicho suceso de la vida despierta.

Citemos algunos ejemplos en los que apoyaremos luego nuestras ulteriores conclusiones.

a) Un niño de veintidós meses es encargado de ofrecer a un tío suyo un cestillo de cerezas. Naturalmente, lo hace muy a disgusto, a pesar de las promesas de que podrá probar, en recompensa, la fruta ofrecida. Al día siguiente cuenta haber soñado que *se comía todas las cerezas.*

b) Una niña de tres años y tres meses había hecho durante el día su primera travesía por el lago, que debió de parecerle corta, pues rompió en llanto cuando la hicieron desembarcar. A la mañana siguiente relató que por la noche había navegado sobre el lago, esto es, que había continuado su interrumpido paseo y —podemos añadir por nuestra cuenta— sin que esta vez viniese nadie a acortar la duración de su placer.

c) Un niño de cinco años y tres meses tomó parte en una excursión a pie a Escherntal cerca de Hallstatt. Había oído decir que Hallstatt se hallaba al pie de la *Dachstein,* y esta montaña parecía interesarle mucho. Desde su residencia, en Aussee, se veía muy bien la Dachstein y podía distinguirse, con ayuda del telescopio, la Simonyhütte, cabaña emplazada en su cima. El niño había mirado varias veces por el telescopio, pero no sabemos con qué resultado. La excursión comenzó alegremente, mostrando el niño gran entusiasmo y aguda curiosidad. Cada vez que aparecía a su vista una nueva montaña preguntaba si era la Dachstein, pero a medida que fue recibiendo respuestas negativas se fue desanimando y terminó por enmudecer y rehusar tomar parte en una pequeña ascensión que los demás hicieron para ver una cascada. Sus acompañantes le creyeron fatigado, pero al día siguiente contó, lleno de alegría, haber soñado que *subían a la Simonyhütte*. Así, pues, lo que de la excursión le ilusionaba era visitar dicho punto. Por todo detalle dio el de que había oído decir que para llegar a la cabaña conocida con el nombre indicado hay que subir escaleras durante seis horas.

Estos tres sueños bastan para proporcionarnos todas las informaciones que pudiéramos desear.

2. —Observamos que estos sueños infantiles no se hallan desprovistos de sentido y que son *actos psíquicos inteligibles y completos*. Recordando ahora la opinión que los médicos sustentan sobre los sueños, y sobre todo su comparación con los sonidos que los dedos de un profano en música arrancan al piano al recorrer al azar su teclado, advertiréis la evidente contradicción que existe entre tales opiniones y los caracteres de los sueños infantiles. Pero sería también harto singular que el niño pudiese realizar, durante el estado de reposo, actos psíquicos completos y, en cambio, el adulto tuviese que limitarse, en iguales condiciones, a meras reacciones convulsiformes, tanto más, cuanto que el reposo del niño es mucho más completo y profundo.

3. —Estos sueños infantiles que no han sufrido deformación no precisan de labor interpretativa alguna y en ellos coinciden el contenido manifiesto y el latente. *La deformación onírica no constituye, pues, un carácter natural del sueño*. Espero que esta circunstancia facilite vuestra comprensión del fenómeno onírico. Debo, sin embargo, advertiros que reflexionando más penetrantemente sobre esta cuestión nos

veremos obligados a conceder incluso a estos sueños una pequeña deformación, o sea, a reconocer cierta diferencia entre el contenido manifiesto y las ideas latentes.

4. —El sueño infantil es una reacción a un suceso del día anterior que deja tras de sí un deseo insatisfecho, y *trae consigo la realización directa y no velada de dicho deseo*. Recordad ahora lo que antes dijimos sobre la misión de las excitaciones somáticas externas e internas consideradas como perturbadoras del reposo y productoras del fenómeno onírico. En relación con ellas hemos observado hechos totalmente ciertos, pero sólo un escaso número de sueños podía ser explicado por su actuación. En estos sueños infantiles, tan perfectamente inteligibles, podemos afirmar sin temor alguno a equivocarnos que nada en absoluto indica una posible acción de tales excitaciones somáticas. Mas no por ello habremos de abandonar por completo la teoría que atribuye la génesis de los sueños a procesos excitativos. Lo que sí haremos será recordar que las excitaciones perturbadoras del reposo pueden ser no sólo somáticas, sino también psíquicas y que precisamente estas últimas son las que con más frecuencia perturban el reposo del adulto, pues le impiden realizar la condición psíquica del mismo, esto es, la abstracción de todo interés por el mundo exterior. Cuando el adulto no concilia al sueño es porque vacila en interrumpir su vida activa y su labor mental sobre aquello que le ha ocupado en el estado de vigilia. En el niño, esta excitación psíquica perturbadora del reposo es proporcionada por el deseo insatisfecho al cual reacciona con el sueño.

5. —Partiendo de esta observación llegamos por el camino más corto a determinadas conclusiones sobre la función del sueño. Como reacción a la excitación psíquica, debe el sueño tener la función de alejar tal excitación con el fin de que el reposo pueda continuar. Ignoramos aún por qué medio dinámico realiza el sueño esta función, pero podemos decir, desde

ahora, que lejos de ser como suele considerársele *un perturbador del reposo, es un fiel guardián del mismo*, defendiéndolo contra todo aquello que puede perturbarlo. Cuando creemos que sin el sueño hubiéramos dormido mejor, nos equivocamos profundamente, pues en realidad, sin el auxilio del sueño no hubiéramos dormido en absoluto y es a él a quien debemos el reposo de que hemos gozado. Claro es que no ha podido evitar ocasionarnos determinadas perturbaciones, pero hemos de tener en cuenta que también el más fiel y discreto de los vigilantes nocturnos habrá de verse obligado a producir algún ruido al perseguir a aquellos que con sus escándalos hubieran perturbado nuestro descanso en un grado mucho mayor.

6. —La circunstancia de ser el deseo el estímulo del sueño y su realización el contenido del mismo constituye uno de los caracteres fundamentales del fenómeno onírico. Otro carácter no menos constante consiste en que el sueño no expresa simplemente un pensamiento optativo, sino que muestra el deseo realizándose en forma de un suceso psíquico alucinatorio. El deseo estimulador de uno de los sueños antes expuestos puede encerrarse en la frase *yo quisiera navegar por el lago*, y en cambio, el contenido de dicho sueño podría traducirse en esta otra: *Yo navego por el lago*. Persiste, pues, hasta en estos sencillos sueños infantiles una diferencia entre el sueño latente y el manifiesto, o sea, una deformación del pensamiento latente del sueño constituida por la *transformación del pensamiento en suceso vivido*. En la interpretación del sueño precisa, ante todo, deshacer la labor de esta transformación. Si demostramos que es este un carácter general del fenómeno onírico, el fragmento de sueño citado anteriormente: "Veo a mi hermano encerrado en un baúl", no deberá ya traducirse por "Mi hermano restringe sus gastos", sino por *Yo quisiera que mi hermano restringiese, etc.* De los dos caracteres generales del sueño que acabamos de hacer resaltar, el segundo tiene más probabilidades de ser aceptado

sin oposición. En cambio, sólo después de investigaciones más amplias y minuciosas podremos demostrar que el estímulo del sueño habrá siempre de ser un deseo y no una preocupación, un proyecto o un reproche; pero esto no influye para nada en el otro de los caracteres fijados, o sea, el de que el sueño, en lugar de reproducir pura y simplemente la excitación, la suprime, la aleja y la agota por una especie de asimilación vital.

7. —Partiendo de estos dos caracteres del sueño, podemos continuar la comparación del mismo con la función fallida. En esta última distinguimos una tendencia perturbadora y otra perturbada, siendo el acto fallido mismo una transacción entre tales dos tendencias. Idéntico esquema podemos establecer para el sueño. En este, la tendencia perturbada no puede ser otra que la tendencia a dormir. En cambio, la perturbadora queda reemplazada por la excitación psíquica, o sea, puesto que hasta ahora no conocemos otra excitación de este género capaz de perturbar el reposo, por el deseo que exige ser satisfecho. Así pues, también el sueño sería en estos casos el resultado de una transacción. Sin dejar de dormir, satisfacemos un deseo, y satisfaciéndolo podemos continuar durmiendo. Ambas instancias quedan, pues, en parte satisfechas y en parte contrariadas.

8. —Recordad ahora la esperanza que concebimos anteriormente de poder utilizar, como vía de acceso a la inteligencia de los problemas oníricos, el hecho de que ciertos productos muy transparentes de la imaginación han recibido el nombre de *sueños diurnos o despiertos* (*Tagträume*). En efecto, estos sueños diurnos no son otra cosa que el cumplimiento de deseos ambiciosos y eróticos que nos son bien conocidos; pero estas realizaciones de deseos, aunque vivamente representadas en nuestra fantasía, no toman jamás la forma de sucesos alucinatorios.

Resulta, pues, que de los dos caracteres del fenómeno onírico antes indicados, sólo el que no había llegado aún a demostrar evidentemente es el que aparece en estos "sueños diurnos", mientras que el otro desaparece en absoluto, mostrándosenos así dependiente por completo del estado de reposo e irrealizable en la vida despierta. De estas observaciones tenemos que deducir que el lenguaje corriente parece haber sospechado que el principal carácter de los sueños consiste en la realización de deseos. Digamos, de pasada, que si los sucesos vividos en el sueño no constituyen, sino un género especial de ideación, hecho posible por las condiciones del estado de reposo, esto es, un "ensoñar o fantasear nocturno", comprenderemos que el proceso de la formación onírica tenga por efecto el de suprimir la excitación nocturna y satisfacer el deseo, pues también el "soñar despierto" implica la satisfacción de deseos y obedece exclusivamente a esta causa.

Otras locuciones usuales expresan también el mismo sentido. Todo el mundo conoce proverbios como los siguientes: "El cerdo sueña con bellotas y el ganso con el maíz", o la pregunta: "¿Con qué sueña la gallina? Con los granos de trigo". De este modo, descendiendo aún más bajo que nosotros, esto es, desde el niño al animal, el proverbio ve también en el contenido del sueño la satisfacción de una necesidad. Muy numerosas son las expresiones que implican igual sentido, tales como "bello como en un sueño", "yo no hubiera soñado jamás cosa semejante" o "es una cosa que ni siquiera se me podía haber ocurrido en sueños". Hay aquí por parte del lenguaje corriente una evidente parcialidad. Existen también sueños que aparecen acompañados de angustia y otros cuyo contenido es penoso o indiferente; pero estos sueños no han recibido hospitalidad alguna en el lenguaje. Hablamos sin duda de "malos sueños", pero el sueño por antonomasia no es, para el lenguaje, sino aquel que produce la dulce satisfacción de un deseo. No hay en efecto proverbio alguno en el cual se nos diga que el puerco o el ganso sueñan con el matarife.

Hubiera sido sin duda incomprensible que los autores que se han ocupado del sueño no hubieran advertido que su principal función consistía en la realización de deseos y claro es que han indicado con gran frecuencia este carácter, pero nadie tuvo jamás la idea de reconocerle un alcance general y considerarlo como la piedra angular de la explicación del sueño. Sospechamos, y más adelante volveremos sobre ello, que es lo que les ha impedido obrar así.

Pensad en las preciosas informaciones que hemos podido obtener casi sin ningún trabajo mediante el examen de los sueños infantiles. Hemos visto que la función del sueño es guardar y proteger el reposo, que el mismo resulta del encuentro de dos tendencias opuestas, una de las cuales, la necesidad de dormir, permanece constante, mientras que la otra intenta satisfacer una excitación psíquica. Poseemos, pues, la prueba de que el sueño es un acto psíquico representativo y conocemos sus dos principales caracteres: realización de deseos y vida psíquica alucinatoria. Al adquirir todas estas nociones hemos podido olvidar que nos ocupábamos de psicoanálisis, pues fuera de su enlace con los actos fallidos no tenía nuestra labor nada de específica. Cualquier psicólogo, aun ignorando totalmente las premisas del psicoanálisis, hubiera podido dar esta explicación de los sueños infantiles. ¿Por qué, pues, ninguno lo ha hecho así?

Si no existieran más sueños que los infantiles, el problema quedaría resuelto y nuestra investigación terminada, sin que hubiéramos tenido necesidad e interrogar al soñador ni tampoco de hacer intervenir lo inconsciente y recurrir a la libre asociación. Mas nuestra labor ha de ser proseguida. Hemos comprobado ya repetidas veces que caracteres a los cuales habíamos comenzado por atribuir un alcance general no pertenecían, en realidad, más que a cierta categoría y a cierto número de sueños. Trátase, pues, de saber si los caracteres generales que nos ofrecen los sueños infantiles son más estables y si pertenecen igualmente a los sueños menos transparentes cuyo contenido manifiesto no presenta relación ninguna con la supervivencia de un deseo diurno. Conforme a nuestro modo de ver, estos otros sueños han sufrido una deformación considerable, circunstancia que no nos permite resolver inmediatamente el problema que plantean. Entrevemos, también, que para explicar esta deformación no será necesario recurrir a la técnica psicoanalítica, de la cual hemos podido prescindir cuando se trataba del conocimiento de los sueños infantiles.

Existe, sin embargo, un grupo de sueños no deformados que, al igual de los infantiles, se nos muestran como realizaciones de deseos. Son estos los sueños que durante toda la vida son provocados por imperiosas necesidades orgánicas, tales como el hambre, la sed y la necesidad sexual, y que, por lo tanto, constituyen realizaciones de deseos correspondientes a reacciones o excitaciones internas. Un caso de este género es el de una niña de diecinueve meses que tuvo un sueño compuesto por una lista de platos a la cual añadió ella su nombre (Ana F., fresas, frambuesas, tortilla, papa). Este sueño es una reacción a la dieta a la que la niña había sido sometida durante el día, a consecuencia de una indigestión atribuida al abuso de las fresas y frambuesas. Del mismo modo, la abuela de esta niña, cuya edad añadida a la de su nieta daba un total de setenta años, habiéndose visto obligada, a consecuencia de perturbaciones orgánicas ocasionadas por un riñón flotante, a abstenerse de alimentación durante un día entero, soñó, a la noche siguiente, que se hallaba invitada a comer en casa de unos amigos y que le ofrecían un suculento almuerzo. Las observaciones efectuadas en prisioneros privados de alimento o en personas que en el curso de viajes o expediciones se han encontrado sometidas a duras privaciones muestran que en estas circunstancias todos los sueños tienen por objeto la satisfacción de necesidades que no pueden ser satisfechas en la realidad. En su libro *Antartic* (vol. I, pág. 336), Otto Nordenskjöld habla así de la tripulación que había invernado con él: "Nuestros sueños, que no habían sido nunca tan vivos y numerosos como entonces, eran muy significativos, pues indicaban claramente la dirección de nuestras ideas. Hasta aquellos de nuestros camaradas que en la vida normal no soñaban sino excepcionalmente, nos relataban todas las mañanas largas historias cuando nos reuníamos para cambiar nuestras últimas experiencias extraídas del mundo imaginativo de los sueños. Todas ellas se referían al mundo de la relación social del que tan alejados nos hallábamos, pero también con frecuencia a nuestra situación de momento. Comer y beber eran los centros en derredor de los cuales gravitaban casi siempre nuestros sueños. Uno de mis camaradas, que tenía la especialidad de soñar con grandes banquetes, se mostraba encantado cuando podía anunciarnos por la mañana que había saboreado una comida compuesta de tres platos. Otro soñaba con montañas de tabaco y otro por último veía en sus sueños avanzar a nuestro barco con las velas hinchadas sobre el mar libre. Uno de estos sueños merece mención especial: El cartero trae el correo y explica largamente por qué ha tardado tanto en llegar hasta nosotros. Se equivocó en su distribución y sólo con mucho trabajo logró volver a hallar las cartas erróneamente entregadas. Naturalmente nos ocupábamos en nuestros sueños de cosas aún más imposibles, pero en todos los que yo he tenido y en aquellos que me han sido relatados por mis camaradas podía observarse una singular pobreza de imaginación. Si todos estos sueños hubiesen podido ser anotados tendríamos una colección de documentos de un gran interés psicológico. Mas se comprenderá fácilmente lo encantadores que resultaban para nosotros tales sueños que podían ofrecernos lo que más ardientemente deseábamos". Citaré aquí también unas palabras de Du Prel: "Mungo Park, llegado en su viaje a través del África a un extremo estado de debilidad por la carencia de alimentos, soñaba todas las noches con los fructíferos valles de su país natal. Asimismo, el Barón Trenck, atormentado por el hambre, se veía sentado en una cervecería de Magdeburgo ante una mesa colmada de los más suculentos manjares, y Jorge Back, que tomó parte en la primera expedición de Franklin, soñaba siempre con grandes comidas durante los días en que estuvo próximo a la muerte por inanición".

Aquellos que habiendo cenado manjares muy cargados de especias sienten durante la noche una sensación de sed, sueñan con gran facilidad que beben copiosamente. Como es natural, el sueño nos suprime las sensaciones más o menos intensas de hambre o de sed y al despertar nos sentimos hambrientos o sedientos y nos vemos obligados a comer o beber. Así, pues, desde el punto de vista práctico, el servicio que rinden estos sueños es insignificante, pero no es menos manifiesto que su misión es la de mantener el reposo contra la excitación que impulsa al sujeto a despertar. Cuando se trata de necesidades de pequeña intensidad, los sueños de satisfacción ejercen con frecuencia una acción eficaz.

Igualmente, bajo la influencia de la excitación sexual, procura el sueño satisfacciones que presentan particularidades dignas de ser anotadas. Dependiendo la necesidad sexual menos estrechamente de su objeto que el hambre y la sed de los suyos respectivos, puede recibir, merced a la emisión involuntaria del líquido espermático, una satisfacción real, y a consecuencia de determinadas dificultades en lo que respecta a las relaciones con el objeto y de las que más tarde trataremos, sucede con frecuencia que el sueño que acompaña a la sensación real presenta un contenido vago o deformado. Esta particularidad de los sueños en que se producen emisiones involuntarias de esperma hace que los mismos se presten muy bien, según la observación de Rank, para el estudio de la deformación onírica. Todos los sueños de adultos que tienen por objeto necesidades encierran, además de la satisfacción, algo distinto que proviene de fuentes de excitación puramente psíquicas y tiene necesidad, para ser comprendido, de una interpretación.

No afirmamos, sin embargo, que los sueños de tipo infantil de los adultos, o sea, aquellos que constituyen la satisfacción no deformada de un deseo, no se presenten sino como reacciones a las necesidades imperiosas que antes hemos enumerado. Conocemos también sueños de adultos que, a pesar de presentar aquellos caracteres de brevedad y precisión peculiares a estos sueños de tipo infantil, proceden de fuentes de excitación incontestablemente psíquicas. Tales son, por ejemplo, los sueños de impaciencia. Después de haber hecho los preparativos de un viaje o tomado todas las disposiciones para asistir a un espectáculo que particularmente nos interesa, a una conferencia o a una reunión, se suele soñar que el fin que nos proponíamos ha llegado y que asistimos al teatro o conversamos con la persona que proyectábamos ver. De este género son también los sueños, justificadamente denominados "sueños de pereza", de aquellas personas que, gustando de prolongar su reposo, sueñan que se han levantado ya y se están vistiendo o que se hallan entregadas a sus ocupaciones cuando en realidad continúan durmiendo y testimonian de este modo que prefieren haberse levantado en sueños que realmente. El deseo de dormir que, como hemos visto, participa normalmente en la formación de los sueños, se manifiesta con extrema claridad en los de este género, de los cuales incluso constituye el factor esencial. Así, pues, la necesidad de dormir ocupa justificadamente un lugar al lado de las otras grandes necesidades orgánicas.

En un cuadro de Schwind, que se encuentra en la Galería de Schack en Munich, nos muestra la poderosa intuición del pintor el origen de un sueño, reducido a su situación dominante. Nos presenta este cuadro el sueño de un prisionero, sueño que, naturalmente, no puede tener otro contenido que el de la evasión. Pero lo que se halla perfectamente visto en esta composición pictórica es que la evasión debe efectuarse por la ventana, pues es por ella por la que penetra la excitación luminosa que pone término al sueño del prisionero. Los duendecillos montados unos sobre otros representan las actitudes sucesivas que el prisionero debería tomar para alcanzar la ventana, y a menos que no me engañe y atribuya al pintor intenciones que no tenía, me parece que el duende que forma el vértice de la pirámide y lima los barrotes de la reja, haciendo así aquello que el prisionero sería feliz de poder realizar, presenta una semejanza singular con este último.

En todos los demás sueños, salvo en los infantiles y en los de tipo infantil, la deformación constituye, como ya hemos dicho, un obstáculo a nuestra labor. No podemos ver, desde luego, si también ellos representan realizaciones de deseos, como nos hallamos inclinados a creer. Su contenido manifiesto no nos revela nada sobre la excitación psíquica a la que deben su origen y nos es imposible probar que tienden igualmente a alejar o a anular tal excitación. Estos sueños deben ser interpretados, esto es, traducidos, y su deformación debe hacerse desaparecer reemplazando su contenido manifiesto por su contenido latente. Sólo entonces podremos juzgar si los datos aplicables a los sueños infantiles lo son igualmente a todos los sueños sin excepción.

IX
La censura del sueño

El estudio de los sueños infantiles nos ha revelado la génesis, la esencia y la función del sueño. Es este un medio de supresión de las excitaciones psíquicas que acuden a perturbar el reposo, supresión que se efectúa por medio de la satisfacción alucinatoria. Por lo que respecta a los sueños de los adultos, no hemos podido explicar hasta ahora más que un único grupo, esto es, el formado por aquellos que presentan lo que hemos calificado de "tipo infantil". Nada sabemos de los demás sueños de los adultos y hasta pudiéramos decir que permanecen aún incomprensibles para nosotros. Sin embargo, hemos obtenido un resultado provisional, cuyo valor no debemos despreciar, y que es el siguiente: siempre que un sueño nos resulta perfectamente inteligible, se nos revela como una satisfacción alucinatoria de un deseo. Es esta una coincidencia que no puede ser ni accidental ni indiferente.

Cuando nos encontramos en presencia de un sueño de otro género, admitimos, fundándonos en diversas reflexiones y por analogía con la concepción de las funciones fallidas, que constituye una sustitución deformada de un contenido que nos es desconocido y al cual habremos de reducirlo. Así, pues, la labor que se nos plantea inmediatamente será la de analizar o comprender tal deformación del sueño.

Esta deformación onírica es la que da al sueño su singular apariencia y nos lo hace ininteligible. Muchas cosas hemos de averiguar sobre ella. En primer lugar, su origen y su dinamismo, y luego, su efecto y su mecanismo de actuación. Podemos decir también que la deformación del sueño es un producto de la elaboración onírica. Vamos, pues, a describir esta elaboración y a reducirla a las fuerzas que en ella actúan.

Voy a presentaros un sueño que ha sido consignado por una señora perteneciente a nuestro círculo psicoanalítico[5] y cuyo sujeto es otra señora, ya de edad, muy estimada y culta. De este sueño no se ha hecho análisis ninguno, pues nuestra informadora pretende que para las personas peritas en psicoanálisis no era necesario. La sujeto mismo del sueño no lo ha interpretado, pero lo ha juzgado y condenado como si hubiera sabido hacerlo. He aquí la opinión que sobre el mismo hubo de expresar: "Parece mentira que una mujer de cincuenta años como yo, y que no tiene día y noche otra preocupación que la de su hijo, tenga un sueño tan horrible y estúpido".

Oíd ahora el relato de este sueño, al que pudiéramos dar el título de *sueño de los servicios de amor*: «La señora entra en el hospital militar N. y manifiesta al centinela que desea hablar al médico director (al que da un nombre desconocido) para ofrecerle sus servicios en el hospital. Diciendo esto, acentúa la palabra "servicios" de tal manera que el centinela comprende en seguida que se trata de "servicios de amor". Al ver que es una señora de edad, la dejan pasar después de alguna vacilación, pero en lugar de llegar hasta el despacho del médico director, entra en una gran habitación sombría en la que se hallan varios oficiales y médicos militares sentados o de pie en derredor de una larga mesa. La señora comunica su oferta a un médico que la comprende desde las primeras palabras. He aquí el texto de las mismas tal como la señora lo pronunció en su sueño: "Yo y muchas otras mujeres, casadas y solteras, de Viena, estamos dispuestas, con todo militar, sea oficial o soldado..." Tras de estas palabras oye (siempre en

[5] Frau Dr. v. Hug-Hellmuth.

sueños) un murmullo, pero la expresión —en parte confusa y en parte maliciosa— que se pinta en los rostros de los oficiales le prueba que los circunstantes comprenden muy bien lo que quiere decir. La señora continúa: "Sé que nuestra decisión puede parecer un tanto singular, pero es completamente seria. Al soldado no se le pregunta tampoco en tiempos de guerra si quiere o no morir." A esta declaración sigue un penoso silencio. El médico mayor rodea con su brazo la cintura de la señora y le dice: "Mi querida señora, suponed que llegásemos realmente a ese punto..." (Murmullos). La señora se libera del abrazo, aunque pensando que lo mismo da aquel que otro cualquiera, y responde: "Dios mío: yo soy una vieja y puede que jamás me encuentre ya en ese caso. Sin embargo, habrá que organizar las cosas con cierto cuidado y tener en cuenta la edad evitando que una mujer ya vieja y un muchacho joven... (Murmullos); sería horrible". El médico mayor: "La comprendo a usted perfectamente". Algunos oficiales, entre los cuales se encuentra uno que le había hecho la corte en su juventud, se echa a reír y la señora expresa su deseo de ser conducida ante el médico director, al que conoce, con el fin de poner en claro todo aquello, pero advierte con gran sorpresa que ignora el nombre de dicho médico. Sin embargo, aquel otro al que se ha dirigido anteriormente le muestra con gran cortesía y respeto una escalera de hierro, estrecha y en espiral que conduce a los pisos superiores, y le indica que suba hasta el segundo. Mientras sube oye decir a un oficial: "Es una decisión colosal. Sea joven o vieja la mujer de que se trate a mí no puede por menos de inspirarme respeto". Con la conciencia de realizar un deber sube la señora por una escalera interminable.»

El mismo sueño se reproduce luego dos veces más en el espacio de pocas semanas y con algunas modificaciones que, según la apreciación de la señora, eran insignificantes y perfectamente absurdas.

Este sueño se desarrolla en la misma forma que una fantasía diurna, no presenta sino escasa discontinuidad, y algunos detalles de su contenido hubieran podido ser esclarecidos si se hubiera abierto una información, cosa que, como os he dicho antes, no se llevó a cabo. Pero lo más singular y de mayor interés para nosotros es que presenta varias lagunas, no en su recuerdo, sino en su propio contenido. Por tres veces parece este extinguirse, siendo ahogadas cada una de las palabras de la señora por un murmullo. No habiéndose efectuado análisis alguno, no tenemos en realidad derecho a pronunciarnos sobre su sentido. Mas hay en este sueño alusiones, como la implícita en las palabras "servicios de amor", que autorizan a deducir determinadas conclusiones, y, sobre todo, los fragmentos del discurso que precede inmediatamente a los murmullos no pueden ser completados sino en un solo y determinado sentido. Haciéndolo así, vemos que el contenido manifiesto se nos muestra como una fantasía en la que la sujeto se halla decidida, en cumplimiento de un patriótico deber, a poner su persona a la disposición de los soldados y oficiales, para la satisfacción de las necesidades amorosas de los mismos, idea de las más atrevidas y modelo de invención audazmente libidinosa. Sin embargo, esta idea o fantasía no se exterioriza en el sueño, pues allí donde el contexto parece implicar una tal confesión queda esta reemplazada en el contenido manifiesto por un murmullo indistinto que la borra o suprime.

Sospecháis sin duda que precisamente lo indecoroso de estos pasajes es lo que motiva su supresión. Pero ¿dónde encontráis algo muy análogo? Hoy en día no tenéis que buscar mucho para hallarlo. Abrid cualquier diario político y encontraréis en todas sus planas interrupciones del texto que dejan en blanco el papel. Todos sabemos que estos blancos corresponden a una supresión ordenada por la censura, pues en ellos debían figurar noticias o comentarios que, no habiendo sido aprobados por las autoridades superiores, han tenido que ser suprimidos, y siempre lamentamos tales supresiones, pues, sospechamos que los pasajes suprimidos podían ser muy bien los más interesantes.

Esta censura es ejercida otras veces en el momento mismo de redactar la noticia o comentario. El periodista que los redacta, previendo que determinados pasajes habrían de tropezar con el veto de la censura, los atenúa previamente, modificándolos o rozando solamente con alusiones, lo que, por decirlo así, acude a los puntos de su pluma. El diario aparece entonces sin blancos, pero determinadas perífrasis y obscuridades os revelarán fácilmente los esfuerzos que el autor ha hecho para escapar a la censura oficial, imponiéndose a sí mismo una propia censura previa.

Mantengamos esta analogía. Decimos que ciertos pasajes del discurso de la señora quedan omitidos o son ahogados por un murmullo, y que, por lo tanto, han sido también víctimas de una censura. Hablamos, pues, directamente de una *censura del sueño* a la cual debe atribuirse determinada misión en la deformación de los fenómenos oníricos. Siempre que el sueño manifiesto presenta lagunas debemos atribuirlas a la intervención de esta censura onírica. Podemos incluso ir más lejos y decir que siempre que nos hallamos ante un elemento del sueño particularmente débil, indeterminado y dudoso, haciendo, en cambio, otros que han dejado un claro y preciso recuerdo, debemos admitir que el primero ha sufrido la acción de la censura. Pero esta se manifiesta raras veces de un modo tan abierto, o como pudiéramos decir, tan ingenuo, como en el sueño de que nos ocupamos. Con mayor frecuencia se ejerce siguiendo la segunda de las modalidades indicadas, esto es, imponiendo atenuaciones, aproximaciones y alusiones al pensamiento verdadero.

La censura onírica se ejerce también conforme a una tercera modalidad para la cual no encuentro analogía alguna en el campo de la censura periodística, pero que podemos observar claramente en el único sueño que hasta ahora hemos analizado.

Recordáis sin duda el sueño en el que figuraban "tres malas localidades de un teatro por un florín cincuenta céntimos". En las ideas latentes de este sueño, el elemento "apresuradamente, demasiado pronto" ocupaba el primer plano. Fue un absurdo casarse *tan pronto*, fue igualmente absurdo procurarse billetes del teatro con *tanta anticipación* y fue ridículo el *apresuramiento* de la cuñada en gastar su dinero para comprarse una alhaja. De este elemento central de las ideas del sueño no pasó nada al sueño manifiesto en el cual todo gravitaba en torno del hecho de ir al teatro y sacar los billetes. Por este desplazamiento del centro de gravedad y esta arbitraria reunión de los elementos del contenido, el sueño manifiesto se hace tan disparejo del sueño latente, que es imposible sospechar al primero a través del segundo. Este desplazamiento del centro de gravedad constituye uno de los principales medios por los cuales se efectúa la deformación de los sueños y es lo que imprime a los mismos aquel carácter singular que los presentan a los ojos del mismo sujeto como algo ajeno totalmente a su propia personalidad.

Así, pues, los efectos de la censura y los medios de que dispone la deformación de los sueños son la omisión, la modificación y la arbitraria agrupación de los materiales. La censura misma es la causa principal o una de las principales causas de la deformación onírica, cuyo examen nos ocupa ahora. En cuanto a la modificación y a la arbitraria agrupación de los materiales, las reunimos dentro del concepto de *desplazamiento*.

Después de estas indicaciones sobre los efectos de la censura de los sueños, pasaremos a ocuparnos de su dinamismo. Espero que no toméis esta expresión en un sentido excesivamente antropomórfico, representándoos al censor onírico bajo la forma de un hombrecillo severo o de un duende alojado en un departamento del cerebro desde el cual ejerce sus funciones censoras. No debéis dar tampoco a la palabra dinamismo un sentido excesivamente localizante, figurándoos un centro cerebral del que manaría la influencia censuradora, la cual podría ser suprimida por una lesión o una ablación de dicho centro. Limitaos a ver en esta palabra un término que resulta cómodo para designar una relación dinámica y no nos impide investigar por qué tendencias y sobre qué tendencias se ejerce dicho influjo. No nos sorprendería averiguar que ya anteriormente nos ha sucedido hallarnos en presencia de la censura onírica sin quizá darnos cuenta de lo que se trataba.

Así es, en efecto. Recordad el sorprendente descubrimiento que efectuamos cuando comenzamos a aplicar nuestra técnica de la libre asociación. Sentimos entonces que una *resistencia* se oponía a nuestros esfuerzos de pasar del elemento del sueño al elemento inconsciente del cual es aquel una sustitución. Esta resistencia, dijimos, puede variar de intensidad, siendo unas veces prodigiosamente elevada y, otras, insignificante. En este último caso, nuestra labor de interpretación no tiene que franquear sino muy escasas etapas, pero cuando la resistencia se hace mayor nos vemos obligados a seguir, partiendo del elemento del sueño, largas cadenas de asociaciones que nos alejan mucho de él, y tenemos que vencer en este largo camino todas las dificultades que se nos presentan bajo la forma de objeciones críticas contra las ideas que surgen en el sujeto. Esto que en nuestra labor de interpretación aparecía como una resistencia, debemos trasladarlo a la elaboración onírica, en la cual constituye aquello que hemos convenido en calificar de *censura*, pues la resistencia y la interpretación no son otra cosa que la objetivación de la censura onírica. Vemos así que la censura no limita su función a determinar una deformación del sueño, sino que actúa de una manera permanente e ininterrumpida con el fin de mantener y conservar la deformación producida. Además, del mismo modo que la resistencia con la cual tropezábamos en la interpretación variaba de intensidad de un elemento a otro, la deformación producida por la censura difiere también en los diversos elementos de un mismo sueño. Si comparamos el sueño manifiesto y el sueño latente observaremos que determinados elementos latentes han sido completamente eliminados, que otros han sufrido modificaciones más o menos importantes, y otros, por último, han pasado al contenido manifiesto del sueño sin haber sufrido modificación alguna y ganado, quizá, en intensidad.

Pero queríamos saber por qué y contra qué tendencias se ejerce la censura. A esta interrogante, que es de una importancia fundamental para la inteligencia del sueño y quizá hasta para la de la vida humana en general, se obtiene fácil respuesta recorriendo la serie de sueños que han podido ser sometidos a interpretación. Las tendencias que ejerce la censura son aquellas que el sujeto reconoce como suyas en la vida despierta y con las cuales se encuentra de acuerdo. Podéis estar convencidos de que cuando rehusáis dar vuestra aquiescencia a una interpretación correcta de uno de vuestros sueños, las razones que os dictan tal negativa son las mismas que presiden a la censura y a la deformación oníricas, haciendo necesaria tal interpretación. Pensad solamente en el sueño de nuestra buena señora quincuagenaria. Sin haberlo interpretado lo halla ya horrible, pero aún se desolaría más si la señora v. Hug le hubiera comunicado alguno de los datos obtenidos por la interpretación que en este caso se imponía, y precisamente este juicio condenatorio es el que ha hecho que las partes más indecorosas del sueño se hallen reemplazadas en él por un murmullo.

Las tendencias contra las cuales se dirige la censura de los sueños deben ser descritas, en principio, colocándonos desde el punto de vista de la instancia representada por la censura. Podremos decir entonces que se trata de tendencias reprensibles e indecentes desde el punto de vista ético, estético y social, y que son cosas en las que no nos atrevemos a pensar o en las cuales no pensamos sino con horror. Estos deseos censurados y que reciben en el sueño una expresión deformada son, ante todo, manifestaciones de un egoísmo sin límites ni escrúpulos. No existe, además, sueño alguno en el que el *yo* del sujeto no desempeñe el papel principal, aunque sepa disimularse muy bien en el contenido manifiesto. Este "sacro egoísmo" del sueño no carece ciertamente de relación con nuestra disposición al reposo, que consiste precisamente en el desligamiento de todo interés por el mundo exterior.

Desembarazado el *yo* de toda ligadura moral, cede, asimismo, a todas las exigencias del instinto sexual, a aquellas que nuestra educación estética ha condenado desde hace mucho tiempo y a aquellas otras que se hallan en oposición con todas las reglas de restricción moral. La búsqueda del placer, o como nosotros decimos, la *libido*, escoge en los sueños sus objetos sin tropezar con resistencia ninguna, y los escoge preferentemente entre los prohibidos. No elige solamente la mujer ajena, sino también los objetos a los cuales el acuerdo unánime de la humanidad ha revestido de un carácter sagrado: el hombre hace recaer su elección sobre su madre o su hermana y la mujer sobre su padre o su hermano. (Así, el sueño de los "servicios amorosos" resulta plenamente incestuoso, pues la libido de la sujeto se dirige en él, incontestablemente, hacia su propio hijo). Estos deseos que creemos ajenos a la naturaleza humana se muestran, sin embargo, suficientemente intensos para provocar sueños. El odio se manifiesta en ellos francamente, y los deseos de venganza y de muerte contra aquellas personas a las que mayor afecto tenemos en nuestra vida —parientes, hermanos, hermanas, esposos e hijos— se hallan muy lejos de ser manifestaciones excepcionales en los sueños. Estos deseos censurados parecen surgir de un verdadero infierno y, al descubrirlos en nuestras interpretaciones realizadas en la vida despierta, toda censura nos parece poca para conseguir mantenerlos encadenados.

Pero este perverso contenido no debe ser imputado al sueño mismo. No debéis olvidar que el sueño cumple con una función inofensiva y hasta útil, consistente en defender al reposo contra todas las causas de perturbación. Tal perversidad no es inherente a la naturaleza misma del sueño, pues no ignoráis que hay sueños en los cuales podemos reconocer la satisfacción de deseos legítimos y de necesidades orgánicas imperiosas. Estos últimos sueños no sufren, además, deformación alguna ni la necesitan para nada, pues pueden cumplir su función sin ofender en lo más mínimo a las tendencias morales y estéticas del *yo*. Sabed, igualmente, que la deformación del sueño se realiza en función de dos factores, siendo tanto más pronunciada cuanto más reprensible es el deseo que ha de sufrir la censura y más severas las exigencias de esta en un momento dado. Por esta razón, una muchacha bien educada y de rígido pudor, deformará, imponiéndoles una censura implacable, las tentaciones sentidas en el sueño, mientras que tales tentaciones nos parecerán a nosotros, médicos, deseos inocentemente libidinosos, opinión que la propia interesada compartirá algunos años después.

Además, no tenemos razones suficientes para indignarnos a propósito de este resultado de nuestra labor interpretativa. Creo que aún no hemos llegado a comprenderla bien, pero ya desde ahora tenemos el deber de preservarla contra determinados ataques. No es difícil hallar sus puntos débiles. Nuestras interpretaciones oníricas han sido realizadas bajo la reserva de un determinado número de hipótesis, pues hemos supuesto que el sueño, en general, tiene un sentido que debemos atribuir al reposo normal, a los procesos psíquicos inconscientes, análogos a aquellos que se manifiestan en el sueño hipnótico y a que todas las ideas que surgen a propósito de los sueños son determinadas. Si partiendo de estas hipótesis hemos llegado, en nuestras interpretaciones de sueños, a resultados plausibles, tendremos derecho a asentar la conclusión de que tales hipótesis, que nos han servido de punto de partida, responden a la realidad de los hechos, pero ante los resultados que hemos obtenido efectivamente es muy posible que más de uno nos diga que siendo los mismos imposibles y absurdos, o por lo menos harto inverosímiles, anulan la hipótesis que les sirven de base. O el sueño no es un fenómeno psíquico o el estado normal no trae consigo ningún proceso inconsciente o, por último, la técnica psicoanalítica resulta equivocada en alguno de sus puntos. ¿No son acaso estas conclusiones mucho más sencillas y satisfactorias que todos los horrores que decimos haber descubierto partiendo de nuestras hipótesis? Concederemos, en efecto, que son más sencillas y satisfactorias, pero esto no quiere decir que sean más exactas.

Tengamos paciencia y esperemos, para entrar en su discusión, a haber completado nuestro estudio. De aquí a entonces dejaremos que la crítica que se eleva contra la interpretación onírica vaya intensificando su energía. Importa muy poco que los resultados de nuestras interpretaciones sean escasamente satisfactorios y agradables; mas existe un argumento crítico de mayor solidez y es el de que los sujetos a los que ponemos al corriente de las tendencias optativas, que de la interpretación de sus sueños extraemos, rechazan dichos deseos y tendencias con la mayor energía y apoyándose en razones de gran peso. "¿Cómo —dice uno— queréis demostrarme, deduciéndolo de mis sueños, que lamento las cantidades que he gastado para dotar a mis hermanas y educar a mi hermano? Pero ¿no estáis viendo que trabajo con todo entusiasmo para sacar adelante a mi familia y no tengo otro interés en la vida que el cumplimiento de mi deber para con ella, como así lo prometí, en calidad de hermano mayor, a mi pobre madre?" O también: "¿Osáis pretender que deseo la muerte de mi marido? ¡Qué absurdo! Aunque no me creáis, os diré que no sólo constituimos un matrimonio de los más felices, sino que su muerte me privaría de todo lo que en el mundo poseo". Por último, nos dirán otros: "Pero ¿tenéis la audacia de decir que deseo sexualmente a mi hermana? ¡Qué ridícula pretensión! No sólo no vivimos juntos, sino que ni siquiera me intereso por ella como hermano, pues estamos reñidos y hace muchos años que no hemos cruzado palabra". Si estos individuos se contentaran con no confirmar o negar las tendencias que les atribuimos, podríamos decir todavía que se trataba de cosas que ignoran, pero lo que llega a ser desconcertante es que pretenden sentir deseos totalmente opuestos a aquellos que les atribuimos al interpretar sus sueños y que les es posible demostrarnos el predominio de tales deseos opuestos en toda su conducta en la vida. ¿No sería, pues, tiempo ya de renunciar de una vez para siempre a nuestra labor de interpretación cuyos resultados nos han llevado al absurdo?

Nada de eso. Tampoco este argumento logra, como no lo lograron los anteriores, resistir a nuestra crítica. Supuesto que en la vida psíquica existen tendencias inconscientes, ¿qué prueba puede deducirse contra ellas de la existencia de tendencias diametralmente opuestas en la vida consciente? Para todas ellas hay quizá un lugar en nuestro psiquismo, en el cual pueden muy bien convivir las más radicales antinomias y hasta es muy posible que el predominio de una tendencia sea precisamente la condición de la represión en lo inconsciente de aquella que es contraria a ella. Queda, sin embargo, la objeción según la cual los resultados de la interpretación de los sueños no serían ni sencillos ni alentadores. Desde luego; pero si sólo lo sencillo os atrae, no lograréis resolver ninguno de los problemas relativos a los sueños, pues cada uno de estos problemas nos sitúa desde el principio ante circunstancias complicadísimas. Mas, por lo que respecta al carácter poco alentador de nuestros resultados, debo deciros que os equivocáis dejándoos guiar por la simpatía o antipatía en vuestros juicios científicos. Los resultados de la interpretación de los sueños os parecen poco agradables y hasta vergonzosos y repulsivos. Pero ¿qué importancia tiene esto? "Eso no les impide existir" —oí decir en un caso análogo a mi maestro Charcot cuando, siendo yo un joven médico, asistía a sus experimentos clínicos—. Es preciso tener la humildad de reprimir nuestras simpatías y antipatías si queremos conocer la realidad de las cosas de este mundo. Si un físico os demostrara que la vida orgánica debe extinguirse sobre la tierra en un plazo muy próximo, ¿le responderíais acaso que esta extinción no era posible por constituir una perspectiva excesivamente desalentadora? Creo más bien que guardaríais silencio hasta que otro físico consiguiese demostraros que la conclusión del primero reposaba sobre falsas hipótesis y cálculos equivocados. Rechazando lo que os es desagradable reproducís el mecanismo de la formación de los sueños en lugar de intentar comprenderlo y dominarlo.

Ante estos argumentos os decidiréis quizá a hacer abstracción del carácter repulsivo de los deseos censurados de los sueños y esgrimiréis, en cambio, el argumento de que resulta inverosímil que el mal ocupe tan amplio lugar en la constitución del hombre. Pero ¿es que vuestra experiencia os autoriza a serviros de este argumento? No me refiero a la opinión que podáis tener de vosotros mismos, pero ¿acaso vuestros superiores y vuestros competidores os han dado siempre pruebas de una gran benevolencia? ¿Habéis hallado siempre en vuestros enemigos una tan exquisita caballerosidad, y un tal desinterés en los que os rodean, que creáis deber protestar contra la parte que asignamos al mal egoísta de la naturaleza humana? ¿No sabéis acaso hasta qué punto la mayoría de los humanos es incapaz de dominar sus pasiones en cuanto se trata de la vida sexual, o ignoráis que todos los excesos y todas las inmoralidades que soñamos por las noches son diariamente cometidas y degeneran con frecuencia en crímenes reales? ¿Qué otra cosa hace el psicoanálisis sino confirmar la vieja máxima de Platón de que los buenos son aquellos que se contentan con soñar lo que los malos efectúan realmente?

Y ahora, apartándonos de lo individual, recordad la gran guerra que acaba de devastar a Europa y pensad en toda la bestialidad, toda la ferocidad y toda la mentira que la misma ha desencadenado sobre el mundo civilizado. ¿Creéis que un puñado de ambiciosos y de gobernantes sin escrúpulos hubiera bastado para desencadenar todos estos malos espíritus sin la complicidad de millones de dirigidos? Y ante estas circunstancias, ¿tendréis aún valor para romper una lanza en favor de la exclusión del mal de la constitución física del hombre?

Me objetaréis que este juicio mío sobre la guerra es unilateral, pues la misma ha hecho surgir también lo más bello y noble de la naturaleza humana: el heroísmo, el espíritu de sacrificio y el sentimiento de solidaridad social. Sin duda; pero no debéis haceros culpables de la injusticia que con tanta frecuencia se ha cometido para con el psicoanálisis reprochándole negar una cosa por la única razón de sostener esta una afirmación contraria. Nunca hemos abrigado la intención de negar las nobles tendencias de la naturaleza humana ni intentado rebajar su valor. Ya habéis visto que, si os he hablado de los malos deseos censurados en el sueño, también lo he hecho de la censura que reprime estos deseos haciéndolos irreconocibles. Si insistimos sobre lo que de malo hay en el hombre es únicamente porque hay otros que lo niegan, conducta que lejos de contribuir a mejorar la naturaleza humana no logra sino hacérnosla ininteligible. Renunciando a la apreciación ética unilateral es como tendremos probabilidades de hallar la fórmula que exprese exactamente las relaciones que existen entre lo que hay de bueno y lo que hay de malo en nuestro humano ser.

Atengámonos, pues, a este punto de vista. Aun cuando hallemos harto singulares los resultados de nuestra labor de interpretación de los sueños, no deberemos abandonarlos. Quizá más tarde nos sea posible aproximarnos a su inteligencia por un distinto camino, mas, por el momento tenemos que mantener la afirmación siguiente: la deformación onírica es una consecuencia de la censura que las tendencias confesadas del *yo* ejercen contra tendencias y deseos indecorosos, que surgen en nosotros durante el reposo nocturno. Por qué estos deseos y tendencias nacen durante la noche y de dónde provienen, son interrogantes que dejaremos abiertas en espera de nuevas investigaciones.

Pero sería injusto por nuestra parte no hacer resaltar sin más dilación otro resultado de nuestra labor investigadora. Los deseos que, surgiendo nocturnamente, vienen a perturbar nuestro reposo nos son desconocidos. Ignoramos su existencia hasta después de verificar la interpretación de nuestros sueños. Puede, pues, calificárseles provisionalmente de inconscientes en el sentido corriente de la palabra. Mas debemos decirnos que son más interinamente inconscientes, pues, como en muchos casos hemos observado, el sujeto los niega aun después de que la interpretación los ha hecho manifiestos. Nos hallamos aquí en la misma situación que cuando interpretamos el *lapsus aufstossen*, en el que el orador, indignado, nos afirmaba que ignoraba haber tenido jamás un sentimiento irrespetuoso hacia su jefe. Ya en esta ocasión pusimos en duda el valor de tal afirmación y admitimos tan sólo que el orador podía no tener conciencia de la realidad en él de un tal sentimiento. La misma situación se reproduce siempre que interpretamos un sueño muy deformado, circunstancia que tiene necesariamente que aumentar su importancia para nuestra concepción. Habremos pues de admitir que en la vida psíquica existen procesos y tendencias que generalmente ignoramos y de los que quizá nunca hemos tenido la menor noticia. De este modo adquiere a nuestros ojos lo inconsciente un distinto sentido. El factor actualidad o momentaneidad deja de ser uno de sus caracteres fundamentales y descubrimos que lo inconsciente puede serlo de una manera *permanente* y no significar tan sólo algo *momentáneamente latente*.

Claro es que tendremos que volver a estas consideraciones en páginas posteriores y reanudarlas con mayor detalle.

X
El simbolismo en el sueño

Hemos hallado que la deformación que nos impide comprender el sueño es efecto de una censura que ejerce su actividad sobre los deseos inaceptables inconscientes. Pero, naturalmente, no hemos afirmado que la censura sea el único factor productor de tal deformación, y en efecto, un más detenido estudio del fenómeno onírico nos permite comprobar la existencia de otros varios factores que coadyuvan al mismo fin. Equivale esto a afirmar que, aunque la censura quedase eliminada de la elaboración onírica, no por ello resultarían los sueños más inteligibles ni coincidiría el sueño manifiesto con las ideas latentes.

Estos otros factores que contribuyen a obscurecer y deformar los sueños se nos revelan al examinar una laguna de nuestra técnica. Ya anteriormente os confesé que los sujetos analizados no logran a veces asociar idea ninguna a determinados elementos de su sueño y aunque este hecho no se confirma en todos los casos en que el sujeto lo alega al comenzar el análisis, pues con gran frecuencia se acaba por lograr, a fuerza de perseverancia e insistencia, que surjan las asociaciones buscadas, lo cierto es que algunas veces falta toda asociación, o provocadas con gran trabajo, no rinden los resultados que esperábamos. Cuando este hecho se produce en el curso de un tratamiento psicoanalítico, adquiere una importancia particular de la que no podemos ocuparnos aquí, pero suele también surgir en la interpretación de sueños de personas normales o en la de los nuestros propios, y en estos casos acabamos por observar que tal carencia de asociaciones se manifiesta siempre con relación a ciertos elementos del sueño y descubrimos que no se trata de una insuficiencia accidental o excepcional de la técnica, sino de un fenómeno regido por determinadas leyes.

En estos casos, sentimos la tentación de interpretar por nosotros mismos tales elementos "mudos" del sueño, efectuando su traducción por nuestros propios medios, y siempre que llevamos a cabo una tal interpretación nos parece obtener un satisfactorio esclarecimiento de estos sueños que antes se nos mostraban incomprensibles e incoherentes. La repetición de este satisfactorio resultado en un gran número de casos análogos acaba por dar a este nuevo procedimiento de interpretación, que comenzó constituyendo una tímida tentativa, la necesaria seguridad.

Expongo esto de un modo algo esquemático, pero la enseñanza admite las exposiciones de este género cuando sin deformar la cuestión logran simplificarla.

Procediendo de este modo, llegamos a obtener para toda una serie de elementos oníricos traducciones constantes, como aquellas que nuestros populares "libros de los sueños" dan para todas las cosas soñadas. Sucede, pues, aquí, todo lo contrario de lo que antes comprobamos en la técnica de asociación, la cual no nos ofrece jamás tales traducciones constantes.

Vais a decirme que este procedimiento de interpretación os parece todavía más inseguro y objetable que aquel que se apoya en las libres ocurrencias del sujeto. Mas interviene aquí un segundo factor. Cuando después de repetidos análisis de este género conseguimos reunir un número bastante considerable de tales traducciones constantes, advertimos que desde un principio hubiéramos podido sostener la posibilidad de llevar a cabo esta parte de la labor de interpretación fundándonos en conocimientos propios y sin que, por lo tanto, nos fuera necesario recurrir a las asociaciones del objeto para llegar a la comprensión de determinados elementos de su sueño. Más adelante veremos en qué se basa tal posibilidad.

A esta relación constante entre el elemento del sueño y su traducción le damos el nombre de *relación simbólica*, puesto que el elemento mismo viene a constituir un *símbolo* de la idea onírica inconsciente que a él corresponde. Recordáis, sin duda, que investigando anteriormente la relación existente entre los elementos del sueño y sus substratos, establecimos que la misma podía ser de tres distintos géneros, pues el elemento podía constituir una parte de su substrato inconsciente, una alusión al mismo o, por último, su representación plástica. A continuación, os anuncié que aún existía un cuarto género de relación que por entonces no definí y que es el que acabamos de establecer, o sea, la relación simbólica. Con ella se enlazan varias interesantísimas cuestiones de las que vamos a ocupamos antes de entrar en la exposición de nuestras particulares observaciones sobre el simbolismo, materia que constituye quizá el capítulo más atractivo de la teoría de los sueños.

Haremos, ante todo, observar que, siendo los símbolos traducciones permanentes, realizan hasta cierto punto el ideal de la antigua interpretación de los sueños —y también el de la moderna popular—, ideal de que nuestra técnica nos había alejado considerablemente. Por medio de estos símbolos se nos hace posible, en determinadas circunstancias, interpretar un sueño sin interrogar al sujeto, el cual, además, no sabría decirnos nada sobre ellos. Cuando llegamos a conocer los más usuales símbolos oníricos, y, además, en cada caso, la personalidad del sujeto, las circunstancias en las que vive y las impresiones tras de las cuales ha aparecido su sueño, nos hallamos con frecuencia en situación de interpretar dicho sueño sin ninguna dificultad, esto es, de traducirlo, por decirlo así, a libro abierto. Un semejante virtuosismo es muy apropiado para halagar al intérprete e impresionar al sujeto, y constituye un descanso bienhechor de los penosos interrogatorios necesarios en otros sueños. Mas no debéis dejaros seducir por esta facilidad. Nuestra misión no consiste en ejecutar brillantes habilidades. La interpretación basada en el conocimiento de los símbolos no constituye una técnica que pueda reemplazar a aquella que se funda en la asociación, ni siquiera compararse a ella, y no es sino un complemento de la misma, a la cual proporciona rico acervo de datos. Además, muchas veces nos falta el conocimiento de la situación psíquica del sujeto y el de los sucesos diurnos que hayan podido provocar su sueño, pues los sueños cuya interpretación hemos de emprender no son siempre los de personas a las que tratamos íntimamente. En estos casos, sólo las ocurrencias y asociaciones del sujeto podrán proporcionamos el necesario conocimiento de lo que hemos convenido en denominar "situación psíquica".

Un hecho por todos conceptos singular, y que no podemos por menos de señalar aquí, es la general y encarnizada resistencia con que ha tropezado esta concepción simbólica de las relaciones entre los sueños y lo inconsciente. Incluso personas reflexivas y de gran autoridad, que no formulaban contra el psicoanálisis ninguna objeción de principio, han rehusado seguirlo por este camino, actitud tanto más singular cuanto que el simbolismo no es una característica exclusiva de los sueños y que su descubrimiento no es obra del psicoanálisis, el cual ha realizado otros muchos más sorprendentes. Si a todo precio queremos situar en la época moderna el descubrimiento del simbolismo onírico, deberemos considerar como su autor al filósofo K. A. Scherner (1861). El psicoanálisis se ha limitado a proporcionar una confirmación de las teorías de este autor, aunque introduciendo en ellas profundas modificaciones.

Desearéis, sin duda, saber algo de la naturaleza del simbolismo onírico y examinar algunos ejemplos del mismo. Muy gustoso os comunicaré aquello que sé sobre estas cuestiones, pero he de preveniros que nuestra inteligencia de las mismas no se halla todo lo avanzada que fuera de desear.

La esencia de la relación simbólica es una comparación, pero no una comparación cualquiera. Sospechamos, en efecto, que esta ha de requerir determinadas condiciones, aunque no podamos decir cuáles. No todo aquello con lo que podemos comparar un objeto o un proceso aparece en el sueño como un símbolo de los mismos. Por otro lado, el sueño, lejos de representar por este medio todo lo que a ello se presta, no lo hace sino con determinados elementos de las ideas latentes. Existe, pues, una doble limitación paralela. Aparte de esto, debemos también convenir en que la noción de símbolo no se halla todavía precisamente delimitada y se confunde con las de sustitución, representación, etc., llegando incluso a aproximarse a la de alusión. En ciertos símbolos, la comparación en que se fundan resalta evidente, pero hay otros a propósito de los cuales nos vemos obligados a preguntarnos dónde debemos buscar el *tertium comparationis* o factor común de la presunta comparación. A veces logramos hallarlo después de una detenida y penetrante reflexión, pero en otras permanece inencontrable. Además, si el símbolo es una comparación, parece singular que la asociación no consiga descubrírnosla y que el mismo sujeto del sueño no la conozca a pesar de servirse de ella. Más aún; es muy extraño que el sujeto no se muestre siquiera dispuesto a reconocer dicha comparación cuando la misma le es comunicada por el analizador. Veis, así, que la relación simbólica es una comparación de un género harto particular, cuyo fundamento escapa todavía a nuestra comprensión. Quizá más adelante hallaremos algunos datos que nos proporcionen un mayor esclarecimiento.

Los objetos que hallan en el sueño una representación simbólica son poco numerosos. El cuerpo humano en su totalidad, los padres, hijos, hermanos y hermanas; el nacimiento, la muerte, la desnudez y algunas cosas más. La *casa* es lo que constituye la única representación típica, esto es, regular, de la totalidad de la persona humana, hecho que fue ya reconocido por Scherner que quiso atribuirle una importancia de primer orden, a nuestro juicio equivocada. Con frecuencia nos vemos, en sueños, resbalar a lo largo de fachadas de casas y durante este descenso experimentamos unas veces sensaciones placenteras, y otras, angustiosas. Las casas de muros lisos representan hombres y aquellas que muestran salientes y balcones, a los cuales podemos agarrarnos, son mujeres. Los padres aparecen simbolizados en el sueño por el *emperador* y la *emperatriz*, el rey y la reina u otros personajes eminentes, desarrollándose de este modo los sueños en los que figuran los padres en una atmósfera de respeto y solemnidad. Menos tiernos son los sueños en los que figuran los hijos, hermanos o hermanas, los cuales tienen por símbolo *pequeños animales* y *parásitos*. El nacimiento es casi siempre representado por una acción en la que el *agua* es el factor principal: soñamos muchas veces que nos arrojamos al agua o que salimos de ella y que salvamos a una persona de morir ahogada o somos a nuestra vez salvados, acción significativa de la existencia de una relación maternal entre dicha persona y el sujeto. La muerte inminente es reemplazada en el sueño por la *partida* o *por un viaje en ferrocarril*, y estar ya muerto por diversos indicios obscuros y siniestros. La desnudez es simbolizada por *trajes* y *uniformes*. Observaréis que en muchos de estos ejemplos se desvanecen los límites entre la representación simbólica y la alusiva.

Contrastando con la escasa amplitud de la enumeración que precede, ha de sorprendernos la extraordinaria riqueza de símbolos existentes para representar los objetos y contenidos de otro distinto círculo. Es este el círculo de la vida sexual, de los órganos genitales, de los procesos sexuales y del comercio sexual. La mayoría de los símbolos oníricos son símbolos sexuales. Pero hallamos aquí una desproporción considerable. Mientras que los contenidos que han de ser simbolizados son muy poco numerosos, los símbolos que los designan lo son extraordinariamente, de manera que cada objeto puede ser expresado por muchos símbolos que tienen casi todos el mismo valor. Sin embargo, en el curso de la interpretación experimentamos una sorpresa desagradable. Contrariamente a las imágenes oníricas representativas, en extremo variadas, las interpretaciones de los símbolos son extraordinariamente monótonas. Es este un hecho que decepciona a todos aquellos que tienen ocasión de advertirlo, pero no está en nuestras manos remediarlo.

Siendo hoy la primera vez que en estas lecciones os hablo de contenidos de la vida sexual, debo deciros cómo pienso tratar aquí estas materias. El psicoanálisis no tiene razón alguna para hablar encubiertamente o contentarse con alusiones; no se avergüenza en modo alguno de ocuparse de este importante tema y encuentra perfectamente correcto llamar a las cosas por su nombre, pues considera que es este el mejor medio de preservarse contra posibles pensamientos perturbadores. El hecho de hallarme aquí ante un auditorio mixto no modifica en nada esta cuestión. Lo mismo que no existe una ciencia *ad usum delphini*, no debe tampoco haberla para uso de las jóvenes ingenuas, y las señoras que observo entre los circunstantes, pues han querido sin duda mostrar con su presencia que quieren ser tratadas, desde el punto de vista científico, de una manera igual que los hombres.

El sueño posee, pues, para los genitales masculinos, un gran número de representaciones que podemos considerar como simbólicas y en las cuales el factor común de la comparación es casi siempre evidente. Para la totalidad del aparato genital masculino, el símbolo de mayor importancia es el sagrado número 3. La parte principal y la más interesante para los dos sexos del aparato genital del hombre, esto es, el pene, halla en primer lugar sus sustituciones simbólicas en objetos que se le asemejan por su forma, tales como *bastones*, *paraguas*, *tallos*, *árboles*, etcétera, y después en objetos que tienen, como él, la facultad de poder penetrar en el interior de un cuerpo y causar heridas: *armas* puntiagudas de toda clase, *cuchillos*, *puñales*, *lanzas* y *sables* o también *armas de fuego*, tales como *fusiles* o *pistolas* y, más particularmente, aquella que por su forma se presta con especialidad a esta comparación, o sea, el *revólver*. En las pesadillas de las muchachas, la persecución por un hombre armado con un cuchillo o un arma de fuego desempeña un principal papel. Es este quizá el caso más frecuente del simbolismo de los sueños, y su interpretación no presenta dificultad ninguna. No menos comprensible es la representación del miembro viril por objetos de los que mana agua: *grifos*, *jarros* y *surtidores*, o por otros que son susceptibles de alargarse, tales como lámparas de suspensión, *lápices mecánicos*, etc. El hecho de que los *lápices*, los *palilleros*, las *limas* para las uñas, los *martillos* y otros *instrumentos* sean incontestablemente representaciones simbólicas del órgano sexual masculino depende también de una concepción fácilmente comprensible del mismo.

La singular propiedad que este posee de poder erguirse en contra de la ley de gravedad, propiedad que forma una parte del fenómeno de la erección, ha creado su representación simbólica por *globos*, *aviones* y, recientemente, por los dirigibles *Zeppelin*. Pero el sueño conoce todavía un medio distinto, mucho más expresivo, de simbolizar la erección, pues convierte al órgano sexual en lo más esencial de la persona misma y la hace *volar* toda entera. No os asombraréis, por lo tanto, de oír de aquellos sueños, a veces tan bellos, que todos conocemos y en los cuales el vuelo desempeña un papel tan importante, deben ser interpretados como fundados en una excitación sexual general, o sea, en el fenómeno de la erección. Entre los psicoanalistas, ha sido P. Federn el que ha establecido esta interpretación, basándose en pruebas irrefutables, pero, además, un hombre de ciencia tan imparcial y extraño al psicoanálisis —del que quizá no tenía la menor noticia—, como Mourly Vold, ha llegado a las mismas conclusiones después de sus experimentos que consistían en dar a los brazos y a las piernas, durante el sueño, posiciones artificiales. No me objetéis el hecho de que las mujeres pueden igualmente soñar que vuelan. Recordad más bien que nuestros sueños quieren ser realizaciones de deseos, y que el deseo, consciente o inconsciente de ser un hombre, no es nada raro en la mujer. Aquellos de entre vosotros que se hallen algo versados en anatomía no hallarán nada asombroso que la mujer pueda realizar este deseo en sueños provocados por sensaciones de erección análogas a las del hombre. La mujer posee, en efecto, en su aparato genital, un pequeño miembro semejante al pene viril, y este pequeño miembro, el clítoris, desempeña en la infancia y en la edad que precede a las relaciones sexuales el mismo papel que su homólogo masculino.

Entre los símbolos masculinos menos comprensibles citaremos los *reptiles* y los *peces*, pero sobre todo el famoso símbolo de la *serpiente*. Ignoramos por qué el *sombrero* y el *abrigo* han llegado a recibir, como símbolos oníricos, igual aplicación. No resulta en efecto nada fácil de adivinar, pero tal significación simbólica ha sido incontestablemente comprobada. Podemos, por último, preguntarnos si la sustitución del órgano sexual masculino por otros miembros, tales como el *pie* o *la mano*, debe ser considerada como simbólica. Creo que examinando el conjunto del sueño y teniendo en cuenta los órganos correspondientes de la mujer, nos veremos casi siempre obligados a admitir esta significación.

El aparato genital de la mujer es representado simbólicamente por todos los objetos cuya característica consiste en circunscribir una cavidad en la cual puede alojarse algo: *minas, fosas, cavernas, vasos y botellas, cajas de todas formas, cofres, arcas, bolsillos*, etc. El *barco* forma igualmente parte de esta serie. Ciertos símbolos tales como *armarios, estufas*, y, sobre todo, *habitaciones*, se refieren más bien al seno materno que al aparato sexual propiamente dicho. El símbolo *habitación* se aproxima aquí al de *casa*, y *puerta* y *portal* se convierten en símbolos que designan el acceso del orificio sexual. También tienen una significación simbólica determinadas materias, tales como la *madera* y el *papel*, y ciertos objetos construidos con las mismas, tales como la *mesa* y el *libro*. Entre los animales, los *caracoles* y las *conchas bivalvas* son incontestablemente símbolos femeninos. Citemos todavía, entre los órganos del cuerpo, la *boca*, como símbolo del orificio genital, y entre los edificios la *iglesia* y la *capilla*. Veis, pues, que todos estos símbolos no son igualmente inteligibles.

Los senos, que pueden considerarse como una parte del aparato genital femenino, y otros hemisferios más amplios del cuerpo de la mujer, hallan su representación simbólica en las *manzanas*, los *melocotones* y las frutas en general. El cabello que guarnece el aparato genital en los dos sexos es descrito en el sueño bajo el aspecto de un *bosque* o un *matorral*. La complicada topografía del aparato genital femenino hace que nos lo representemos frecuentemente con un paisaje con rocas, bosques y aguas, quedando en cambio simbolizado el imponente mecanismo del aparato genital del hombre por toda clase de máquinas difíciles de describir.

Otro interesante símbolo del aparato genital de la mujer es el de la *cajita de joyas*. *Joyas* y *tesoro* son cariñosos calificativos que incluso en el sueño dirigimos a la persona amada. Las *golosinas* sirven con frecuencia para simbolizar el *goce sexual*. La satisfacción sexual obtenida sin el concurso de una segunda persona es simbolizada por toda clase de *juegos* y por el acto de tocar el *piano*. El *resbalamiento*, el *descenso* brusco y el *arrancamiento de una rama* son representaciones finalmente simbólicas del onanismo. Otra representación particularmente singular es la *caída* o *extracción* de una muela, representación indudable de la castración considerada como un castigo de las prácticas solitarias. Los símbolos oníricos destinados a representar más particularmente las relaciones sexuales son menos numerosos de lo que hubiéramos creído, a juzgar por lo que hasta ahora sabemos. Como pertenecientes a esta categoría pueden citarse las actividades rítmicas, tales como el *baile*, la *equitación* y la *ascensión*, y también determinados accidentes violentos como el de *ser atropellado por un vehículo*. Añadiremos todavía ciertas *actividades manuales* y, naturalmente, la *amenaza con un arma*.

La aplicación y la traducción de estos símbolos son menos sencillas de lo que quizá suponéis. Tanto en una como en otra surgen numerosas circunstancias inesperadas. Una de ellas —que nunca hubiéramos sospechado— es la de que las diferencias sexuales suelen aparecer apenas acentuadas en estas representaciones simbólicas. Muchos símbolos designan un órgano genital en general, sin distinguir si es masculino o femenino. A esta clase de símbolos pertenecen aquellos en los que figura un niño *pequeño*, el hijo pequeño o la hija pequeña del sujeto. Otras veces sirve un símbolo predominantemente masculino para designar una parte del aparato genital femenino e inversamente. Todo esto resulta incomprensible mientras no nos hallamos al corriente del desarrollo de las representaciones sexuales de los hombres. Sin embargo, en ciertos casos, esta ambigüedad de los símbolos puede no ser sino aparente y los símbolos más marcados, tales como *bolsillo*, *arma* y *caja* carecen de tal aplicación bisexual.

Comenzando, no por lo que los símbolos representan, sino por los símbolos en sí mismos, quiero pasar revista a los dominios de los cuales los tomamos, investigación tras de la cual os expondré algunas consideraciones relativas principalmente a aquellos cuyo factor común permanece ininteligible. Un símbolo obscuro de este género es el *sombrero* y quizá todo otro cubrecabezas en general, símbolo que la mayor parte de las veces tiene significación masculina, pero algunas, en cambio, femenina. Igualmente sirve el *abrigo* para designar a un hombre, aunque con frecuencia desde un punto de vista diferente del sexual y sin que sepamos por qué. La *corbata* de nudo, que no es una prenda propia de la mujer, es manifiestamente un símbolo masculino. La *ropa blanca* y el *lienzo*, en general, son símbolos femeninos. Los *trajes* y *uniformes* se hallan destinados, como ya sabemos, a expresar la desnudez y las formas del cuerpo. La *bota* y la *zapatilla* designan simbólicamente los órganos genitales de la mujer. Ya hemos hablado de ciertos símbolos enigmáticos, pero seguramente femeninos, tales como la *mesa* y la *madera*. La *escalera*, la *rampa*, y el acto de *subir* por ellas son, desde luego, símbolos de las relaciones sexuales. Reflexionando detenidamente, hallamos en ellos, como factor común, el ritmo de la ascensión y quizá también el incremento de la excitación, esto es, la opresión que sentimos a medida que alcanzamos una mayor altura.

Ya antes mencionamos el *paisaje* como representación del aparato genital de la mujer. *Montaña* y *roca* son símbolos del miembro masculino, y *jardín*, en cambio, lo es con gran frecuencia, de los órganos genitales de la mujer El *fruto* designa no al niño, sino a los senos. Los *animales* salvajes sirven para representar, ante todo, a los hombres sexualmente excitados y después a los malos instintos y a las pasiones. Las *flores* designan los órganos genitales de la mujer y más especialmente la virginidad. Recordad, a este propósito, que las flores son efectivamente los órganos genitales de las plantas.

Ya conocemos el símbolo *habitación*, que, desarrollándose, da a las ventanas y accesos de la misma la significación de los orificios del cuerpo humano. La habitación *abierta* y la habitación *cerrada* forman parte del mismo simbolismo y la *llave* que abre es incontestablemente un símbolo masculino.

Tales son los materiales que entran en la composición del simbolismo de los sueños, aunque nuestra exposición no ha sido, ni mucho menos, completa y pudiera ampliarse tanto en extensión como en profundidad. Pero creo que mi enumeración ha de pareceros más que suficiente y hasta es posible que os haga exclamar con indignación: "Oyéndoos parece que vivimos en un mundo de símbolos sexuales. Todos los objetos que nos rodean, todos los trajes con que nos cubrimos y todas las cosas que tomamos en nuestra mano no son, a vuestro juicio, sino símbolos sexuales". Convengo en que se trata de cosas un tanto asombrosas y que nos plantean múltiples interrogantes, entre ellas la de cómo podemos conocer la significación de los símbolos de los sueños cuando el sujeto de los mismos no nos proporciona sobre ellos información ninguna o sólo harto insuficiente.

A esta interrogante contestaré que dicho conocimiento lo extraemos de diversas fuentes, tales como las fábulas, los mitos, el folklore o estudio de las costumbres, usos, proverbios y cantos de los diferentes pueblos, y, por último, del lenguaje poético y del lenguaje común. En todos estos sectores encontramos el mismo simbolismo, que comprendemos a menudo sin la menor dificultad. Examinando estas fuentes una tras otra, descubrimos en ellas un tal paralelismo con el simbolismo onírico que nuestras interpretaciones adquieren en este examen comparativo una gran certidumbre.

El cuerpo humano, hemos dicho, se halla con frecuencia representado, según Scherner, por el símbolo de la casa, el cual, al desarrollarse, se extiende a las ventanas y puertas, convirtiéndolas en representaciones de los accesos a las cavidades del cuerpo, y a las fachadas, lisas o provistas de salientes y balcones que pueden servir de asidero. Este simbolismo aparece igualmente en el lenguaje vulgar, pues solemos saludar a nuestros antiguos amigos con el apelativo de *altes Haus* (vieja casa), o para indicar que alguien se halla un poco trastornado decimos que *tiene desalquilado el piso de arriba*.

A primera vista parece extraño que los padres aparezcan representados en los sueños bajo el aspecto de una pareja real o imperial. Pero en seguida hallamos un símbolo paralelo en los cuentos infantiles. ¿No creéis que, en efecto, en muchos cuentos que comienzan por la frase "Esto era una vez un *rey* y una *reina*" nos hallamos igualmente ante una sustitución simbólica de la frase "Esto era una vez un *padre* y una *madre*"? En la vida familiar se califica cariñosamente a los niños, de príncipes, y al primogénito se le da el título de príncipe heredero. En cambio, a los niños pequeños los calificamos, en broma, de *gusanillos*. Por último, el rey mismo se hace llamar "padre de la nación".

Pero volvamos al símbolo *casa* y a sus derivados. Cuando en un sueño utilizamos los salientes de las casas como asidero, tenemos que ver en esto una reminiscencia de la conocidísima reflexión que la gente del pueblo formula al encontrar una mujer de senos muy desarrollados: "Esa tiene donde *agarrarse*". En la misma ocasión, la gente del pueblo suele decir también: "Es esa una mujer que tiene mucha madera delante de su casa", como si quisiera confirmar nuestra interpretación que ve en la *madera* un símbolo femenino y materno.

Sólo invocando en nuestra ayuda a la Filología comparada podremos hallar la razón que ha convertido el concepto *madera* en símbolo femenino y materno. Nuestra palabra alemana *Holz* (madera) tendría la misma raíz que la palabra griega *υλη* que significa materia o materia bruta. Pero sucede con frecuencia que una palabra genérica acabe por designar un objeto particular. Así, existe en el Atlántico una isla llamada *Madeira*, nombre debido a los extensos bosques que la poblaban al ser descubierta por los navegantes portugueses. Ahora bien, *madeira*, significa, en portugués, *madera*, palabra derivada de la latina *materia*, que significa *materia en general* y es, a su vez, un derivado de *mater* (madre). La materia de que una cosa está hecha es la parte que de sí misma debe a la aportación materna, antigua concepción que se perpetúa en el uso simbólico de *madera* por *mujer* y *madre*.

El nacimiento se halla regularmente expresado, en el sueño, por la intervención del agua: nos sumergimos en el agua o salimos de ella, lo cual quiere decir que parimos o somos paridos. Mas habéis de observar que este símbolo posee un doble enlace con la realidad biológica: en primer lugar —y esto es la relación más lejana y primitiva— todos los mamíferos terrestres, incluso los ascendientes del hombre, descienden de animales acuáticos, pero, además, todo mamífero y todo ser humano pasa la primera fase de su existencia en el agua, pues su vida embrionaria transcurre en el líquido placentario del seno materno. De este modo, el nacimiento equivale a salir del agua. No afirmo que el durmiente sepa todo esto, pero sí que no tiene necesidad ninguna de saberlo. Incluso una infantil explicación del nacimiento, que a todos nos ha sido dada cuando niños y en la que interviene también el agua, no influye, a mi juicio, para nada en la formación del símbolo que nos ocupa. Es esta explicación la de que los niños son traídos por una cigüeña que los encuentra en los estanques, los ríos o los pozos. Uno de mis pacientes me contó que siendo niño oyó relatar esta historia y desapareció de su casa durante toda una tarde hasta que sus padres acabaron por encontrarle al borde de un estanque, inclinado sobre el agua e intentando ver en el fondo a los niños que de allí sacaba la cigüeña.

En los mitos relativos al nacimiento del héroe, que O. Rank ha sometido a un análisis comparado (el más antiguo es el referente al nacimiento del rey Sargón de Agade en el año 2800 antes de Jesucristo), la inmersión en el agua y el salvamento desempeñan un papel predominante, y Rank ha establecido que estas representaciones míticas del nacimiento son semejantes a las que el fenómeno onírico emplea generalmente. Cuando en nuestros sueños salvamos a una persona de las aguas, hacemos de ella nuestra madre o, simplemente, una madre. Análogamente, en la persona que salva a un niño de igual peligro, nos presenta el mito a la madre del salvado. Existe una anécdota bien conocida en la que un pequeño judío inteligente, preguntado sobre quién fue la madre de Moisés, contestó sin vacilar que la princesa, y al objetarle que esta no había hecho más que salvarle de las aguas, respondió: "Eso es lo que ella dice", mostrando así que había encontrado la significación exacta del mito.

La partida simboliza, en el sueño, la muerte. Del mismo modo, cuando un niño pide noticias de una persona que no ha visto hace mucho tiempo, se le contesta habitualmente, si se trata de una persona fallecida, que la misma ha emprendido un viaje. Pero también en este caso he de afirmar que el símbolo onírico no tiene nada que ver con esta explicación infantil. El poeta se sirve de la misma relación simbólica cuando habla del más allá como de un país inexplorado del que ningún *viajero* retorna, y hasta en nuestras conversaciones cotidianas hablamos a veces del último viaje. Todos los conocedores de los antiguos ritos saben que la representación de un viaje al país de la muerte formaba parte de la religión del antiguo Egipto y aun han llegado hasta nosotros numerosos ejemplares del "libro de los muertos" que, como un Baedecker, acompañaba a la momia en este viaje. Desde que los lugares de sepultura han sido separados de las habitaciones de los vivos, este último viaje del muerto ha llegado a ser una realidad.

Tampoco el simbolismo genital es exclusivo del sueño. A todos nosotros nos ha sucedido alguna vez en la vida llevar nuestra falta de cortesía hasta el extremo de calificar a una mujer de *vieja caja* (*alte Schachtel*), sin saber quizá que diciendo esto nos servíamos de un símbolo genital. En el Nuevo Testamento se dice que la mujer es un *vaso* débil y los libros sagrados de los judíos se hallan, en su poético estilo, llenos de expresiones tomadas del simbolismo sexual que no han sido siempre exactamente comprendidas y cuya interpretación —por ejemplo, la del *Cantar de los Cantares*— ha dado motivo a numerosos errores. En la literatura hebrea posterior se encuentra muy frecuentemente el símbolo que representa a la mujer como una casa cuya puerta corresponde al orificio genital. Así, en los casos de pérdida de la virginidad, se lamenta el marido de haber hallado la *puerta* abierta. La representación de la mujer por el símbolo *mesa* es también frecuente en esta literatura. La mujer dice de su marido: "Le preparé la mesa, pero *él la volcó*". Los niños deformes nacen por haber *volcado la mesa* su padre. Estas informaciones que aquí expongo las he tomado de una monografía de L. Levy, de Brünn, sobre el simbolismo sexual en la *Biblia* y en el *Talmud*.

Los etimologistas han hecho verosímil la hipótesis de que el *barco* constituye una representación simbólica de la mujer. La palabra *Schiff* (barco), que servía primitivamente para designar un vaso de arcilla, no sería, en realidad, sino una modificación de la palabra *Schaff* (escudilla). La leyenda griega de Periandro de Corinto y su mujer, Melisa, nos confirma que el *horno* es un símbolo de la mujer y del útero. Según nos cuenta Heródoto, el tirano Periandro asesinó a su mujer, a la que amaba ardientemente, en un arrebato de celos. Habiendo luego conjurado su sombra, se le apareció una vaga forma femenina, y para convencerle de que era el espíritu de su muerta esposa le recordó que *había metido su pan en un horno frío*, velada expresión alusiva en un acto de Periandro que ninguna otra persona podía conocer. En la *Anthropophyteia* publicada por F. S. Krauss, que constituye un inagotable manantial de informaciones sobre todo lo referente a la vida sexual de los pueblos, leemos que en determinadas regiones de Alemania se dice, de las mujeres que acaban de parir, que *se les ha derrumbado el horno*. La preparación del fuego, con todo lo que a la misma se enlaza, se halla profundamente penetrada del simbolismo sexual. La llama simboliza siempre el órgano genital del hombre, y el fogón, el regazo femenino.

Si halláis sorprendente que los paisajes sirvan con tanta frecuencia, en los sueños, para representar simbólicamente el aparato genital de la mujer, acudid a los mitologistas y veréis cuán importantísimo papel ha desempeñado siempre la *madre tierra* en las representaciones y los cultos de los pueblos antiguos y hasta qué punto la concepción de la agricultura ha sido determinada por ese simbolismo. Las razones que en los sueños hacen del concepto *habitación* la representación simbólica de la mujer pueden derivarse fácilmente del lenguaje vulgar, pues en alemán decimos muchas veces *Frauenzimmer* (habitación de la mujer) en sustitución de *Frau* (mujer), reemplazando de este modo a la persona humana por el lugar que le está destinado. Del mismo modo hablamos de la *Sublime Puerta* designando con esta expresión al Sultán de Turquía o a su gobierno. También la palabra *Faraón*, que servía para designar a los soberanos del antiguo Egipto, significaba *patio grande*. (En el antiguo Oriente, los patios dispuestos entre las dobles puertas de la ciudad eran lugares de reunión, análogamente a las plazas de mercado en el mundo clásico). Creo, sin embargo, que esta filiación es un tanto superficial, y a mi juicio, si *habitación* ha llegado a constituir un símbolo femenino es por el hecho de que la mujer misma constituye el espacio en que el ser humano habita durante su vida intrauterina. El símbolo *casa* nos es ya conocido desde este punto de vista, y la mitología y el estilo poético nos autorizan a admitir como otras representaciones simbólicas de la mujer las de *castillo*, *fortaleza* y *ciudad*. Así pues, para admitir esta filiación del símbolo que nos ocupa, sólo nos faltará comprobar si personas de idioma distinto del alemán utilizan en sus sueños el concepto habitación como símbolo femenino, y creo recordar que en un gran número de pacientes extranjeros tratados por mí en estos últimos años, sucedía así, en efecto, a pesar de que en sus idiomas respectivos la palabra "mujer" carecía de relación alguna con la de "habitación", no existiendo tampoco locución alguna que aproximara ambos conceptos, como en alemán sucede (*Frauenzimmer* por *Frau*). Todavía existen otros indicios de que la relación simbólica puede rebasar los límites lingüísticos, hecho que ha sido ya reconocido por el onirocrítico Schubert (1862). Debo decir, sin embargo, que ninguno de mis pacientes ignoraba totalmente la lengua alemana, de manera que habremos de aplazar toda conclusión definitiva sobre este punto concreto hasta que psicoanalistas extranjeros puedan darnos datos de observaciones efectuadas en sujetos ignorantes del alemán.

De las representaciones simbólicas del órgano sexual masculino no hay una sola que no se encuentre expresada en el lenguaje corriente o en el poético, e incluso a veces en las obras de los poetas de la antigüedad clásica. Entre estas representaciones figuran no solamente los símbolos que se manifiestan en los sueños, sino también otros, como, por ejemplo, diversas herramientas y, principalmente, el arado. Además, la representación simbólica del órgano sexual masculino se relaciona con un dominio muy extenso y discutido del cual, por razones de economía, queremos mantenernos alejados. Únicamente haremos algunas observaciones a propósito de uno solo de estos símbolos extraordinarios: el constituido por el número 3. Dejando a un lado la cuestión de si es a tal relación simbólica a lo que este número debe su carácter sagrado, lo cierto es que, si ciertos objetos compuestos de tres partes —por ejemplo, los tréboles de tres hojas— han pasado a la categoría de figuras heráldicas y de emblemas, ello ha sido únicamente a causa de su significación simbólica. Así, la flor de lis francesa, de tres ramas, y el *triquedro* (tres piernas semidobladas partiendo de un centro común), singular blasón de dos islas tan alejadas una de otra como Sicilia y la de Man, no son, a mi juicio, sino reproducciones simbólicas y estilizadas del aparato genital del hombre. Las reproducciones del órgano sexual masculino eran consideradas en la antigüedad como poderosos medios preservadores (Apotropaico) de los maleficios, y quizá constituye una supervivencia de esta superstición el hecho de que incluso en nuestros días todos los amuletos usuales no son otra cosa que símbolos genitales o sexuales. Examinad una colección de estos amuletos que suelen llevarse como pequeños dijes o colgantes y encontraréis, entre ellos, un trébol de cuatro hojas, un cerdo, una seta, una herradura, una escalera y un deshollinador. El trébol de cuatro hojas reemplaza al más propiamente simbólico de tres. El cerdo es un antiguo símbolo de la fecundidad. La seta lo es incontestablemente del pene, e incluso existen algunas que, como el *Phallus impudicus*, deben su nombre a su gran semejanza con el órgano sexual del hombre. La herradura reproduce los contornos del orificio genital de la mujer, y el deshollinador que lleva la escalera debe el haber entrado a formar parte de la colección al hecho de ejercer una de aquellas profesiones que comportan actos a los que el vulgo suele comparar las relaciones sexuales (véase la *Anthropophyteia*). Por último, la escalera nos es ya conocida como elemento del simbolismo sexual de los sueños, circunstancia apoyada también por el lenguaje vulgar, pues (en alemán) solemos emplear el verbo subir en un sentido sexual, hablando de "subir detrás de las mujeres" (*Den Frauen naschteigen*), calificando de "viejo subidor" (*alter Steiger*) a los viejos vividores. En francés, idioma en el que la palabra alemana *Stufe* (escalón) se traduce por la palabra *marche*, se llama a un viejo juerguista *vieux marcheur*. El hecho de que muchos animales verifiquen el coito *subiendo* o montándose sobre la hembra no es sin duda extraño a esta aproximación.

El arrancamiento de una rama como representación simbólica del onanismo no corresponde solamente a las locuciones vulgares con que (en alemán) se designa el acto de la masturbación, sino que posee también numerosas analogías mitológicas. Mas lo que resulta especialmente singular es la representación del onanismo, o más bien, de la castración considerada como un castigo de este pecado por la caída o la extracción de una muela, pues en la antropología hallamos un paralelo a esta representación, paralelo que pocos de los que han tenido un tal sueño deben de conocer. No creo equivocarme viendo en la circuncisión practicada en tantos pueblos un equivalente o un sucedáneo de la castración. Sabemos, además, que ciertas tribus primitivas del continente africano practican la circuncisión a título de rito de la pubertad (para celebrar la entrada del joven en la edad viril), mientras que otras tribus cercanas a estas reemplazan la circuncisión por la extracción de un diente.

Con estos ejemplos daré por terminada mi exposición, pero he de advertiros que me he limitado a presentaros algunas muestras del simbolismo onírico, pues nuestro conocimiento del mismo es bastante más amplio, y si nosotros, que no podemos considerarnos sino como meros aficionados en las cuestiones relativas a la mitología, la Lingüística, la Antropología y el folklore, hemos logrado, sin embargo, reunir una tan interesante colección de símbolos, podéis figuraros lo que sería la que formaran los especialistas en estas materias. Pero, de todos modos, lo expuesto en esta lección basta para permitirnos deducir determinadas conclusiones que, sin agotar el tema, nos dan hartos motivos de reflexión.

Observamos, en primer lugar, que el sujeto del sueño dispone de una forma de expresión simbólica de la que no sólo no tiene el menor conocimiento en la vida despierta, sino que tampoco le es posible reconocerla cuando le es comunicada por otra persona, hecho que nos produce igual asombro que si un día nos enterásemos que nuestra criada, de la que sabemos que ha nacido en una aldea de Bohemia y no ha hecho jamás ninguna clase de estudios, comprendía el sánscrito. Nuestras concepciones psicológicas no pueden proporcionarnos aquí luz ninguna. Lo único que podremos decir es que el conocimiento que del simbolismo posee el sujeto es inconsciente, esto es, forma parte de su vida psíquica inconsciente. Pero esta explicación no nos saca de dudas. Hasta ahora no nos habíamos visto obligados a admitir más que tendencias inconscientes, o sea, tendencias que ignoramos durante un lapso de tiempo más o menos largo. Pero esta vez se trata de algo más, se trata de conocimientos inconscientes, de relaciones inconscientes entre ciertas ideas y de comparaciones inconscientes entre diversos objetos, a consecuencia de los cuales uno de dichos objetos pasa a instalarse de un modo permanente en el lugar correspondiente al otro. Resulta, además, que estas comparaciones no son, para cada caso, diferentes, sino que se hallan establecidas de un modo fijo y dispuestas para ser utilizadas. Prueba de ello es que son siempre idénticas en las personas más distintas y subsisten quizá a pesar de las diferencias de lenguaje.

¿De dónde puede, pues, provenir nuestro conocimiento de tales relaciones simbólicas? El lenguaje corriente no nos proporciona sino una muy pequeña parte y las numerosas analogías que podemos hallar en otros campos son casi siempre ignoradas por el sujeto del sueño, habiendo sido necesaria una paciente labor para reunir las que hasta aquí hemos expuesto.

En segundo lugar, estas relaciones simbólicas no son algo privativo del sujeto del sueño ni tampoco constituyen una característica de la elaboración onírica en la que hallan su expresión, pues sabemos que los mitos y las fábulas, el pueblo en sus proverbios y sus cantos, el lenguaje corriente y la fantasía poética utilizan igual simbolismo. De este modo, no constituyendo los símbolos oníricos sino una pequeña provincia del extenso reino del simbolismo, no ha de ser lo más indicado atacar el problema general partiendo de la investigación de los sueños. Muchos de los símbolos empleados en otros sectores no se manifiestan en los sueños o sólo muy raras veces. Por otro lado, los símbolos oníricos pertenecen muchas veces exclusivamente al sueño y otras no se los encuentra sino muy rara vez en sectores distintos. Estas circunstancias hacen que experimentemos la impresión de hallarnos ante una primitiva forma de expresión —desaparecida— de la que sólo quedan algunos restos diseminados en diferentes sectores y conservados en formas ligeramente modificadas. Recuerdo, en este punto, la fantasía de un interesante alienado que llegó a imaginar la existencia de un "idioma fundamental" del cual todas estas relaciones simbólicas eran, a su juicio, supervivencias.

En tercer lugar, ha de pareceros sorprendente que el simbolismo no sea, en todos los demás sectores, necesaria y únicamente sexual, mientras que, en los sueños, sirven los símbolos casi exclusivamente para la expresión de objetos y relaciones sexuales. Tampoco esto resulta fácil de explicar. ¿Será quizá que símbolos primitivamente sexuales recibieron después una aplicación distinta que poco a poco fue despojándolos de su carácter simbólico hasta dejarlos adscritos a otro género de representación? Mas es evidente que mientras permanezcan limitados a la investigación del simbolismo onírico nos ha de ser imposible conseguir la solución de estos problemas. Nos contentaremos, por lo tanto, con mantener la hipótesis de que entre todos los símbolos propiamente dichos y lo sexual existe una íntima relación.

Sobre este punto concreto hemos de citar aquí una reciente e importantísima aportación. Un filólogo, H. Sperber (de Upsala), ajeno a nuestra labor psicoanalítica, ha formulado la teoría de que las necesidades sexuales han intervenido esencialmente en la génesis y la evolución de la expresión oral. Los primeros sonidos articulados sirvieron para comunicar las ideas y llamar al objeto sexual. El desarrollo ulterior de las raíces de la lengua acompañó la organización del trabajo en la humanidad primitiva. Los trabajos eran efectuados en común y con el acompañamiento de expresiones orales rítmicamente repetidas, resultando así un desplazamiento del interés sexual sobre el trabajo. Diríase que el hombre primitivo no se resignó al trabajo sino haciéndolo equivalente y sustitutivo de la actividad sexual. De este modo, la palabra lanzada durante el trabajo en común tenía dos sentidos, uno que expresaba el acto sexual y otro el trabajo activo que era asimilado a dicho acto. Poco a poco, la palabra se desligó de su significación sexual para enlazarse definitivamente al trabajo. Análogamente sucedió en generaciones ulteriores, las cuales, después de inventar nuevas palabras de significación sexual, las aplicaron a nuevos géneros de trabajo. En esta forma, se habrían constituido numerosas raíces que todas tuvieron un origen sexual, pero perdieron luego su significación primitiva. Si la teoría cuyo esquema acabamos de trazar es exacta, nos ofrecerá una posibilidad de llegar a la inteligencia del simbolismo de los sueños. Nos explicaremos, sobre todo, por qué el sueño, que conserva algo de estas primitivas condiciones, presenta tantos símbolos referentes a la vida sexual y por qué de un modo general las armas y herramientas son símbolos masculinos, mientras que las telas y los objetos elaborados lo son femeninos. La relación simbólica sería, pues, una supervivencia de la antigua identidad de las palabras. Objetos que antiguamente tuvieron el mismo nombre que aquellos otros referentes al sector y a la vida genitales, aparecerían ahora en los sueños a título de símbolos de dicha esfera y dicha vida.

Todas estas analogías evocadas a propósito del simbolismo de los sueños os permitirán formaros una idea de aquellas especialísimas características del psicoanálisis que lo convierten en una disciplina de interés general, cosa que no sucede con la Psicología ni con la Psiquiatría. La labor psicoanalítica nos pone en relación con una gran cantidad de otras ciencias morales, tales como la mitología, la Lingüística, el folklore, la psicología de los pueblos y la ciencia de las religiones, ciencias todas cuyas investigaciones pueden proporcionarnos los más preciosos datos. Así, pues, no extrañaréis que el movimiento psicoanalítico haya creado un órgano consagrado exclusivamente al estudio de estas relaciones: la revista *Imago*, fundada en 1912 y dirigida por Hans Sachs y Otto Rank. En todas estas relaciones con las demás ciencias, el psicoanálisis da más que lo que recibe. Los resultados, a veces harto extraños, anunciados por el psicoanálisis, se hacen más aceptables al ser confirmados por las investigaciones efectuadas en otros sectores, pero nuestra disciplina es la que proporciona los métodos técnicos y establece los puntos de vista cuya aplicación a las otras ciencias produce tan fructíferos resultados. La investigación psicoanalítica descubre en la vida psíquica del individuo humano hechos que nos permiten resolver más de un enigma de la vida colectiva de los hombres o, por lo menos, fijar su verdadera naturaleza.

No os he dicho aún en qué circunstancias podemos obtener la visión más profunda de este presunto "idioma fundamental" ni cuál es el dominio que de él ha conservado los restos más numerosos. Hasta tanto lleguéis a conocer esta circunstancia os será imposible daros cuenta de toda la importancia de nuestro estudio. Ahora bien, este dominio es el de las neurosis, y sus materiales se hallan constituidos por los síntomas y otras manifestaciones de los sujetos nerviosos, síntomas y manifestaciones cuya explicación y tratamiento constituye precisamente el objeto del psicoanálisis.

Mi cuarto punto de vista nos hace retornar, por tanto, a nuestro punto de partida y nos orienta en la dirección que nos ha sido trazada. Hemos dicho que aun cuando no existiera la censura de los sueños no nos resultarían estos más inteligibles, pues tendríamos entonces que resolver el problema consistente en traducir el lenguaje simbólico del sueño a aquel otro que corresponde a nuestro pensamiento despierto. El simbolismo es, pues, otro factor de deformación de los sueños, independiente de la censura, pero podemos suponer que esta última encuentra muy cómodo servirse de él, puesto que concurre al mismo fin que ella persigue, o sea, el de convertir el sueño en algo extraño e incomprensible.

El estudio ulterior del sueño puede llevarnos a descubrir todavía otro factor de la deformación, pero no quiero abandonar aquí la cuestión del simbolismo sin recordaros una vez más la actitud enigmática que las personas cultas han creído deber adoptar ante ella, actitud de absoluta resistencia, a pesar de que la realidad del simbolismo se ha demostrado con absoluta certidumbre en el mito, la religión, el arte y el idioma, factores todos que se hallan plenos de símbolos. ¿Deberemos acaso ver nuevamente la razón de esta actitud en las relaciones que hemos establecido entre el simbolismo de los sueños y la sexualidad?

XI
La elaboración del sueño

Si habéis conseguido formaros una idea de la censura onírica y de la representación simbólica, estaréis en situación de comprender la mayor parte de los sueños, aunque, desde luego, sin conocer todavía a fondo el mecanismo de la deformación de los mismos. Para llegar a esta inteligencia del fenómeno onírico podéis ya serviros de dos técnicas que se completan mutuamente, pues provocaréis la aparición de recuerdos y ocurrencias en el sujeto hasta que podáis llegar desde la sustitución al substrato mismo del sueño y reemplazaréis los símbolos conforme a vuestro conocimiento personal de este género de representación, por el significado que les corresponda. En el curso de esta labor tropezaréis con determinadas dificultades que os harán vacilar, pero de ellas ya trataremos más adelante.

Podemos ahora retornar a una labor que ya antes intentamos llevar a cabo y tuvimos que abandonar por no disponer de los medios precisos: la de investigar las relaciones exteriores entre los elementos del sueño y sus substratos. En dicha primera tentativa logramos, sin embargo, establecer que tales relaciones se presentaban en número de cuatro: relación de una parte al todo, aproximación o alusión, relación simbólica y representación verbal plástica. Una vez en posesión de los medios necesarios reanudaremos esta investigación, en más amplia escala, comparando el contenido manifiesto del sueño en conjunto con el sueño latente tal y como la interpretación nos lo revela.

Espero que no confundiréis ya nunca el sueño manifiesto y el sueño latente. Observando siempre esta distinción habréis avanzado, en la inteligencia de los sueños, más que la mayor parte de los lectores de mi obra sobre los mismos. Permitidme, por último, recordaros que damos el nombre de *elaboración del sueño* (*Traumarbeit*) a la labor que transforma el sueño latente en sueño manifiesto y labor de *interpretación* a aquella otra que persigue el fin contrario, o sea, el de llegar desde el contenido manifiesto a las ideas latentes, destejiendo la trama urdida por la elaboración. Los sueños de tipo infantil, en los cuales hemos reconocido sin esfuerzo realizaciones de deseos, no por ello han dejado de sufrir una cierta elaboración consistente en la transformación del deseo en realidad, y casi siempre, la de las ideas en imágenes visuales. En estos casos no es necesaria una interpretación, pues basta simplemente con llevar a cabo la transformación inversa. En otros sueños, se añaden a estos efectos de la elaboración otros nuevos que constituyen lo que denominamos "deformación onírica", la cual es, a su vez, descifrable por medio de nuestra técnica de interpretación.

Habiendo tenido ocasión de comparar un gran número de interpretaciones oníricas, me hallo en situación de exponeros en forma sintética lo que la elaboración realiza con los materiales de las ideas latentes del sueño. Sin embargo, os ruego que no os precipitéis a deducir conclusiones de lo que voy a deciros, pues ello no es sino una descripción que demanda ser escuchada con una atención reflexiva.

El primer efecto de la elaboración onírica es la *condensación*, efecto que se nos muestra en el hecho de que el contenido manifiesto del sueño es más breve que el latente, constituyendo, por lo tanto, una especie de traducción abreviada del mismo. Esta condensación, que sólo falta en algunos (muy pocos) sueños, alcanza a veces una considerable intensidad. En cambio, no hallaremos nunca el caso contrario, esto es, el de que el sueño manifiesto sea más extenso que el latente y posea un más rico contenido. La condensación se realiza por uno de los tres procedimientos siguientes: 1) Determinados elementos latentes quedan simplemente eliminados; 2) El sueño manifiesto no recibe sino fragmentos de ciertos complejos del latente; 3) Elementos latentes que poseen rasgos comunes aparecen fundidos en el sueño manifiesto.

Si os parece mejor, podemos reservar el término condensación exclusivamente para este último procedimiento. Sus efectos son muy fáciles de demostrar. Rememorando vuestros propios sueños encontraréis en seguida casos de condensación de varias personas en una sola. Una persona compuesta de este género tiene el aspecto de A., se halla vestida como B., hace algo que nos recuerda a C., y con todo esto sabemos que se trata de D. En esta formación mixta se halla naturalmente acentuando un carácter o tributo común a las cuatro personas. De igual manera podemos formar un compuesto de varios objetos o lugares, siempre que los mismos posean uno o varios rasgos comunes que el sueño latente acentuará de un modo particular. Fórmase aquí algo como una noción nueva y efímera que tiene como nódulo al elemento común. De la superposición de las unidades fundidas en un todo compuesto resulta, en general, una imagen de vagos contornos análoga a la que obtenemos impresionando varias fotografías sobre la misma placa.

La elaboración onírica debe hallarse muy interesada en la producción de estas formaciones compuestas, pues es fácil observar que los imprescindibles rasgos comunes son creados expresamente allí donde en realidad no existen, efectuándose esta creación muchas veces por medio de la elección de una determinada forma verbal para la expresión de una idea. Conocemos ya condensaciones y formaciones compuestas de este género, pues al tratar de la equivocación oral examinamos algunos casos en los que desempeñaban un importante papel. Recordad, por ejemplo, aquel joven que quiso *begleitdigen* (palabra compuesta de *begleiten-acompañar* y *beleidigen-ofender*) a una señorita. Existen, además, chistes cuya técnica se reduce a una condensación de este género. Pero haciendo abstracción de estos casos, podemos afirmar que el proceso que nos ocupa se nos muestra como algo en extremo singular. La formación de personas compuestas en los sueños halla ciertamente un paralelo en determinadas creaciones de nuestra fantasía, la cual funde a menudo en una unidad elementos heterogéneos; así, los centauros y los animales legendarios de la mitología antigua y de los cuadros de Böcklin; pero la fantasía "creadora" es incapaz de inventar nada y se contenta con reunir elementos de diversa naturaleza. Por otro lado, el proceso de la elaboración presenta la particularidad de que los materiales de que dispone son ideas, algunas de las cuales pueden ser repulsivas e inaceptables, pero que se hallan todas correctamente formadas y expresadas. La elaboración onírica da a estas ideas otra forma y resulta singular e inexplicable que en esta especie de traducción o transcripción a una distinta lengua o escritura se sirva de la fusión y de la combinación. Una traducción procura, generalmente, respetar las particularidades del texto y no confundir las semejanzas. Por el contrario, la elaboración se esfuerza en condensar dos ideas diferentes buscando, como en un retruécano, una palabra de varios sentidos en la cual puedan encontrarse unidas las dos ideas. No os aconsejo que intentéis deducir por ahora una conclusión de esta particularidad. Contentáos interinamente con saber que existe y puede llegar a alcanzar una gran importancia para la concepción de la elaboración onírica.

Aunque la condensación contribuye a la obscuridad del sueño, no nos parece que sea un efecto de la censura y más bien la referiríamos a causas mecánicas y económicas. Pero, no obstante, es utilizada por la censura para sus fines particulares.

La condensación puede producir extraordinarios efectos, tales como el de reunir en un sueño manifiesto dos series de ideas latentes por completo heterogéneas, resultando así que podemos obtener una interpretación aparentemente justa de un sueño, sin advertir la posibilidad de lo que pudiéramos llamar una interpretación en segundo grado.

Uno de los efectos de este proceso es también el de complicar las relaciones entre los elementos del sueño latente y los del manifiesto, haciendo que un solo elemento manifiesto pueda corresponder simultáneamente a varios elementos latentes y que un elemento latente pueda participar en varios manifiestos, formando así una sólida trabazón. Al interpretar los sueños advertimos, además, que las ideas que surgen a propósito en un elemento manifiesto no aparecen en ordenada sucesión.

Vemos, pues, que la transcripción que de las ideas latentes realiza la elaboración onírica es de un género poco común. No es ni una traducción literal, ni una selección conforme a determinadas reglas, como cuando sólo reproducimos las consonantes de una palabra omitiendo las vocales, y tampoco podemos decir que se trate de una representación de varios elementos por uno escogido entre ellos. Nos hallamos ante algo muy diferente y mucho más complicado.

Un segundo efecto de la elaboración onírica consiste en el *desplazamiento*, el cual, afortunadamente, nos es ya algo conocido, pues sabemos que es por completo obra de la censura de los sueños. El desplazamiento se manifiesta de dos maneras: haciendo que un elemento latente quede reemplazado no por uno de sus propios elementos constitutivos, sino por algo más lejano a él, esto es, por una alusión, o motivando que el acento psíquico quede transferido de un elemento importante a otro que lo es menos, de manera que el sueño recibe un diferente centro y adquiere un aspecto que nos desorienta.

La sustitución por una alusión existe igualmente en nuestro pensamiento despierto, aunque con algunas diferencias. En el pensamiento despierto, la alusión ha de ser fácilmente inteligible y debe haber entre ella y la idea sustituida una relación de contenido. También el chiste se sirve con frecuencia de la alusión sin atenerse ya a la condición asociativa entre los contenidos y reemplazando esta asociación por una asociación externa inhabitual fundada en la similicadencia, en la multiplicidad de sentidos de algunas palabras, etc., pero observa, sin embargo, rigurosamente, la condición de inteligibilidad, pues no causaría efecto "chistoso" ninguno si no pudiésemos llegar sin dificultad desde la alusión al objeto de la misma. En cambio, la alusión del desplazamiento onírico se sustrae a estas dos limitaciones. No presenta sino relaciones por completo exteriores y muy lejanas con el elemento al que reemplaza y resulta de este modo inteligible, mostrándosenos, en su interpretación, como un chiste fracasado y traído por los cabellos. La censura de los sueños no alcanza su fin más que cuando consigue hacer inaccesible el camino que conduce de la alusión a su substrato.

El desplazamiento del acento psíquico es un proceso nada habitual en la expresión de nuestros pensamientos y del que sólo nos servimos alguna vez cuando queremos producir un efecto cómico. Para daros idea de la desorientación que ocasiona, os recordaré una conocida anécdota: Había en un pueblo un herrero que se hizo reo de un sangriento crimen. El tribunal decidió que dicho crimen debía ser castigado, pero como el herrero era el único del pueblo y, en cambio, había tres sastres, se ahorcó a uno de estos en sustitución del criminal.

El tercer efecto de la elaboración onírica es, desde el punto de vista psicológico, el más interesante. Consiste en la transformación de las ideas en imágenes visuales. Esto no quiere decir que todos los elementos del contenido latente sufran esta transformación, pues muchas de las ideas que integran dicho contenido conservan su forma y aparecen como tales ideas o como conocimientos en el sueño manifiesto. Por otro lado, no es la de imágenes visuales la única forma que las ideas pueden revestir. Mas, de todos modos, resulta que dichas imágenes constituyen lo esencial de la formación de los sueños. Esta parte de la elaboración es la más constante y para elementos aislados del sueño conocemos ya la "representación verbal plástica".

Es evidente que este efecto no resulta fácil de obtener. Para haceros una idea de las dificultades que presenta, imaginaros que habéis emprendido la tarea de reemplazar el artículo de fondo de un diario político por una serie de ilustraciones, esto es, de sustituir los caracteres de imprenta por signos figurados. Os será fácil y hasta cómodo reemplazar por imágenes las personas y los objetos concretos de que dicho artículo trate, pero tropezaréis con grandes dificultades en cuanto abordéis la representación completa de palabras abstractas o de aquellas partes del discurso que expresan la relación entre las ideas, tales como las partículas, conjunciones, etc. Para las palabras abstractas podéis serviros de toda clase de artificios. Intentaréis, por ejemplo, transcribir el texto del artículo en una distinta forma verbal, quizá poco corriente, pero que contenga más elementos concretos y susceptibles de representación. Recordaréis entonces que la mayor parte de las palabras abstractas son palabras que fueron anteriormente concretas e intentaréis remontaros siempre que podáis a dicho sentido concreto primitivo. De este modo, os encantará, por ejemplo, poder representar la posesión (*besitzen*) de un objeto por su significación concreta que es la de hallarse sentado sobre él (*daraufsitzen*). No de otro modo procede la elaboración onírica y comprenderéis que en estas condiciones no ha de ser muy justo exigir a sus resultados una gran precisión. Así, pues, habréis de permitir sin protesta que dicha elaboración reemplace un objeto tan difícil de expresar por medio de imágenes concretas como el adulterio (*Ehebruch*-ruptura de matrimonio) por una fractura de una pierna (*Beinbruch*)[6]. Conociendo estos detalles podréis

[6] En los días que me hallaba corrigiendo las pruebas de este capítulo leí por casualidad un suceso que transcribiré aquí por aportar una confirmación inesperada a las consideraciones que preceden:

corregir hasta cierto punto las torpezas de la escritura figurada cuando la misma haya de reemplazar a la escritura verbal.

Pero cuando se trata de partes del discurso que expresan relaciones entre las ideas, tales como "porque" o "a causa de", etc., carecemos de estos medios auxiliares y nos será, por lo tanto, imposible transformar en imágenes estos elementos del texto. Del mismo modo, queda reducido por la elaboración onírica el contenido de las ideas de los sueños a su primera materia, constituida por objetos y actividades. Habremos pues de contentarnos con hallar la posibilidad de traducir por medio

---

El castigo de Dios. —Fractura de un brazo (*Armbruch*) como expiación de un adulterio (*Ehebruch*). — Ana M., mujer de un reservista, denunció por adulterio a Clementina K. En su denuncia declara que Clementina tuvo con M. relaciones culpables mientras su propio marido se hallaba en campaña. A pesar de que su marido le enviaba setenta coronas al mes, Clementina recibía también dinero del marido de la denunciante, el cual tenía, en cambio, a su legítima mujer y a su hijo en la mayor miseria. Varios compañeros de M. revelaron a la denunciante que su marido frecuentaba con Clementina las tabernas, en las cuales permanecía hasta hora muy avanzada de la noche. Una vez, propuso Clementina, ante varios soldados, al marido de la denunciante que abandonase a "su vieja" para irse a vivir con ella. La patrona de la casa en que vivía Clementina ha visto también muchas veces a M. con las ropas en desorden en el cuarto de su querida. Esta declaró ayer, ante el juez de Leopolstadt, no conocer siquiera a M. y, por lo tanto, no haber tenido jamás relaciones íntimas con él. En cambio, la testigo Albertina M. declaró que había sorprendido más de una vez a Clementina besando al marido de la denunciante.

M., que ya había prestado declaración en una sesión anterior, negó también toda relación con Clementina, pero ayer escribió al juez una carta en la cual retira su testimonio anterior y confiesa haber sido amante de Clementina hasta el mes de junio último. Si antes lo negó fue porque su querida le había suplicado de rodillas que no la comprometiese en su declaración. "Pero hoy —escribe el testigo— me siento obligado a decir al tribunal toda la verdad, pues habiéndome *fracturado el brazo* izquierdo considero este accidente como *un castigo que Dios me inflige* por mi pecado".

Habiendo comprobado el juez que la acción punible se remonta a una fecha anterior en más de un año, la denunciante ha retirado su querella habiéndose sobreseído la causa.

de una mayor sutileza de las imágenes las relaciones que no son susceptibles de una representación concreta, procedimiento análogo al que utiliza la elaboración, la cual consigue expresar determinadas partes del contenido de las ideas latentes por medio de cualidades formales del sueño manifiesto, tales como su mayor o menor obscuridad, su división en varios fragmentos, etcétera. El número de sueños parciales en los que se descompone un sueño corresponde, en general, al número de temas principales o series de ideas del contenido latente. Un breve sueño preliminar desempeña, con relación al sueño principal subsiguiente, el papel de una introducción o una motivación, y una idea latente secundaria que viene a añadirse a las principales queda reemplazada en el sueño manifiesto por un cambio de escena intercalado en el conjunto general. Vemos, pues, que la forma particular de cada sueño posee especial importancia y exige ya por sí sola una interpretación. Aquellos sueños que se producen en una misma noche presentan con frecuencia idéntico significado y testimonian de un esfuerzo encaminado a dominar, en sus grados sucesivos, una excitación de creciente intensidad. Por último, también en un solo sueño puede ser representado un elemento de difícil transcripción por símbolos múltiples.

Prosiguiendo esta comparación de las ideas latentes con los sueños manifiestos que las reemplazan, realizamos toda una serie de inesperados descubrimientos, entre ellos el singularísimo de que también el absurdo y el desatino de los sueños poseen su particular significación. Es este el punto en el que la oposición entre la concepción médica y la psicoanalítica, en cuanto a los sueños, alcanza su máxima intensidad. Conforme a la primera, el sueño es absurdo por haber perdido, la actividad psíquica que le da origen, toda facultad crítica. Por lo contrario, según nuestra concepción, el sueño se hace absurdo cuando ha de expresar en su contenido manifiesto una crítica o juicio que, formando parte del contenido latente, tachan algo de absurdo o desatinado. En un sueño que ya conocéis —el de los tres billetes de teatro por un florín cincuenta céntimos— hallamos un acabado ejemplo de este género. El juicio formulado en él era el siguiente: "Fue *un absurdo* casarse tan pronto".

Observamos también, en el curso de nuestra labor interpretadora, qué es lo que corresponde a las dudas e incertidumbres que con tanta frecuencia manifiesta el sujeto sobre si un cierto elemento ha entrado o no a formar realmente parte de su sueño. Estas dudas y vacilaciones no encuentran, por lo general, nada que a ellas corresponda en las ideas latentes y son tan sólo un efecto de la censura, debiendo relacionarse con una tentativa parcialmente conseguida de supresión o represión.

Otro importantísimo descubrimiento es el de la forma en la que la elaboración trata a las antítesis integradas en el contenido latente. Sabemos ya que las analogías y coincidencias existentes dentro de dicho contenido son sustituidas, en el sueño manifiesto, por condensaciones. Pues bien, con las antítesis sucede algo idéntico y son, por lo tanto, expresadas por el mismo elemento manifiesto. De este modo, todo elemento manifiesto susceptible de poseer un contrario puede aparecer empleado tanto en su propio sentido como en el opuesto y a veces en ambos simultáneamente. El sentido total del sueño orientará en estos casos nuestra interpretación. Tan singular procedimiento nos explica que en los sueños no hallemos nunca representada, inequívocamente por lo menos, la negación absoluta.

Este extraño mecanismo de la elaboración encuentra una feliz analogía en la evolución del idioma. Muchos filólogos afirman que en las lenguas más antiguas las antítesis fuerte-débil, claro-obscuro y grande-pequeño eran expresadas por el mismo radical (*La oposición de sentido en las palabras primitivas*). Así, en el egipcio primitivo, *ken* significaba fuerte y débil. Para evitar las equivocaciones que podían resultar del empleo de tales palabras ambivalentes se recurría, en el lenguaje oral, a una entonación o a un gesto que variaban con el sentido que se quería dar a la palabra, y en la escritura se añadía a la misma un *determinativo*, esto es, una imagen no destinada a ser pronunciada. *Ken*, en su significado de fuerte, se escribía añadiendo a la palabra una imagen que representaba la figura de un hombre en pie, y cuando su significado era el de débil, se añadía a la misma la figura de un hombre en cuclillas. Sólo en épocas posteriores llegó a obtenerse, por ligeras modificaciones de la palabra ambivalente primitiva, una designación especial para cada uno de los contrarios que englobaba.

De este modo se llegó a desdoblar *ken* (fuerte-débil) en ken-fuerte y ken-débil. Varias lenguas más jóvenes y hasta algunas de las actuales han conservado numerosas huellas de esta primitiva oposición de sentidos.

Os citaré aquí algunos ejemplos que tomo de la obra de C. Abel (1884):

El latín presenta las palabras ambivalentes que a continuación transcribimos: *altus* (alto-profundo); *sacer* (sagrado-maldito).

Y los siguientes casos de modificaciones del mismo radical: *clamare* (gritar), *clam* (silencioso-sereno, secreto); *siccus* (seco); *succus* (jugo).

En alemán: *Stimme* (voz); *stumn* (mudo).

La comparación de idiomas afines proporciona numerosos ejemplos del mismo género:

Inglés: *lock* (cerrar); alemán: *loch* (agujero), *lücke* (vacío-solución de continuidad).

Inglés: *cleave* (hendir); alemán: *kleben* (pegar).

La palabra inglesa *without*, cuyo sentido literal es *con-sin* no se emplea hoy sino en el sentido de *sin*, pero las palabras compuestas *withdraw* y *withhold* prueban que la palabra *with* fue empleada para designar no solamente una suma, sino también una sustracción. Lo mismo sucede con la palabra alemana *wieder*.

Todavía otra particularidad de la elaboración onírica encuentra un paralelo en el desarrollo del lenguaje. En el antiguo egipcio, como en otras lenguas más recientes, sucede a veces que el orden de sucesión de los sonidos de las palabras se invierte sin que el sentido cambie. He aquí algunos ejemplos de este género, sacados de la comparación del inglés con el alemán.

Topf (puchero)—*pot*; *boat* (barco)—*tub*; *hurry* (apresurarse)—*Ruhe* (reposo); *Balken* (viga)—*Kloben* (leña) y *club*; *wait* (esperar)—*täuwen*.

Y comparando el latín y el alemán:

Capere (coger)—*packen*; *ren* (riñón)—*Niere*.

Inversiones de este género se producen en el sueño en varias formas diferentes. Conocemos ya la inversión del sentido, esto es, la sustitución de un elemento por su contrario. Pero, además, se producen, en los sueños, inversiones de la situación y de las relaciones entre dos personas, como si todo sucediese en un "mundo al revés". En el sueño es con frecuencia la liebre la que trata de cazar al cazador. La sucesión de los acontecimientos queda también invertida muchas veces de manera que la serie antecedente o casual se sitúa después de aquella que normalmente debería seguirle. Es esto algo semejante a cuando, en las representaciones de aficionados o cómicos de la lengua, cae muerto en escena el protagonista antes que de que entre bastidores suene el disparo que debía matarle. Hay también sueños en los que el orden de los elementos queda totalmente invertido, y, por lo tanto, si queremos hallar su sentido, habremos de comenzar nuestra interpretación por el último de dichos elementos y terminarla por el primero. Recordaréis, sin duda, que en nuestro estudio sobre el simbolismo de los sueños demostramos que sumergirse o caer en el agua significaba lo mismo que salir de ella, esto es, parir o nacer, y que gatear por una escala o subir una escalera tenía el mismo sentido que descender por ellas. Fácilmente se observan las ventajas que la deformación de los sueños puede extraer de una tal libertad de representación.

Estas particularidades de la elaboración onírica deben ser consideradas como rasgos *arcaicos*, pues son igualmente inherentes a los antiguos sistemas de expresión, esto es, a las antiguas lenguas y escrituras en las que originan las mismas dificultades. De estas dificultades trataremos más adelante en relación con determinadas observaciones críticas.

Para terminar, formularemos algunas consideraciones suplementarias. En la elaboración onírica se trata evidentemente de transformar en imágenes sensoriales, y con preferencia visuales, las ideas latentes verbalmente concebidas. Ahora bien, todas nuestras ideas tienen como punto de partida tales imágenes sensoriales. Sus primeros materiales, y sin fases preliminares, fueron impresiones sensoriales, o más exactamente, las imágenes mnémicas de dichas impresiones. Sólo más tarde se enlazaron palabras a estas imágenes y se reunieron las palabras en ideas. La elaboración hace, pues, sufrir a las ideas una marcha *regresiva*, un desarrollo retrógrado, y en el curso de esta regresión debe desaparecer todo lo que la evolución de las imágenes mnémicas y su transformación en ideas ha podido aportar a título de nuevas adquisiciones.

Tal sería, pues, el mecanismo de la elaboración onírica. Ante los procesos que su examen nos ha revelado, nuestro interés por el sueño manifiesto ha tenido que pasar a un segundo término. Mas como el sueño manifiesto es lo único que conocemos de un modo directo, habré de consagrarle aún algunas observaciones.

Es muy natural que el sueño manifiesto vaya perdiendo, a nuestros ojos, en importancia. Ya nos importa muy poco que se halle bien compuesto o que parezca disociado en una serie de imágenes aisladas sin conexión alguna. Aun aquellas veces en que presenta una apariencia significativa sabemos que esta debe su origen a la deformación y que su relación orgánica con el contenido interno del sueño puede ser tan escasa como la existente entre la fachada de una iglesia italiana y su estructura y planta. Sin embargo, hay sueños en los que, reproduciendo esta fachada, sin deformarlo o deformándolo apenas, un elemento constitutivo importante de las ideas latentes llega a poseer por sí mismo un sentido. Pero es este un hecho imposible de comprobar hasta después de haber efectuado la interpretación del sueño de que se trata y averiguado así el grado de deformación a que ha sido sometido. Análoga duda surge en aquellos casos en los que dos elementos del sueño se nos muestran íntimamente relacionados. De este hecho puede deducirse la conclusión de que los elementos correspondientes del sueño latente deben de hallarse igualmente próximos, pero también puede suceder que a esta íntima relación manifiesta corresponda una total disociación latente.

Debemos guardarnos, en general, de querer explicar una parte del contenido manifiesto por el resto del mismo, como si el sueño se hallase concebido coherentemente y formase una representación pragmática, pues, por lo contrario, semeja más bien, en la mayoría de los casos, a un mosaico hecho con fragmentos de diferentes piedras reunidas por un cemento y en el que los dibujos resultantes no corresponden a los contornos de ninguno de sus elementos constitutivos. Existe, en efecto, una *elaboración secundaria* de los sueños que se encarga de transformar en un todo aproximadamente coherente los datos más inmediatos del sueño, pero que lo hace ordenando los materiales conforme a un sentido independiente e introduciendo complementos allí donde lo cree necesario.

Por otra parte, no hay que exagerar la importancia de la elaboración, ni atribuirle un excesivo alcance. Su actividad se limita a los efectos que hemos enumerado: condensar, desplazar, realizar la representación plástica y someter después la totalidad a una elaboración secundaria, es todo lo que la elaboración onírica puede hacer y nada más. Los juicios, las apreciaciones críticas, el asombro y las conclusiones que aparecen en los sueños no son jamás efectos de la elaboración y sólo raras veces de una reflexión sobre el sueño; en la mayoría de los casos son fragmentos de ideas latentes que han pasado al sueño manifiesto después de haber sufrido determinadas modificaciones y una cierta adaptación al mismo. La elaboración no puede tampoco componer discursos. Aparte de algunas raras excepciones, las frases que en el sueño oímos o pronunciamos son ecos o yuxtaposiciones de palabras oídas o pronunciadas en el día que precedió al sueño y han sido introducidas en las ideas latentes como materiales del sueño o estímulos del mismo. Los cálculos escapan igualmente a la competencia de la elaboración, y aquellos que en el sueño encontramos son casi siempre yuxtaposiciones de cifras y simulaciones de cálculos, totalmente desprovistas de sentido, o también simples copias de operaciones efectuadas en las ideas latentes. Dadas estas circunstancias, no debe asombrarnos ver que el interés que habíamos dedicado a la elaboración se aparta ahora de ella para dirigirse a las ideas latentes, que más o menos deformadas, se transparentan en el sueño manifiesto. Pero será equivocado exagerar este cambio de orientación hasta el punto de sustituir, en las consideraciones teóricas, al sueño mismo por sus ideas latentes y referir a estas últimas cosas que sólo al primero resultan aplicables. Es singular que se haya podido abusar de los datos del psicoanálisis para establecer esta confusión. El "sueño" no es otra cosa que el resultado de la elaboración, o sea, la forma que la misma imprime a las ideas latentes.

La elaboración onírica es un proceso de singularísima naturaleza, sin paralelo alguno en la vida psíquica. Sus condensaciones, desplazamientos y transformaciones regresivas de las ideas en imágenes son novedades cuyo descubrimiento constituye ya de por sí una generosa recompensa de los trabajos psicoanalíticos. Por las analogías que la elaboración muestra con procesos pertenecientes a otros dominios científicos habréis podido además comprobar las interesantísimas relaciones de los estudios psicoanalíticos con diversas cuestiones aparentemente muy lejanas a ellos, tales como la evolución del lenguaje y del pensamiento. Pero cuando os daréis cuenta que toda la importancia de estos nuevos conocimientos, será al saber que los procesos de la elaboración onírica constituyen el prototipo de aquellos que presiden la génesis de los síntomas neuróticos.

Claro está que no nos es posible abrazar con un solo golpe de vista todas las consecuencias que la psicología puede extraer de estos trabajos. Por lo tanto, me limitaré a llamaros la atención sobre las nuevas pruebas que hemos podido obtener en favor de la existencia de actos psíquicos inconscientes —las ideas latentes del sueño no son otra cosa— y sobre el insospechado auxilio que la interpretación de los sueños nos procura para el conocimiento de la vida psíquica inconsciente.

En la próxima lección analizaré ante vosotros algunos pequeños ejemplos de sueños, con objeto de haceros ver en detalle lo que hasta ahora no he presentado sino de una manera sintética y general, a título de preparación.

XII
Análisis de algunos ejemplos de sueños

No os llaméis a engaño si en lugar de invitaros a asistir a la interpretación de un sueño extenso y acabado me limito una vez más a presentaros fragmentos de interpretaciones. Me diréis, sin duda, que tras de una tan detenida preparación tenéis ya derecho a ser tratados con más confianza y que después de la feliz interpretación de tantos miles de sueños debería haberse podido reunir, hace ya mucho tiempo, una colección de excelentes ejemplos que nos ofrecieran todas las pruebas deseadas en favor de la totalidad de nuestras afirmaciones sobre la elaboración onírica y las ideas latentes. Así debiera ser, en efecto, pero he de advertiros que a la realización de vuestro deseo se oponen numerosas dificultades.

Ante todo, he de indicaros que no existen personas que hagan de la interpretación de los sueños su ocupación principal. Mas entonces, ¿cuándo tenemos oportunidad de interpretar un sueño? En ocasiones nos ocupamos sin intención alguna especial de los sueños de una persona amiga o analizamos durante una temporada los nuestros propios con el fin de ejercitarnos en la técnica psicoanalítica, pero la mayoría de las veces se trata de sueños de personas nerviosas sometidas al tratamiento analítico. Estos últimos sueños constituyen un excelente material nada inferior al que nos proporcionan los de personas sanas, pero la técnica del tratamiento nos obliga a subordinar su interpretación a las exigencias terapéuticas y a abandonar muchos de ellos en cuanto logramos extraer los datos de que para el tratamiento precisamos. Algunos de los sueños que se producen durante la cura escapan a una interpretación completa, pues habiendo surgido del conjunto total de los materiales psíquicos que aún ignoramos, no podemos comprenderlos sino una vez terminado el tratamiento. La comunicación de estos sueños necesitaría ser precedida de una exposición detallada de los misterios de la neurosis, labor que no entra en nuestros propósitos ya que consideramos aquí el estudio de los sueños como una preparación al de las neurosis.

Ante estas circunstancias opinaréis quizá que debemos renunciar a esta clase de sueños para limitarnos a la explicación de los nuestros propios o de los de personas de salud normal. Pero también esto resulta imposible, dado el contenido de uno y otros. No podemos confesarnos en público ni tampoco revelar lo que sabemos de aquellas personas que en nosotros han puesto su confianza, con toda la franqueza y sinceridad que exigiría una interpretación completa de los sueños, los cuales, como sabéis, proceden de lo más íntimo de nuestra personalidad. Aparte de esta dificultad para procurarnos materiales, existe aún otra razón que se opone a la comunicación de los sueños. Si estos parecen ya a los ojos del sujeto mismo como algo singular y extraño, mucho más lo han de ser para aquellos que no conocen a la persona que los ha soñado. Nuestra literatura no carece de excelentes análisis completos de sueños y yo mismo he publicado algunos en los historiales clínicos de varios de mis pacientes. Pero de todas las interpretaciones publicadas, la más bella es la realizada por O. Rank de dos sueños de una muchacha, íntimamente enlazados uno con otro. Su exposición no ocupa sino dos páginas y en cambio su análisis setenta y seis. Para abordar un análisis de este género en mi actual exposición me sería preciso cerca de un semestre. Cuando emprendemos la interpretación de un sueño un poco extenso y considerablemente deformado, precisamos tantos esclarecimientos, tenemos que anotar tantas ocurrencias y recuerdos del sujeto y se nos imponen tantas digresiones que la exposición de la labor interpretadora alcanzaría una excesiva amplitud y no llegaría a satisfacer vuestros deseos. Debo, pues, rogaros que os contentéis con aquello que podamos obtener más fácilmente, esto es, con la comunicación de pequeños fragmentos de sueños de personas neuróticas, fragmentos cuyo examen e interpretación pueden confirmar aisladamente varias de nuestras afirmaciones. Lo que de estos sueños se presta más fácilmente a la demostración es el simbolismo onírico y determinadas particularidades de la representación regresiva. En cada uno de los sueños que a continuación voy a exponeros comunicaré las razones por las que me parecen merecer ser publicados.

1. —Comenzaremos por un sueño que se compone tan sólo de dos breves imágenes: *Su tío fuma un cigarrillo a pesar de ser sábado. Una mujer le besa y le acaricia como si fuera hijo suyo.*

A propósito de la primera imagen, el sujeto, que es judío, nos comunica que su tío, hombre piadoso, no ha cometido jamás, ni es, en general, capaz de cometer el pecado de fumar en sábado. La mujer que figura en la segunda imagen le sugiere exclusivamente el recuerdo de su madre. Existe desde luego una relación entre estas dos imágenes o ideas, pero a primera vista no sospechamos cuál puede ser. Como el sujeto excluye en absoluto la realidad del acto de su tío, nos inclinamos a reunir las dos imágenes por una relación de dependencia temporal: "En el caso en que mi tío, tan piadoso, se decidiera a fumar un cigarrillo en sábado, podría yo dejarme acariciar por mi madre". Esto significa que las caricias entre madre e hijo constituyen algo tan poco permitido como para un judío piadoso el fumar en sábado. Ya os he dicho, y sin duda lo recordáis, que en la elaboración del sueño todas las relaciones entre las ideas oníricas quedan suprimidas, siendo estas reducidas al estado de primera materia y hallándose a cargo de la interpretación el reconstituir las relaciones desaparecidas.

2. —Tras de mis publicaciones sobre los sueños, he llegado a ser, hasta cierto punto, un consultor oficial sobre todo lo relativo al fenómeno onírico, y recibo, desde hace muchos años, cartas de las más diversas procedencias, en las cuales se me comunican sueños o se me pide mi opinión sobre ellos. Naturalmente, agradezco que se me envíen materiales suficientes para hacer posible la interpretación o que se me propongan por el sujeto proyectos de la misma. A esta categoría pertenece el sueño siguiente, que me ha sido comunicado en 1910 por un estudiante de medicina muniqués. Lo cito aquí para demostraros cuán difícil es, en general, comprender un sueño mientras el sujeto del mismo no nos proporciona todas las informaciones necesarias. Al mismo tiempo, voy a evitaros incurrir en un grave error, pues sospecho que os halláis inclinados a considerar como la interpretación ideal de los sueños aquella que se base en la de los símbolos y a colocar en segundo plano la técnica fundada en las asociaciones del sujeto.

Es 13 de julio de 1910. Cerca ya de la mañana sueño lo siguiente: *Desciendo en bicicleta por las calles de Tubinga y un basset negro se precipita tras de mí y me muerde en el talón. Bajo de la bicicleta un poco más lejos y sentándome en una gradería comienzo a defenderme contra el furioso animal que se niega a soltar su presa.* (Ni la mordedura ni la escena que le sigue me hacen experimentar sensación alguna desagradable). *Frente a mí se hallan sentadas dos señoras de edad que me miran con aire burlón. Al llegar el sueño a este punto, me despierto, y como ya me ha sucedido más de una vez, en el mismo momento de pasar del sueño al estado de vigilia, todo mi sueño se me aparece con perfecta claridad.*

Los símbolos nos prestarían aquí muy escaso auxilio. Pero el sujeto nos comunica lo siguiente: "Desde hace algún tiempo estoy enamorado de una muchacha que no conozco sino por haberla encontrado a menudo en la calle, aunque no he tenido jamás ocasión de aproximarme a ella. Me hubiera satisfecho grandemente que esta ocasión me hubiese sido proporcionada por el *basset*, pues tengo gran cariño a los animales y creo haber adivinado el mismo sentimiento en la muchacha". Añade después que este cariño a los animales le ha llevado a intervenir varias veces, causando la sorpresa de los transeúntes, para separar a perros que se peleaban, y nos dice también que la muchacha de la que se había enamorado iba siempre acompañada por un perro como el de su sueño. Pero en el contenido manifiesto de este último desaparece la joven y sólo queda el perro asociado a su aparición. Es posible que las señoras que en el sueño se burlan del durmiente constituyan una sustitución de la muchacha, pero las informaciones del sujeto no bastan para aclarar este punto. El hecho de verse en el sueño montando en bicicleta constituye la reproducción directa de la situación recordada, pues, en realidad, las veces que había hallado en su camino a la joven del *basset*, iba él en bicicleta.

3. —Cuando alguien pierde a una persona querida, suele tener durante largo tiempo singulares sueños, en los cuales hallamos las transacciones más sorprendentes entre la certidumbre de la muerte y la necesidad de hacer revivir a la persona fallecida. Unas veces se halla muerta, pero continúa, sin embargo, viva, pues no sabe que ha fallecido y sólo fallecería "por completo" en el momento en que lo supiese; en otras, está medio viva y medio muerta, distinguiéndose cada uno de estos estados por signos particulares. Erraríamos calificando de absurdos estos sueños, pues la resurrección no es más inadmisible en ellos que, por ejemplo, en los cuentos, los cuales nos la presentan como un suceso muy corriente. De mis análisis de estos sueños he deducido que son susceptibles de una explicación racional y que el piadoso deseo de hacer revivir al muerto sabe satisfacerse por los medios más extraordinarios. Voy a citaros un sueño

de este género que parece extraño y absurdo y cuyo análisis os revelará mucho de lo que nuestras consideraciones teóricas han podido haceros prever. Es el sueño de un individuo cuyo padre había muerto algunos años antes.

El padre ha muerto, pero ha sido exhumado y tiene mala cara. Permanece en vida desde su exhumación, pero el sujeto hace todo lo posible para que no lo advierta. (Al llegar a este punto pasa el sueño a otras cosas aparentemente muy alejadas de su principio).

La muerte del padre sabemos que es real; en cambio, su exhumación no corresponde a realidad ninguna, como tampoco los detalles ulteriores del sueño, pero el sujeto nos cuenta que cuando volvió del entierro de su padre sintió un agudo dolor de muelas, y queriendo aplicar a la muela enferma el precepto de la religión judía, que dice: "Cuando una muela te hace sufrir, arráncala", fue a casa del dentista. Mas este le dijo: "No hay necesidad de sacarle a usted la muela con tanta premura. Es preciso tener paciencia. Por lo pronto voy a ponerle a usted algo que le quite el dolor y mate el nervio. Vuelva dentro de tres días; le extraeré entonces el nervio muerto y podrá conservar la muela".

Al llegar a este punto del análisis, exclamó de repente el sujeto que sin duda aquella "extracción" era lo que correspondía a la exhumación de su padre en el sueño.

Veamos si esta interpretación es la acertada. En parte sí, pero sólo en parte, pues no es la muela lo que debía ser extraído, sino únicamente el nervio. Mas es esta una de las numerosas imprecisiones que con gran frecuencia se observan en los sueños. En este caso, habría el sujeto realizado una condensación, fundiendo en un sólo elemento al fallecido padre y a la muela muerta, pero conservada. Nada de extraño tiene que de esta condensación haya resultado en el sueño manifiesto un absurdo, pues todo lo que de la muela puede decirse no resulta aplicable al padre. Pero ¿cuál será entonces el *tertium comparationis* entre el padre y la muela que ha hecho posible tal condensación? La existencia de una relación entre los elementos condensados es casi indudable, pues el sujeto mismo nos dice que sabe que cuando soñamos perder una muela es señal de que pronto fallecerá algún miembro de nuestra familia.

Sabemos que esta interpretación popular es inexacta o sólo es exacta en un sentido especial, y por lo tanto observaremos con asombro que este mismo tema vuelve a aparecer detrás de todos los demás fragmentos del contenido de este sueño.

Sin que a ello le solicitemos, continúa el sujeto, en el análisis, hablándonos de la enfermedad y muerte de su padre, así como también de su actitud para con el mismo. La enfermedad del padre había durado largo tiempo, y la asistencia y tratamiento había costado al hijo mucho dinero. Sin embargo, él no se había quejado jamás ni manifestado la menor impaciencia o deseo de que llegase el final de todo aquello. Por el contrario, se vanagloria de haber sentido siempre por su padre un cariño extraordinario y de haberse conformado estrictamente, en sus relaciones con él, a las piadosas prescripciones de la ley judía. Pero advertimos una contradicción entre estas manifestaciones y las ideas relacionadas con el sueño. El sujeto ha identificado la muela y el padre. La primera debía ser arrancada conforme a la ley judía que ordena hacerle así en el instante en que nos causa dolor o desagrado. En cambio, para con su padre debía conducirse, en obediencia a otro principio de la misma ley, de un modo totalmente contrario, esto es, aceptando con resignación los gastos y contrariedades, rechazando toda intención hostil contra el objeto causa del dolor. ¿No sería mucho más completa la semejanza entre las dos situaciones si el hijo hubiese sentido, con respecto al padre, idénticos impulsos que con respecto a la muela, esto es, si hubiese deseado que la muerte viniera a poner fin a la existencia inútil, dolorosa y costosa del mismo?

Por mi parte, estoy persuadido de que tales fueron, en efecto, los sentimientos de nuestro sujeto durante la penosa enfermedad de su padre, y creo firmemente que sus vivas protestas de cariño filial no tenían otro objeto que desviar su pensamiento del recuerdo de tales sentimientos reprochables. En las situaciones de este género se experimenta generalmente el deseo de que la muerte llegue a ponerles término; pero este deseo se disfraza de cariñosa piedad y se manifiesta en la reflexión de que lo mejor que puede desearse al enfermo es que deje de sufrir. Observad, sin embargo, que hemos traspasado aquí el límite de las ideas latentes. La primera parte de las mismas no fue ciertamente inconsciente sino durante poco tiempo, esto es, durante la formación del sueño, mientras que los sentimientos hostiles contra el padre debían de existir en estado inconsciente desde largo tiempo atrás, quizá desde la misma infancia del sujeto, siendo tan sólo durante la enfermedad cuando hallaron una ocasión para insinuarse tímidamente en la conciencia, después de sufrir una considerable deformación. Esto mismo lo podemos también afirmar, y todavía con mayor seguridad, de otras de las ideas latentes que han contribuido a constituir el contenido del sueño. En este no se descubre huella ninguna de sentimientos hostiles contra el padre del sujeto, pero si, generalizando, buscamos en la vida infantil la raíz de una tal hostilidad de los hijos contra el padre, recordaremos que ya en estos tempranos años surge en los primeros el temor al segundo, temor basado en la coerción que el mismo ejerce sobre las primeras actividades sexuales del muchacho y que, por razones sociales, es mantenida luego, incluso en los años siguientes a la pubertad. A esta causa obedece también, en nuestro caso, la actitud del sujeto con respecto a su padre, pues a su cariño filial se mezclaban sentimientos de temor y respeto originados por la temprana coerción que el mismo había ejercido sobre su actitud sexual.

Los restantes detalles del sueño manifiesto se explican por el complejo del onanismo. El detalle *tiene mala cara* (*Er sieht schlecht aus*) puede ser una reminiscencia de lo que el dentista dijo al sujeto sobre lo feo que haría la mella que habría de quedar al extraer la muela enferma (*Es wird schlech aussehen*), pero se refiere también a la *mala cara* (*schlechtes Ausehen*) con la que el adolescente delata o teme delatar su exagerada actividad sexual. No sin cierto alivio para su propia conciencia traslada el sujeto, en el contenido manifiesto del sueño, la "mala cara" a su padre por medio de una de aquellas inversiones de que ya os he hablado, características de la elaboración onírica. El que el padre continúe viviendo después de su exhumación corresponde tanto al deseo de resurrección como a la promesa del dentista de que quizá no haya necesidad de extraer la muela. La frase "El sujeto hace todo lo posible para que (el padre) *no lo advierta*" es de una gran sutileza, pues tiene por objeto sugerirnos la falsa conclusión de que constituye un indicio de la realidad, o sea, del fallecimiento del padre. Pero la única interpretación acertada de este elemento nos la proporciona de nuevo el complejo de onanismo, pues comprendemos fácilmente que el joven *haga todo lo posible* por ocultar a su padre su vida sexual. Recordad, por último, que siempre que hemos emprendido la investigación de un sueño estimulado por un dolor de muelas, nos hemos visto obligados a recurrir, para interpretarlo, al complejo de onanismo y al temido castigo por esta práctica contra naturaleza.

Comprenderéis ahora cómo ha podido formarse este sueño que tan ininteligible parecía. Para darle origen han concurrido muy diversos procesos, verificándose una condensación singular y engañosa, un desplazamiento de todas las ideas fuera del centro de gravedad del contenido latente y una creación de varias formaciones sustitutivas que han tomado el lugar de aquellas ideas del sueño que poseían una mayor profundidad y se hallaban más lejanas en el tiempo.

4. —Ya varias veces hemos intentado abordar aquellos sueños sobrios y triviales que no contienen nada absurdo o extraño,

pero que nos hacen preguntarnos por qué razón soñamos cosas tan indiferentes. Voy ahora a citaros un nuevo ejemplo de este género: tres sueños enlazados unos con otros y soñados por una muchacha en una misma noche.

a) Atraviesa el salón de su casa y se da con la cabeza contra la araña que pende del techo, haciéndose sangrar. Ningún recuerdo ni reminiscencia de suceso alguno real surgen a propósito de este sueño en la imaginación del sujeto, y las indicaciones que este nos proporciona versan sobre temas muy diferentes. "No sabéis —nos dice— cómo se me está cayendo el pelo en estos días. Mi madre me dijo ayer que, si continuaba así, mi cabeza quedaría pronto tan monda como un trasero". La cabeza aparece, pues, aquí como un símbolo de la parte opuesta del cuerpo, y siendo también evidente la significación simbólica de la araña, dado que todos los objetos alargados son símbolos del órgano sexual masculino, habremos de deducir que se trata de una hemorragia de la parte inferior del tronco a consecuencia de una herida ocasionada por el pene. Esta circunstancia podría interpretarse en varios sentidos, pero las restantes informaciones de la sujeto nos muestran que el contenido latente de su sueño es la creencia, muy generalizada en las muchachas aún no llegadas a la pubertad, de que las reglas son provocadas por las relaciones sexuales con el hombre.

b) Ve en la viña una fosa profunda que sabe proviene de haber arrancado un árbol. A este propósito observa el sujeto que *le faltaba* el árbol. Quiere decir con esto que no lo vio en su sueño, pero este modo de expresarse es idéntico al que serviría para manifestar una distinta idea que la interpretación simbólica nos revela con toda certidumbre. El sueño se refiere, en efecto, a otra teoría sexual infantil según la cual las niñas poseen al principio los mismos órganos sexuales que los niños, perdiéndolos después por castración (arrancamiento de un árbol).

c) Se halla ante el cajón de su escritorio, cuyo contenido le es tan familiar que nota en seguida la menor intervención de una mano ajena. El cajón del escritorio es, como todo cajón, caja o arca, la representación simbólica del órgano sexual femenino. La sujeto sabe que las huellas de las relaciones sexuales (según su creencia, también de los tocamientos) son fácilmente reconocibles, creencia que le ha procurado grandes preocupaciones. A mi juicio, lo más importante de estos tres sueños son los *conocimientos* sexuales de la sujeto, la cual recuerda la época de sus reflexiones infantiles sobre los misterios de la vida sexual.

5. —Veamos otro sueño simbólico. Pero esta vez habré de exponer brevemente, antes de entrar en el análisis, la situación psíquica del sujeto. Un individuo que ha pasado una noche de amor con una mujer habla de esta última como de una de aquellas naturalezas maternales en las que el sentimiento amoroso se funda exclusivamente en el deseo de tener un hijo. Pero las circunstancias en que su encuentro ha tenido lugar han sido tales que el sujeto se ha visto obligado a tomar precauciones contra un posible embarazo de su amante, y ya sabemos que la principal de estas precauciones consiste en impedir que el líquido seminal penetre en los órganos genitales de la mujer. Al despertar de aquella noche cuenta la señora el siguiente sueño:

Un oficial, tocado con una gorra encarnada, la persigue por la calle. Ella echa a correr por una cuesta arriba, llega sin aliento a su casa, entra y cierra la puerta con llave. El oficial queda fuera, y mirando ella por el ventanillo le ve sentado en un banco y llorando.

En la persecución por el oficial con la gorra encarnada y en la anhelante fuga de la sujeto cuesta arriba reconoceréis sin esfuerzo la representación del acto sexual. El hecho de que la sujeto *se encierre* para librarse de su obstinado perseguidor nos presenta un ejemplo de aquellas inversiones que tan frecuentemente se producen en los sueños, pues, en realidad, había sido el hombre el que se había sustraído a la perfección del acto sexual realizado. Del mismo modo desplaza también la sujeto su tristeza, atribuyéndola a su compañero, y es a él al que ve llorar en el sueño, llanto que constituye igualmente una alusión a la emisión de esperma.

Habéis sin duda oído decir que, según el psicoanálisis, todos los sueños tienen una significación sexual, pero ahora podréis observar por vosotros mismos hasta qué punto este juicio es equivocado. Conocéis ya sueños que son realizaciones de deseos, otros en los que se trata de la satisfacción de las necesidades más fundamentales, como el hambre, la sed y el ansia de libertad, y, por último, los que hemos denominado sueños de comodidad y de impaciencia, y otros puramente avariciosos o egoístas. Lo que sí es indiscutible y debéis tener siempre presente como uno de los resultados de la investigación psicoanalítica es que los sueños que aparecen considerablemente deformados son en su mayoría —aunque tampoco siempre— la expresión de deseos sexuales.

6. —Tengo motivos especiales para acumular aquí numerosos ejemplos de empleo de los símbolos en los sueños. Ya en mis primeras lecciones os dije cuán difícil era, en la enseñanza del psicoanálisis, proporcionar pruebas que demuestren nuestras teorías conquistándonos la convicción de nuestros oyentes, afirmación cuya verdad habréis podido confirmar repetidas veces. Pero existe entre las diversas proposiciones del psicoanálisis un enlace tan íntimo que la convicción adquirida sobre un único punto puede extenderse a una gran parte de la totalidad. Pudiera decirse del psicoanálisis que basta con entregarle un dedo para que se tome toda la mano. De este modo, aquellos que llegan a comprender y aceptar la explicación de los actos fallidos se ven obligados, si no quieren hacerse reos de una falta de lógica, a admitir todo el resto. En el simbolismo de los sueños se nos ofrece otro de tales puntos fácilmente accesibles. Voy pues a continuar ocupándome

de esta cuestión, exponiéndoos el sueño, ya publicado, de una mujer perteneciente a la clase popular y casada con un agente de policía, persona que como es natural, no ha oído hablar jamás del simbolismo onírico ni del psicoanálisis. Vosotros mismos juzgaréis si la interpretación de este sueño con el auxilio de símbolos sexuales puede ser considerada como arbitraria y forzada.

...Alguien se introdujo entonces en la casa, y llena ella de angustia llamó a un agente de policía. Pero este, de acuerdo con dos ladrones, había entrado en una iglesia a la que daba acceso una pequeña escalinata. Detrás de la iglesia había una montaña cubierta, en su cima, de espeso bosque. El agente de policía llevaba casco, gola y capote. Su barba era poblada y negra. Los dos vagabundos que tranquilamente le acompañaban llevaban a la cintura unos delantales abiertos en forma de sacos. De la iglesia a la montaña se extendía un camino bordeado de matorrales que se iban haciendo cada vez más espesos hasta convertirse en un verdadero bosque al llegar a la cima.

Recordaréis aquí, sin esfuerzo alguno, los símbolos empleados. Los órganos genitales masculinos se hallan representados por la reunión de tres personas, y los femeninos por un paisaje, compuesto de una capilla, una montaña y un bosque. Los escalones que dan acceso a la iglesia constituyen un símbolo del acto sexual y aquello que en el sueño aparece como una montaña lleva en anatomía el mismo nombre: Monte de Venus.

7. —He aquí otro sueño que debe ser interpretado con ayuda de los símbolos y es harto instructivo y probatorio por ser el sujeto mismo el que ha traducido todos sus símbolos, a pesar de no poseer el menor conocimiento teórico de la interpretación onírica, circunstancia nada frecuente y cuyas condiciones nos son aún muy poco conocidas.

Pasea con su padre por un lugar que seguramente es el Prater, pues se ve la rotonda, y delante de ella, un pequeño edificio anejo al que se halla amarrado un globo cautivo medio deshinchado. Su padre le interroga sobre la utilidad de todo aquello, pregunta que le asombra, pero a la cual da, sin embargo, la explicación pedida. Llegan después a un patio sobre cuyo suelo se extiende una gran plancha de hojalata. El padre quiere cortar un pedazo de ella, pero antes mira en derredor suyo para cerciorarse de que nadie puede verle. El sujeto le dice entonces, que basta con prevenir al guarda para poder llevarse todo lo que se quiera. Partiendo de este patio desciende una escalera a una fosa cuyas paredes se hallan acolchadas en la misma forma que las cabinas telefónicas. Al extremo de esta fosa se encuentra una larga plataforma tras de la cual comienza otra fosa idéntica...

El sujeto interpreta por sí mismo: "La rotonda representa mis órganos genitales, y el globo cautivo que se encuentra ante ella no es otra cosa que mi pene, cuya facultad de erección ha disminuido desde hace algún tiempo". O más exactamente traducido: la rotonda es la región anal —que ya el niño considera generalmente como una parte del aparato genital— y el pequeño anejo que se alza ante esta rotonda y al cual se halla sujeto el globo cautivo representa los testículos. En el sueño le pregunta su padre qué es lo que todo aquello significa, esto es, cuáles son el fin y la función de los órganos genitales. Sin riesgo de equivocarnos podemos invertir la situación y admitir que realmente es el hijo el que interroga. No habiendo planteado nunca el padre en la vida real semejante interrogante al hijo, debe considerarse esta idea como un deseo o interpretarla condicionalmente, esto es, en la forma que sigue: "Si yo hubiera pedido a mi padre informaciones relativas a los órganos sexuales..." Más adelante hallaremos la continuación y el desarrollo de esta idea.

El patio sobre cuyo suelo se halla extendida la plancha de hojalata, no debe ser considerado, en esencia, como un símbolo, pues forma parte del local en que el padre ejerce su comercio. Por discreción, he reemplazado por la hojalata el artículo en que realmente comercia el padre, sin cambiar en nada más el texto del sueño. El sujeto del mismo, que ayuda a su padre en los negocios, ha visto desde el primer día, con gran repugnancia, lo incorrecto de algunos de los procedimientos en los que, en gran parte, reposa el beneficio obtenido. Así, pues, podemos dar a la idea que antes dejamos interrumpida la continuación siguiente: "Si yo hubiera preguntado a mi padre... me hubiera engañado como engaña a sus clientes". El deseo del padre de cortar y llevarse un pedazo de la plancha de hojalata pudiera ser una representación por su falta de honradez comercial, pero el sujeto mismo del sueño nos da otra explicación distinta revelándonos que es un símbolo del onanismo, interpretación que coincide con nuestros conocimientos de los símbolos y con el hecho de que el secreto en que se han de realizar las prácticas masturbadoras quede expuesto en el sueño por la idea contraria, pues el hijo dice al padre que si quiere arrancar un pedazo de hojalata debe hacerlo abiertamente pidiendo permiso al guarda. Tampoco nos extraña ver al hijo atribuir al padre las prácticas masturbatorias, del mismo modo que le ha atribuido la interrogante en la primera escena del sueño. La fosa acolchada es interpretada por el sujeto del sueño como una evocación de la vagina con sus suaves y blancas paredes, interpretación a la que por nuestra cuenta añadiremos que el descenso a la fosa significa, como en otros casos el acto de subir a alguna parte, la realización del coito.

La circunstancia de que la primera fosa se hallaba seguida de una larga plataforma, al final de la cual comenzaba otra nueva fosa, nos la explica el sujeto por un detalle biográfico. Después de haber tenido frecuentes relaciones sexuales se halla privado de ellas por una enfermedad que le impide realizar el coito, y espera que un tratamiento a que se ha sometido le devuelva su perdido vigor.

8. —Los dos sueños que siguen fueron soñados por un extranjero de disposiciones poligámicas muy pronunciadas. Los cito aquí para mostraros que es siempre el *yo* del soñador el que aparece en el sueño, aun cuando permanezca oculto o disimulado en el contenido manifiesto. Las maletas que figuran en estos sueños son símbolos femeninos.

a) Se halla próximo a partir y manda a la estación, en un coche, su equipaje, compuesto por un gran número de maletas entre las cuales descuellan dos de gran tamaño y forradas de negro, análogas a las que usan los viajantes para llevar las muestras. El sujeto dice a alguien con tono consolador: Estas no van más que hasta la estación.

El sujeto viaja, en efecto, con mucho equipaje, pero, además, relató, durante el tratamiento, un gran número de aventuras amorosas. Las dos maletas negras corresponden a dos mujeres morenas que desempeñan actualmente en su vida un papel de gran importancia. Una de ellas quería seguirle a Viena, pero a mi instancia, le telegrafió que se abstuviera de hacer tal viaje.

b) Una escena en la aduana: *Uno de sus compañeros de viaje abre su baúl y dice mientras fuma negligentemente un cigarrillo: Ahí dentro no hay nada. El aduanero parece creerle, pero comienza a registrar y encuentra algo cuya importación se halla totalmente prohibida. El viajero dice entonces con resignación: ¡Qué le vamos a hacer!*

El viaje es el sujeto mismo del sueño, y el aduanero, yo. Generalmente muy sincero en sus confesiones, ha querido ocultarme las relaciones que acaba de iniciar con una señora, pues suponía, con razón, que dicha señora no me era desconocida. En su sueño ha transferido a un tercero la penosa situación de aquel que es cogido en una mentira, y esta es la razón de que no figure personalmente en él.

9. —He aquí un ejemplo de un símbolo que aún no he mencionado en estas lecciones: *Encuentra a su hermana en*

compañía de dos amigas, hermanas también entre sí. Tiende la mano a estas últimas y en cambio a su hermana no.

Este sueño no se enlaza a ningún suceso real, pero los recuerdos del sujeto le conducen a una época en la que por primera vez observó que los senos femeninos se desarrollan muy lentamente, y se preguntó cuál podía ser la causa. Las dos hermanas de sus sueños representan, pues, dos senos femeninos que cogería gustoso con su mano siempre que no fueran los de su hermana.

10. —He aquí un ejemplo de simbolismo de la muerte en el sueño:

Pasa sobre un puente de hierro muy elevado con dos personas a las que conoce, pero cuyo nombre ha olvidado al despertar. De repente, desaparecen sus acompañantes y ve ante sí una figura espectral que lleva un gorro en la cabeza y va vestida con un traje de lienzo. Le pregunto si es el repartidor de telégrafos... No. Luego si es el cochero. No. Continúa después su camino. Experimenta todavía antes de despertar una gran angustia, e incluso una vez despierto prolonga su sueño imaginando que el puente de hierro se hunde y le precipita consigo al abismo.

Aquellas personas que el sujeto del sueño no reconoce en el mismo o cuyo nombre dice haber olvidado al despertar son casi siempre individuos de su familia o intimidad. El sujeto de este sueño tiene un hermano y una hermana, y si desea o ha deseado alguna vez su muerte, es justo que experimente por su parte el miedo a la misma. Con respecto al repartidor de telégrafos, observa el interesado, en el análisis, que los que tal oficio ejercen suelen ser siempre portadores de malas noticias. Mas, por el uniforme que el extraño individuo vestía, podía también ser un farolero, los cuales, como sabemos, no se hallan encargados solamente de encender los faroles, sino también de apagarlos, siendo en esto semejante al genio de la muerte que apaga la antorcha de la vida. A la idea de "cochero" asocia el recuerdo del poema de Uhland sobre las travesías del rey Carlos, y evoca a este propósito un peligroso viaje por mar que efectuó con dos camaradas, y durante el cual desempeñó igual papel que el rey en el poema citado. Con relación al puente de hierro recuerda un grave accidente acaecido poco tiempo antes y el absurdo aforismo chistoso que dice que la vida es un puente colgante.

11. —Otro ejemplo de representación simbólica de la muerte: *Un caballero desconocido deja para él una tarjeta de visita con bordes de luto.*

12. —El sueño siguiente, que tiene entre sus antecedentes un estado neurótico, habrá de interesarnos por diversas circunstancias: *El sujeto viaja en ferrocarril. El tren se detiene en pleno campo. Pensando que se trata de un accidente y que es necesario ponerse a salvo, atraviesa todos los departamentos del convoy y mata a todos aquellos con quienes tropieza: conductor, fogonero, revisor, etc.*

Con este sueño se enlaza el recuerdo de un relato oído a un amigo suyo: En un departamento reservado de un tren italiano, en el que era conducido un loco al manicomio, se dejó entrar por equivocación a otro viajero, que fue asesinado por el enfermo. El sujeto del sueño se identifica, pues, con este loco, y justifica su acto por la representación obsesiva que le atormenta de cuando en cuando de que debe "suprimir a todos los testigos". Pero después, en el curso del análisis, halla una mejor motivación que nos revela el punto de partida de su sueño. La víspera había visto en el teatro a una joven con la que se habría casado ya si no le hubiese dado motivo de celos. Pero teniendo en cuenta la gran intensidad que estos han alcanzado en él, habría sido realmente una locura llegar a casarse con ella. Piensa, pues, el sujeto que su amada le inspira tan escasa confianza que si se hubiera casado hubiera tenido que matar por celos a todos aquellos que hubiera encontrado en su camino. Sabemos ya que el atravesar una serie de habitaciones (en este caso de vagones) es un símbolo del matrimonio.

A propósito de la detención del tren en pleno campo y del temor de un accidente, nos relata el sujeto que un día que viajaba realmente en ferrocarril, paró el tren de súbito entre dos estaciones. Una señora joven, que se hallaba a su lado, declaró que iba probablemente a producirse un choque con otro tren, y que, en este caso, la primera precaución que debe tomarse es poner las piernas en alto. Esta idea de "las piernas en alto" desempeñó también un papel importante en las numerosas excursiones campestres que hizo el sujeto con la joven citada, durante la dichosa época de sus primeros amores, circunstancia que constituye una nueva prueba de que necesitaría estar loco para casarse ahora con ella.

A pesar de todo esto, el conocimiento que yo tenía de la situación me permite afirmar que el deseo de cometer tal locura continuaba a pesar de todo persistiendo en él.

XIII
Rasgos arcaicos e infantilismo del sueño

Uno de los resultados obtenidos en nuestras investigaciones nos reveló que, bajo la influencia de la censura, comunica la elaboración onírica a las ideas latentes una particular forma expresiva. Las ideas latentes son iguales a aquellas de que en nuestra vida despierta tenemos perfecta conciencia, pero la expresión que en el sueño revisten presentan numerosos rasgos que nos son ininteligibles. Ya hemos dicho que esta forma expresiva retrocede a estados muy pretéritos de nuestro desarrollo intelectual, esto es, el lenguaje figurado a las relaciones simbólicas y quizá a condiciones que existieron antes del desarrollo de nuestro lenguaje abstracto. En esta circunstancia es en la que nos hemos fundado para calificar de *arcaico* o *regresivo* el género de expresión de la elaboración onírica.

Podemos, pues, deducir que un estudio más profundo y detenido de la elaboración ha de proporcionarnos interesantísimos datos sobre los orígenes, poco conocidos, de nuestro desarrollo intelectual. En realidad, espero que así sea, pero es esta una labor que no ha sido aún emprendida. La elaboración onírica nos hace retornar a una doble prehistoria: en primer lugar, a la prehistoria individual, o sea, a la infancia, y después, en tanto en cuanto todo individuo reproduce abreviadamente en el curso de su infancia el desarrollo de la especie humana, a la prehistoria filogénica. No creo imposible que llegue a conseguirse algún día fijar qué parte de los procesos psíquicos latentes corresponden a la prehistoria individual y cuál otra a la prehistoria filogénica. Por lo pronto, creo que podemos considerar justificadamente la relación simbólica de que en el curso de estas lecciones hemos hablado y que el individuo no ha aprendido jamás a establecer como un legado filogénico.

Pero no es este el único carácter arcaico del sueño. Todos conocéis, por propia experiencia, la singular amnesia infantil, o sea, el hecho comprobado de que los cinco, seis u ocho primeros años de la vida no dejan, como los sucesos de años posteriores, una huella más o menos precisa en nuestra memoria. Existen, ciertamente, algunos individuos que pueden vanagloriarse de una continuidad mnémica que se extiende a través de toda la vida desde sus primeros comienzos, pero el caso contrario, aquel en el que la memoria del sujeto adolece de extensas lagunas es el más frecuente y casi general. A mi juicio, no ha despertado este hecho toda la atención que merece. A la edad de dos años, el niño sabe ya hablar con bastante perfección, y poco después nos muestra que sabe también orientarse en situaciones psíquicas complicadas y manifestar sus ideas y sentimientos por medio de palabra y actos que los que le rodean habrán de recordarle en años posteriores, pues él los olvidará por completo, a pesar de que la memoria es o debiera ser en los tempranos años infantiles, en los que se halla me nos recargada, más sensible y apta para su misión retentiva. Por otra parte, nada nos autoriza a considerar la función de la memoria como una función psíquica especialmente elevada y difícil; suele, por el contrario, suceder que personas de un muy bajo nivel intelectual poseen esta facultad en alto grado.

A esta particularidad se añade la de que tal carencia de recuerdos sobre los primeros años infantiles no es ni mucho menos completa, pues en la memoria del adulto quedan algunas claras huellas de esta época, correspondientes casi siempre a impresiones plásticas, aunque con la singularidad de que no hay nada que a primera vista justifique su conservación con preferencia a otras. De las impresiones que recibimos en épocas posteriores de nuestra vida, realiza nuestra memoria una selección, conservando las más importantes y dejando perder el resto. Mas con los recuerdos que de nuestra infancia conservamos sucede algo muy distinto. Estos recuerdos no corresponden necesariamente a sucesos importantes de dicho período de nuestra vida, ni siquiera a sucesos que pudieran parecernos importantes desde el punto de vista infantil. Son, por el contrario, tan triviales e insignificantes que nos preguntamos con asombro por qué razón han sido precisamente los que han escapado al olvido. Ya en una ocasión anterior intenté resolver el enigma de la amnesia infantil y de los restos de recuerdos conservados a pesar de la misma, y llegué a la conclusión de que también la memoria del niño efectúa una labor de selección, conservando tan sólo lo importante, mas por medio de los procesos que os son ya conocidos, el de condensación y, sobre todo, el de desplazamiento, quedan dichos recuerdos importantes sustituidos, en la memoria del sujeto, por otros que lo parecen menos. Basándome en esta circunstancia he dado a estos recuerdos infantiles el nombre de *recuerdos encubridores* (*Deckerinnerungen*). Un penetrante análisis de los mismos nos permite descubrir tras de ellos lo importante olvidado.

En la terapéutica psicoanalítica nos hallamos siempre ante la necesidad de llenar las lagunas que presentan los recuerdos infantiles, y cuando el tratamiento da resultados aproximadamente satisfactorios, esto es, en un gran número de casos, conseguimos hacer surgir el contenido de los años infantiles encubierto por el olvido. Las impresiones de este modo reconstituidas no han sido nunca realmente olvidadas; lo que sucede es que han pasado a lo inconsciente, haciéndose latentes e inaccesibles fuera del análisis. Sin embargo, suelen a veces emerger espontáneamente en relación con ciertos sueños, mostrándosenos así la vida onírica, capaz de hallar el camino de acceso a estos sucesos infantiles latentes. La literatura sobre los sueños nos muestra acabados casos de este género y yo mismo he podido aportar un ejemplo personal. Una noche soñé con una persona que me había prestado un servicio y cuya figura se me apareció con gran precisión y claridad. Era un hombre de escasa estatura, gordo, tuerto y con la cabeza metida entre los hombros. Del contexto de mi sueño deduje que aquel hombrecillo era un médico. Felizmente pude preguntar a mi madre, que vivía todavía, cuál era el aspecto exterior del médico de mi ciudad natal, de la que salí a la edad de tres años, y supe que en efecto era tuerto, pequeño, gordo y tenía la cabeza metida entre los hombros. Me reveló, además, mi madre en qué ocasión olvidada por mí me había prestado este médico sus servicios. Vemos, pues, que este acceso a los materiales olvidados de los primeros años de la infancia constituye un nuevo rasgo arcaico del sueño.

Idéntica explicación puede aplicarse a otro de los enigmas con los cuales tropezamos en el curso de estas investigaciones. Recordaréis, sin duda, el asombro que experimentasteis cuando os expuse la prueba de que los sueños son estimulados por deseos sexuales, fundamentalmente perversos, y a veces de una tan desenfrenada licencia que han hecho necesaria la institución de una censura y una deformación oníricas. Cuando llegamos a comunicar al sujeto la interpretación de un sueño de este género, no deja nunca de hacer constar su protesta contra la misma, pero aun en los casos más favorables, es decir, en aquellos en que acepta tal interpretación, pregunta siempre de dónde puede proceder un tal deseo que tan incompatible con su carácter y tan contrario al conjunto de sus tendencias y sentimientos le parece, interrogante cuya respuesta no tenemos por qué dilatar. Tales perversos deseos tienen sus raíces en el pasado, muchas veces, en un pasado harto próximo, resultando posible demostrar que en dicho pretérito fueron conocidos y conscientes. Así, una señora, cuyo sueño entrañaba el deseo de que muriese su hija de diecisiete años de edad, encontró, guiada por nosotros, que hubo una época de su vida en la que realmente deseó dicha muerte. Su hija era el fruto de un desgraciado matrimonio al que el divorcio puso término. Hallándose todavía encinta, tuvo la señora, a consecuencia de una violenta escena con su marido, un tal acceso de cólera que, perdiendo todo el dominio de sí misma, comenzó a golpearse el vientre con intención de ocasionar la muerte a la hija que en su seno llevaba. Muchas madres que aman hoy con gran ternura a sus hijos, y hasta les demuestran un exagerado cariño, no los concibieron sino a disgusto y desearon su muerte antes del parto, llegando algunas hasta intentar criminales prácticas abortivas que afortunadamente no dieron resultado alguno. Resulta, pues, que el deseo expresado por algunos sueños de ver morir a una persona amada, deseo que tan inexplicablemente parece al sujeto en la época en que tiene un tal sueño, se remonta a una época pretérita de sus relaciones con dicha persona.

En otro de los sueños de este género, que hemos tenido ocasión de interpretar, resultaba que el sujeto deseaba la muerte de su hijo mayor y más querido. Naturalmente, rechazó al principio la idea de haber abrigado nunca tal deseo, pero en el curso del análisis hubo de recordar que teniendo su hijo pocos meses y hallándose él descontento de su matrimonio, pensó repetidas veces que si aquel pequeño ser, por el que aún no sentía cariño alguno, llegaba a morir, podría él recuperar su libertad y haría de la misma un mejor uso. Idéntico origen puede demostrarse para un gran número de análogos sentimientos de odio que no son sino recuerdos de algo que en un pretérito más o menos lejano fue consciente y desempeñó un importante papel en la vida psíquica. Me diréis que cuando no ha habido modificación alguna en la actitud del sujeto con respecto a una persona y cuando esta actitud ha sido siempre benévola, tales deseos y tales sueños no debieran existir. Por mi parte estoy dispuesto a admitir esta condición, pero he de recordaros que a lo que en los sueños hemos de atender no es al contenido manifiesto, sino el sentido que el mismo adquiere después de la interpretación. Puede, por lo tanto, suceder que el sueño manifiesto que nos presenta la muerte de una persona amada signifique algo totalmente distinto y se haya servido del triste acontecimiento tan sólo a título de disfraz o utilice a dicha persona como engañadora sustitución de otra.

Pero esta misma circunstancia despertará en vosotros una pregunta mucho más importante. Me observaréis, en efecto, que incluso admitiendo que este deseo de muerte haya existido y sea confirmado por el sujeto al evocar sus recuerdos, ello no constituye explicación ninguna. Un tal deseo, vencido a largo tiempo, no puede ya existir en lo inconsciente sino como un simple recuerdo desprovisto de afecto, nunca como un enérgico sentimiento. Nada nos prueba en realidad que posea fuerza ninguna. Mas entonces, ¿por qué es evocado por el sueño? Encuentro esta interrogante perfectamente justificada, pero un intento de responder a ella nos llevaría muy lejos y nos obligaría a adoptar una actitud determinada sobre uno de los puntos más importantes de la teoría de los sueños. Hallándonos obligados a permanecer dentro de los límites de nuestra exposición, habremos de abstenernos por el momento de entrar en el esclarecimiento de este problema y contentarnos con haber demostrado el hecho de que dichos deseos ahogados desempeñan el papel de estímulos del sueño. Proseguiremos, pues, nuestra investigación encaminándola ahora a descubrir si también otros malos deseos tienen igualmente su origen en el pasado del individuo.

Limitémonos por lo pronto a los deseos de muerte, que la mayor parte de las veces son inspirados por el limitado egoísmo del sujeto. Es muy fácil demostrar que este deseo constituye un frecuentísimo estímulo de sueños. Siempre que alguien estorba nuestro camino en la vida (y todos sabemos cuán frecuente es este caso en las complicadísimas condiciones de nuestra vida actual), el sueño se muestra dispuesto a suprimirlo, aunque la persona que ha de ser suprimida sea el padre, la madre, un hermano, una hermana, un esposo o una esposa. Esta maldad que en los sueños demuestra la naturaleza humana hubo ya de asombrarnos y provocar nuestra resistencia a admitir sin reservas la verdad de este resultado de la interpretación onírica. Pero en el momento en que se nos reveló que debíamos buscar el origen de tales deseos en el pretérito, descubrimos en seguida el período del pasado individual en el que los mismos y el feroz egoísmo que suponen no tienen nada desconcertante. Es, en efecto, el niño en sus primeros años, que, como hemos visto, quedan más tarde velados por la amnesia, el que da con frecuencia pruebas del más alto grado de este egoísmo y presenta siempre, durante el resto de la infancia, marcadísimas supervivencias del mismo. En la primera época de su vida el niño concreta toda su facultad de amar en su propia persona y sólo más tarde es cuando aprende a amar a los demás y a sacrificarles una parte de su *yo*. Incluso el cariño que parece demostrar desde un principio a las personas que le cuidan y guardan no obedece sino a razones egoístas, pues necesita imprescindiblemente de ellas para subsistir, y pasará mucho tiempo hasta que logre hacerse independiente en él el amor del egoísmo. Puede decirse, por lo tanto, que en realidad *es el egoísmo lo que le enseña a amar.*

Desde este punto de vista resulta muy instructiva la comparación entre la actitud del niño con respecto a sus hermanos y hermanas, así como aquella que observa para con sus padres. El niño no ama necesariamente a sus hermanos y hermanas, y con harta frecuencia abriga hacia ellos sentimientos hostiles, considerándolos como competidores, actitud que se mantiene muchas veces sin interrupción durante largos años hasta la pubertad y aun después de ella. En ocasiones queda reemplazada o más bien encubierta por sentimientos más cariñosos, pero de un modo general, la actitud hostil es la primitiva y se nos muestra con toda evidencia, en los niños de dos años y medio a cinco, con motivo del nacimiento de un nuevo hermano o una nueva hermana, los cuales reciben casi siempre una acogida nada amistosa. En estas ocasiones no es nada raro oír expresar al niño su protesta y el deseo de que la cigüeña vuelva a llevarse al recién nacido. Posteriormente aprovechará todas las ocasiones para denigrar al intruso y llegará a veces hasta atentar directamente contra él. Cuando la diferencia de edad es menor, se encuentra ya el niño, al despertar su actividad psíquica, con la presencia del hermanito y la acepta sin resistencia como un hecho inevitable y consumado. En los casos en que dicha diferencia es, por el contrario, más considerable, puede despertar el recién nacido determinadas simpatías, siendo considerado como un objeto interesante —una muñeca viva—. Por último, cuando entre los hermanos hay ya un intervalo de ocho o más años, suelen surgir en los mayores, y sobre todo en las niñas, sentimientos de material solicitud. De todos modos, creo sinceramente que cuando en un sueño descubrimos el deseo de ver morir a un hermano o a una hermana no tenemos por qué asombrarnos y calificarlo de enigmático, pues sin gran trabajo se suele hallar la fuente del mismo en la primera infancia y con alguna frecuencia en épocas más tardías de la vida en común.

Difícilmente se encontrará una *nursery* sin conflictos violentos entre sus habitantes, motivados por el deseo de cada uno de monopolizar en provecho propio la ternura de los padres, la posesión de los objetos y el espacio disponible. Los sentimientos hostiles se dirigen tanto hacia los hermanos menores como hacia los mayores. Ha sido, creo, Bernard Shaw quien ha dicho que si hay un ser al que una joven inglesa odie más que a su madre es seguramente su hermana mayor. Mas en esta observación hay algo que nos desconcierta. Podemos, en rigor, concebir todavía el odio y la competencia entre hermanos y hermanas. Lo que no llegamos a explicarnos es que entre el padre y los hijos o entre la madre y las hijas puedan también surgir tales sentimientos hostiles.

Los hijos manifiestan ciertamente un mayor cariño hacia sus padres que hacia sus hermanos, circunstancia conforme en todo a nuestra concepción de las relaciones familiares, pues la falta de cariño entre padres e hijos nos parece mucho más contra naturaleza que la enemistad entre hermanos y hermanas. Pudiéramos decir que el cariño entre padres e hijos ha sido revestido por nosotros de un carácter sagrado que, en cambio, no hemos concedido a las relaciones fraternales. Y, sin embargo, la observación cotidiana nos demuestra cuán frecuentemente quedan las relaciones sentimentales entre padres e hijos muy por debajo del ideal marcado por la sociedad y cuánta hostilidad suelen entrañar, hostilidad que se manifestaría al exterior sin la intervención inhibitoria de determinadas tendencias afectivas. Las razones de este hecho son generalmente conocidas: trátase, ante todo, de una fuerza que tiende a separar a los miembros del mismo sexo dentro de una familia, esto es, a la hija de la madre y al hijo del padre. La hija encuentra en la madre una autoridad que coarta su voluntad y se halla encargada de la misión de imponerle el renunciamiento a la libertad sexual exigido por la sociedad. Esto es, sin hablar de aquellos casos, nada raros, en los que entre madre e hija existe una especie de rivalidad o de verdadera competencia. Algo idéntico, pero de una intensidad aún mayor, sucede entre el padre y los hijos. Para el hijo, representa el padre la personificación de la coerción social impacientemente soportada. El padre se opone a la libre voluntad del hijo, cerrándole el acceso a los placeres sexuales y a la libre posesión de la fortuna familiar. La espera de la muerte del padre se eleva en el sucesor al trono a una verdadera altura trágica. En cambio, las relaciones entre padres e hijas y entre madres e hijos parecen más francamente amistosas. Sobre todo, en la relación de madre e hijo y en su recíproca es donde hallamos los más puros ejemplos de una invariable ternura exenta de toda consideración egoísta.

Os preguntaréis, sin duda, por qué os hablo de estas cosas tan triviales y generalmente conocidas. Lo hago porque existe una fuerte tendencia a negar su importancia en la vida y a considerar que el ideal social es seguido y obedecido siempre y en todos los casos. Es preferible que, en lugar del cínico, sea el psicólogo el que diga la verdad, y conviene además hacer constar que la negación de la existencia de tales sentimientos hostiles sólo se mantiene con respecto a la vida real, pues a la poesía narrativa y dramática se les deja toda libertad para servirse de situaciones originales por la perturbación del ideal social sobre las relaciones familiares.

No habremos, por lo tanto, de extrañar que en muchas personas revele el sueño el deseo de ver morir al padre o a la madre, siendo lo más frecuente que los hijos deseen lo primero y las hijas lo segundo, y debemos incluso admitir que este deseo existe igualmente en la vida despierta, llegando a veces hasta hacerse consciente cuando puede disimularse detrás de un distinto motivo, como sucedía en uno de los sueños citados anteriormente (número 3) en el que el deseo de ver morir al padre se disfrazaba de compasión por sus sufrimientos. Es raro que la hostilidad domine exclusivamente en estas situaciones, pues casi siempre se esconde detrás de sentimientos más tiernos que la mantienen reprimida, y se ve obligada a esperar que un sueño venga a aislarla. Aquello que tras este proceso toma en el sueño exageradas proporciones, disminuye de nuevo después que la interpretación lo ha hecho entrar en el conjunto vital (H. Sachs). Pero tales deseos de muerte se nos revelan también en casos en los que la vida no les ofrece ningún punto de apoyo y en los que el hombre despierto no consiente jamás en confesarlas. Esto se explica por el hecho de que el motivo más profundo y habitual de la hostilidad, sobre todo entre personas del mismo sexo, surge ya en la primera infancia, pues no es otro que la competencia amorosa con especial acentuación del carácter sexual. Ya en los primeros años infantiles comienza el hijo a sentir por la madre una particular ternura. La considera como cosa suya y ve en el padre una especie de competidor que le disputa la posesión. Análogamente, considera la niña a su madre como alguien que estorba sus cariñosas relaciones con el padre y ocupa un lugar que la hija quisiera monopolizar. Determinadas observaciones nos muestran a qué tempranísima edad debemos hacer remontarse esta actitud, a la que hemos dado el nombre de *complejo de Edipo,* para aparecer realizados, con muy ligeras modificaciones, en la leyenda que a Edipo tiene por protagonista, los dos deseos extremos derivados de la situación del hijo; esto es, los de matar al padre y desposar a la madre. No quiero con esto afirmar que el complejo de Edipo agote todo lo que se relaciona con la actitud recíproca de padres e hijos, pues esta actitud puede ser mucho más complicada. Por otra parte, puede el complejo mismo hallarse más o menos acentuado y hasta sufrir una inversión, pero de todas maneras constituye siempre un factor regular y muy importante de la vida psíquica infantil, y si algún riesgo corremos en su estimación será más bien el de darle menos valor del que efectivamente posee que el de exagerar su influencia y efectos. Además, sucede muchas veces que los niños llegan a adoptar la actitud correspondiente al complejo de Edipo por reacción al estímulo de sus mismos padres, los cuales se dejan guiar, en sus predilecciones, por la diferencia sexual que impulsa al padre a preferir a la hija y a la madre a preferir al hijo o hacer que el padre haga recaer sobre la hija y la madre sobre el hijo el afecto que uno u otro cesan de hallar en el hogar conyugal.

No puede afirmarse que el mundo haya agradecido a la investigación psicoanalítica su descubrimiento del complejo de Edipo, el cual provocó, por el contrario, la resistencia más encarnizada, y aun aquellos que omitieron sumarse a la indignada negación de la existencia de una tal relación sentimental prohibida o “tabú”, han compensado su falta dando al complejo que la representa interpretaciones que la despojaban de todo su valor. Por mi parte yo permanezco inquebrantablemente convencido de que no hay nada que negar ni atenuar, siendo necesario que nos familiaricemos con este hecho que la misma leyenda griega reconoce como una fatalidad ineluctable. Resulta, por otra parte, interesante que este complejo de Edipo, al que se quisiera eliminar de la vida real, queda, en cambio, abandonado a la libre disposición de la poesía. Otto Rank ha demostrado en un concienzudo estudio que el complejo de Edipo ha sido un rico manantial de la inspiración para la literatura dramática, la cual nos lo presenta en infinidad de formas y lo ha hecho pasar por toda clase de modificaciones, atenuaciones y deformaciones, análogas a las que realiza la censura onírica que ya conocemos. Podremos, pues, atribuir también al complejo de Edipo, incluso a aquellos sujetos que han tenido la dicha de evitar, en años posteriores a la infancia, todo conflicto con sus padres. En íntima conexión con él descubrimos, por último, otro complejo al que llamaremos *complejo de castración* y que es una reacción a las trabas que el padre impone a la actividad sexual precoz de su hijo.

Habiendo sido conducidos, por las investigaciones que preceden, al estudio de la vida psíquica infantil, podemos abrigar la esperanza de que el mismo nos proporcione también una explicación del origen de los restantes deseos prohibidos que se manifiestan en los sueños, o sea, de los sentimientos sexuales excesivos. Impulsados de este modo a estudiar igualmente la vida sexual del niño, llegamos a observar los hechos siguientes: constituye, ante todo, un gran error negar la realidad de una vida sexual infantil y admitir que la sexualidad no aparece sino en el momento de la pubertad, esto es, cuando los órganos genitales alcanzan su pleno desarrollo. Por el contrario, el niño posee, desde un principio, una amplia vida sexual que difiere en diversos puntos de la vida sexual ulterior considerada como normal. Aquello que en la vida del adulto calificamos de "perverso" se aparta de lo normal por el desconocimiento de la diferencia específica (del abismo que separa al hombre del animal), la transgresión de los límites establecidos por la repugnancia, el incesto (prohibición de intentar satisfacer los deseos sexuales en personas a las que nos unen lazos de consanguinidad) y la homosexualidad, y por la transferencia de la función genital a otros órganos y partes del cuerpo. Todos estos límites, lejos de existir, desde un principio son edificados poco a poco en el curso del desarrollo y de la educación. El niño los desconoce por completo. Ignora que existe entre el hombre y el animal un abismo infranqueable, y sólo más tarde adquiere el orgullo con que el hombre se opone a la bestia. Tampoco manifiesta, al principio, repugnancia alguna por los excrementos, repugnancia que irá adquiriendo después, poco a poco, bajo el influjo de la educación. Lejos de sospechar las diferencias sexuales, cree que ambos sexos poseen genitales idénticos y sus primeros impulsos de carácter esencial y sus primeras curiosidades de este género recaen sobre aquellas personas que tiene más próximas y que por otras razones le son más queridas tales como los padres, hermanos y guardadores. Por último, se manifiesta en él un hecho que volvemos a encontrar en el momento álgido de las relaciones amorosas, o sea, el de que no es únicamente en los órganos genitales donde sitúa la fuente del placer que espera, sino que otras distintas partes de su cuerpo aspiran en él a una igual sensibilidad, proporcionando análogas sensaciones de placer y pudiendo desempeñar, de este modo, el papel de órganos genitales. El niño puede, pues, presentar lo que llamaríamos una "perversidad polimórfica", y si todas estas tendencias no se advierten en él sino como débiles indicios, ello se debe, de una parte, a su menor intensidad en comparación con la que alcanzan en una edad más avanzada, y de otra, a que la educación reprime con la mayor energía, conforme van apareciendo, todas las manifestaciones sexuales del niño. Esta supresión pasa después, por decirlo así, de la práctica a la teoría y los adultos se esfuerzan en no darse cuenta de una parte de las manifestaciones sexuales del niño y en despojar al resto de las mismas, con ayuda de determinadas interpretaciones, de su naturaleza sexual. Hecho esto, nada más fácil que negar la totalidad de tales fenómenos. Pero lo curioso es que los que sostienen esta negativa son, con frecuencia, los mismos que en la *nursery* truenan contra todas las "mañas" sexuales de los niños, cosa que no les impide, una vez ante su mesa de trabajo, defender a capa y espada la pureza sexual de la infancia. Siempre que los niños son abandonados a sí mismos o sufren influencias desmoralizantes, podemos observar en ellos manifestaciones, a veces muy pronunciadas, de perversidad sexual. Sin duda tienen razón los adultos en no tomar demasiado en serio tales "niñerías", dado que el niño no es responsable de sus actos ni puede ser juzgado por el tribunal de las costumbres o el de las leyes, pero de todos modos resultará siempre que tales cosas existen y poseen su importancia, tanto como síntoma de una constitución congénita, como a título de antecedentes y factores de la orientación del desarrollo posterior, revelándonos, además, datos muy interesantes sobre la vida sexual infantil, y con ellos, sobre la vida sexual humana en general. De este modo, si volvemos a hallar todos estos deseos perversos detrás de nuestros sueños deformados, ello significará solamente que también en este dominio ha llevado a cabo el sueño una regresión al estado infantil.

Entre estos deseos prohibidos merecen especial mención los incestuosos, esto es, los deseos sexuales dirigidos hacia los padres, hermanos y hermanas. Conocéis ya la aversión que la sociedad humana experimenta, o por lo menos promulga, con respecto al incesto y qué fuerza coercitiva poseen las prohibiciones contra el mismo. Los hombres de ciencia se han esforzado en hallar las razones de esta fobia al incesto. Unos han visto en su prohibición una representación psíquica de la selección natural, puesto que las relaciones sexuales entre parientes consanguíneos habrían de tener por consecuencia una degeneración de los caracteres raciales. Otros, en cambio, han pretendido que la vida en común, practicada desde la más tierna infancia, desvía nuestros deseos sexuales de las personas con las que nos hallamos en contacto permanente. Pero tanto en un caso como en otro, el incesto se hallaría eliminado automáticamente y entonces no habría habido necesidad de recurrir a severas prohibiciones, las cuales testimonian más bien de una fuerte inclinación a cometerlo. Las investigaciones psicoanalíticas han establecido de un modo incontestable que el amor incestuoso es el más primitivo y existe de una manera regular, siendo solamente más tarde cuando tropieza con una oposición, cuyo origen podemos hallar en la psicología individual.

Recapitulemos ahora los datos que para la comprensión del sueño nos ha proporcionado el estudio de la psicología infantil. No solamente hemos hallado que los materiales de que se componen los sucesos olvidados de la vida infantil son accesibles al sueño, sino que hemos visto, además, que la vida psíquica de los niños, con todas sus particularidades —su egoísmo, sus tendencias incestuosas, etc.— sobrevive en lo inconsciente y emerge en los sueños, los cuales nos hacen retornar cada noche a la vida infantil. Constituye esto una confirmación de que *lo inconsciente de la vida psíquica no es otra cosa que lo infantil.* La penosa impresión que nos deja el descubrimiento de la existencia de tantos rasgos malignos de la naturaleza humana comienza ahora a atenuarse. Estos rasgos tan terriblemente perversos son simplemente lo inicial, primitivo e infantil de la vida psíquica, elementos que podemos hallar en estado de actividad en el niño, pero que pasan inadvertidos a causa de sus pequeñas dimensiones, aparte de que, en muchos casos, no los tomamos en serio por no ser muy elevado el nivel moral que al niño exigimos. Al retroceder los sueños hasta esta fase, parecen hacer surgir a la luz aquello que demás perverso hay en nuestra naturaleza, pero esto no es sino una engañosa apariencia que no debe alarmamos. En realidad, somos mucho menos perversos de lo que hubimos de inclinarnos a creer después de estudiar la interpretación onírica.

Puesto que las tendencias que se manifiestan en los sueños no son sino supervivencias infantiles y un retorno a los principios de nuestro desarrollo moral, y puesto que el sueño nos transforma, por decirlo así, en niños, desde el punto de vista de la inteligencia y del sentimiento, no tenemos ya razón plausible alguna para avergonzarnos de estos malignos sueños. Pero como lo racional no forma sino una parte de la vida psíquica, la cual encierra en sí muchos otros elementos que nada tienen de racionales, resulta que, sin embargo, experimentamos una irracional vergüenza de nuestros sueños de este género. Por esta razón los sometemos a la censura y nos avergüenza y contraría el que uno de estos deseos prohibidos consiga penetrar hasta la conciencia bajo una forma suficientemente inalterada para poder ser reconocido. En algunos casos llegamos incluso a avergonzarnos de nuestros sueños deformados como si los comprendiésemos. Recordad el indignado juicio, que la buena señora que tuvo el sueño de los "servicios de amor", hizo recaer sobre el mismo, aun no conociendo su interpretación psicoanalítica. No podemos, pues, considerar resuelto el problema y es posible que prosiguiendo nuestro estudio sobre los perversos elementos que se manifiestan en los sueños lleguemos a formarnos una distinta idea y a establecer una diferente apreciación de la naturaleza humana.

Como resultado de nuestra investigación hemos obtenido dos nuevos datos, pero vemos, en seguida, que los mismos constituyen el punto de partida de nuevos enigmas y nuevas vacilaciones. Nos damos cuenta, en primer lugar, de que la regresión que caracteriza a la elaboración onírica no es únicamente formal sino también material. No satisfecha con dar a nuestras ideas una forma de expresión primitiva, despierta asimismo las particularidades de nuestra vida psíquica primitiva, o sea, la antigua preponderancia del *yo*, las tendencias iniciales de nuestra vida sexual y hasta nuestro primitivo bagaje intelectual, si es que se nos permite considerar como tal, la relación simbólica. En segundo lugar, observamos que todo este primitivo infantilismo, que en épocas anteriores ejerció una total hegemonía, debe ser localizado actualmente en lo inconsciente, circunstancia que modifica y amplía las nociones que de esta instancia psíquica poseemos. Lo inconsciente no es ya tan sólo aquello que se encuentra en un momentáneo estado de latencia, sino que forma un dominio psíquico particular con sus tendencias optativas propias, su privativo modo de expresión y mecanismos psíquicos particulares. Pero las ideas latentes del sueño que nos han sido reveladas por la interpretación onírica no forman parte de este dominio y podríamos tenerlas igualmente en la vida despierta. Sin embargo, son inconscientes. ¿Cómo resolver una tal contradicción? Comenzamos a sospechar que nos ha de ser preciso efectuar aquí una diferenciación. Algo que proviene de nuestra vida consciente y que participa de sus caracteres —los "restos diurnos"— se asocia a algo que proviene del dominio de lo inconsciente, y de esta asociación resulta el sueño.

La elaboración onírica se efectúa entre estos dos grupos de elementos, y la influencia ejercida por lo inconsciente sobre los restos diurnos contiene quizá la condición de la regresión. Es esta la idea más adecuada que, en tanto que exploramos otros dominios psíquicos, podemos formarnos de la naturaleza del sueño. Pero no se halla lejano el momento de aplicar al carácter inconsciente de las ideas latentes del sueño una distinta calificación que permita diferenciarlo de los elementos inconscientes procedentes del dominio de lo infantil.

Naturalmente, podemos plantearnos todavía las siguientes interrogantes: ¿Qué es lo que impone a la actividad psíquica esta regresión durante el sueño? ¿Por qué no suprime dicha actividad las excitaciones perturbadoras del sueño sin la ayuda de una tal regresión? Y si para ejercer la censura se halla obligada a disfrazar las manifestaciones del sueño dándoles una expresión primitiva actualmente incomprensible, ¿para qué le sirve hacer revivir las tendencias psíquicas, los deseos y los rasgos característicos desvanecidos hace largo tiempo, o, dicho de otra manera, de qué le sirve añadir la regresión material a la regresión formal? La única respuesta susceptible de satisfacernos sería la de que es este el único medio de formar un sueño y que desde el punto de vista dinámico resulta imposible concebir de un modo distinto la supresión del estímulo perturbador del reposo. Pero dado el estado actual de nuestros conocimientos no tenemos todavía el derecho de dar tal respuesta.

XIV
Realizaciones de deseos

¿Habré de recordaros una vez más el camino que hemos ya recorrido? ¿Habré de recordaros cómo habiendo tropezado, en la aplicación de nuestra técnica, con la deformación onírica, nos decidimos a prescindir momentáneamente de ella y pedir a los sueños infantiles datos decisivos sobre la naturaleza del fenómeno onírico? ¿Debo, por último, recordaros como una vez en posesión de los resultados de estas investigaciones, atacaremos directamente la deformación de los sueños, cuyas dificultades hemos ido venciendo una por una? Mas llegados a este punto, nos vemos obligados a convenir en que lo que hemos obtenido siguiendo el primero de estos caminos no concuerda por completo con los resultados que las investigaciones efectuadas en la segunda dirección nos han proporcionado. Así, pues, nuestra labor más inmediata será la de confrontar estos dos grupos de resultados y ponerlos de acuerdo.

Por ambos lados hemos visto que la elaboración onírica consiste esencialmente en una transformación de ideas en sucesos alucinatorios. Esta transformación constituye ya de por sí un hecho enigmático, pero se trata de un problema de psicología general, del cual no tenemos para qué ocuparnos aquí. Los sueños infantiles nos han demostrado que la elaboración tiende a suprimir, por la realización de un deseo, una excitación que perturba el reposo. De la deformación de los sueños no podíamos decir lo mismo antes de haber aprendido a interpretar estos. Pero desde un principio esperamos poder deducir los sueños deformados al mismo punto de vista que los infantiles. La primera realización de esta esperanza nos ha sido proporcionada por el descubrimiento de que, en rigor, todos los sueños son sueños infantiles, pues todos ellos laboran con materiales infantiles, tendencias y mecanismos de este género. Y puesto que consideramos como resuelta la cuestión de la deformación onírica, nos queda únicamente por investigar si la concepción de la realización de deseos se aplica igualmente a los sueños deformados.

En páginas anteriores hemos sometido a interpretación una serie de sueños sin tener en cuenta el punto de vista de la realización de deseos, y por lo tanto, tengo la convicción de que más de una vez os habéis preguntado: Pero ¿qué se ha hecho de aquella realización de deseos que antes se nos presentó "como el fin de la elaboración onírica"? Esta interrogante posee una gran importancia, pues es la que generalmente nos plantean nuestros críticos profanos. Como ya sabéis la humanidad experimenta una aversión instintiva hacia todas las novedades intelectuales, siendo una de las manifestaciones de esta aversión el hecho de que cada novedad queda en el acto reducida a su más pequeña amplitud y como condensada en una fórmula. Para la nueva teoría de los sueños la fórmula corriente es la de "realización de deseos". Habiendo oído decir que el sueño es una realización de deseos, puede preguntarse en seguida dónde se halla tal realización. Pero al mismo tiempo que se plantea, suele ya resolverse esta interrogante en sentido negativo sin esperar más amplias explicaciones. Fundándose en el recuerdo de innumerables experiencias personales en las que el displacer más profundo y hasta la más desagradable angustia han aparecido ligados a los sueños, declaran nuestros críticos que las afirmaciones de la teoría psicoanalítica sobre los mismos son por completo inverosímiles. A esta objeción nos es fácil responder que en los sueños deformados puede no ser evidente la realización de deseos, debiendo ser buscada y resultando muchas veces imposible de demostrar sin una previa interpretación del sueño. Sabemos igualmente que los deseos de estos sueños deformados son deseos prohibidos y reprimidos por la censura, deseos cuya existencia constituye precisamente la causa de la deformación onírica y lo que motiva la intervención de la instancia censora. Pero es difícil hacer entrar en la cabeza del crítico profano la evidente verdad de que no se puede buscar la realización de deseos en un sueño sin antes haberlo interpretado. Nuestro crítico olvidará constantemente esta verdad, mas su actitud negativa ante la teoría de la realización de deseos no es en el fondo sino una consecuencia de la censura onírica, pues viene a sustituir en su psiquismo a los deseos censurados de los sueños y es un efecto de la negación de los mismos.

Tendremos, naturalmente, que explicarnos la existencia de tantos sueños de contenido penoso y en particular la de los sueños de angustia o pesadillas. Nos hallamos aquí por primera vez ante el problema de los sentimientos en el sueño, problema que merecería ser estudiado por sí mismo. Desgraciadamente no podemos efectuar aquí tal estudio. Si el sueño es una realización de deseos, no debiera provocar sensaciones penosas. En esto parecen tener razón los críticos profanos. Pero existen tres complicaciones en las cuales no han pensado.

En primer lugar, puede suceder que la elaboración onírica no consiga crear plenamente una realización de deseos y pase, por lo tanto, al contenido manifiesto, un resto de los efectos dolorosos de las ideas latentes. El análisis deberá entonces mostrarnos —y en efecto, nos lo muestra en cada caso de este género— que las ideas latentes eran aún mucho más dolorosas que el sueño formado a sus expensas. En estos sueños, admitimos que la elaboración onírica no ha alcanzado el fin que se proponía, del mismo modo que aquellos sueños en los que soñamos beber no logran su objeto de dominar la excitación producida por la sed y acabamos por tener que despertarnos para beber realmente. Sin embargo, hemos tenido un sueño verdadero y que no ha perdido nada de su carácter de tal por no haber conseguido constituir la realización del deseo. Debemos, pues, reconocerlo así, y decir: *Ut desint vires, tamen est laudanda voluntas*[7]. Si el deseo no ha sido satisfecho, no por ello la intención deja de ser laudable. Estos fracasos de la elaboración onírica no son nada raros. Lo que a ellos contribuye es que los afectos son a veces harto resistentes y, por lo tanto, resulta muy difícil para la elaboración modificarlos en el sentido deseado. Sucede, así, que aun habiendo conseguido la elaboración transformar en una realización de deseos el contenido doloroso de las ideas latentes, el sentimiento displaciente que acompaña a las mismas pasa sin modificación ninguna al sueño manifiesto. En los sueños de este género existe, pues, un completo desacuerdo entre el afecto y el contenido manifiesto, circunstancia en la que se fundan muchos críticos para negarles un carácter de realización de deseos, alegando que incluso un contenido inofensivo puede aparecer acompañado de un sentimiento de displacer. Frente a esta incomprensiva objeción haremos constar que precisamente en esta clase de sueños es en lo que la tendencia a la realización de deseos se manifiesta con más claridad, pues aparece totalmente aislada. El error proviene de que aquellos que no conocen las neurosis se imaginan que existe entre el contenido y el afecto una íntima conexión, y no comprenden que un contenido pueda quedar modificado sin que lo sea a la vez la manifestación afectiva que le corresponde.

Otra circunstancia mucho más importante que el profano omite tener en cuenta es la que sigue: una realización de deseos debiera ser, desde luego, una causa de placer. Mas ¿para quién? Naturalmente para aquel que abriga tal deseo. Ahora bien, sabemos que la actitud del sujeto con respecto a sus deseos es una actitud harto particular, pues los rechaza, los censura

---

[7] "Aunque estén fallando las fuerzas, merece alabarse la voluntad". (Nota de J. N.).

y no quiere saber nada de ellos. Resulta, pues, que la realización de los mismos no puede procurarle placer alguno, sino todo lo contrario, y la experiencia nos muestra que este afecto contrario, que permanece aún inexplicado, se manifiesta en forma de angustia. En su actitud ante los deseos de sus sueños, el durmiente se nos muestra, por lo tanto, como compuesto de dos personas diferentes, pero unidas, sin embargo, por una íntima comunidad. En vez de entrar en una detallada explicación de este punto concreto, os recordaré un conocido cuento en el que hallamos una idéntica situación. Un hada bondadosa promete a un pobre matrimonio la realización de sus tres primeros deseos. Encantado de la generosidad del hada, se dispone el matrimonio a escoger con todo cuidado, pero la mujer, seducida por el olor de unas salchichas que en la cabaña vecina están asando, desea comer un par de ellas, y en el acto aparecen sobre la mesa, quedando cumplido el primer deseo. Furioso, el marido pide que las salchichas aquellas vayan a colgar de las narices de su imbécil mujer, deseo que es cumplido en el acto como el segundo de los tres concedidos. Inútil deciros que esta situación no resulta nada agradable para la mujer, y como en el fondo su marido se siente unido a ella por el cariño conyugal, el tercer deseo ha de ser el de que las salchichas vuelvan a quedar sobre la mesa. Este cuento nos muestra claramente cómo la realización de deseos puede constituir una fuente de placer para una de las dos personalidades que al sujeto hemos atribuido y de displacer para la otra, cuando ambas no se hallan de acuerdo.

No nos será difícil llegar ahora a una mejor comprensión de las pesadillas. Utilizaremos todavía una nueva observación y nos decidiremos luego en favor de una hipótesis en apoyo de la cual podemos alegar más de un argumento. La observación a que me refiero es la de que las pesadillas muestran con frecuencia un contenido exento de toda deformación, esto es, un contenido que, por decirlo así, ha escapado a la censura. La pesadilla es muchas veces una realización no encubierta de un deseo, pero de un deseo que lejos de ser bien acogido por nosotros es rechazado y reprimido. La angustia que acompaña a esta realización toma entonces el puesto de la censura. Mientras que del sueño infantil podemos decir que es la abierta realización de un deseo admitido, y del sueño ordinario, que es la realización encubierta de un deseo reprimido, no podemos definir la pesadilla sino como la franca realización de un deseo reprimido, y la angustia constituye una indicación de que tal deseo se ha mostrado más fuerte que la censura y se ha realizado o se hallaba en vías de realización a pesar de la misma. Fácilmente se comprende que para el sujeto que se sitúa en tal punto de vista de la censura, una tal realización ha de ser obligadamente un manantial de dolorosas sensaciones y le ha de hacer colocarse en una actitud defensiva. Del sentimiento de angustia que entonces experimentamos en el sueño podemos decir que es un reflejo de la angustia que sentimos ante la fuerza de determinados deseos que hasta el momento habíamos conseguido reprimir.

Lo que para las pesadillas no deformadas resulta verdadero, debe de serlo también para aquellas que han sufrido una deformación parcial y para todos los demás sueños desagradables cuyas penosas sensaciones se aproximan más o menos a la angustia. La pesadilla es seguida generalmente por un sobresaltado despertar, quedando interrumpido nuestro reposo antes que el deseo reprimido del sueño haya alcanzado, en contra de la censura, su completa realización. En estos casos, el sueño no ha podido cumplir su función, pero esto no modifica en nada su peculiar naturaleza. En efecto, comparamos al sueño con un vigilante nocturno encargado de proteger nuestro reposo contra posibles perturbaciones; pero también los vigilantes despiertan al vecindario cuando se sienten demasiado débiles para alejar sin ayuda ninguna la perturbación o el peligro. No obstante, conseguimos muchas veces continuar durmiendo aun en el momento en que el sueño comienza a hacerse sospechoso y a convertirse en pesadilla. En tales casos, solemos decirnos, sin dejar de dormir: "No es más que un sueño", y proseguimos nuestro reposo.

Mas ¿cuándo adquiere el deseo onírico una potencia tal que le permite salir victorioso de la censura? Esta circunstancia puede depender tanto del deseo como de la censura misma. Por razones desconocidas, puede el deseo adquirir, desde luego, en un momento dado, una intensidad extraordinaria, pero tenemos la impresión de que más frecuentemente es a la censura a la que se debe este desplazamiento de las relaciones recíprocas entre las fuerzas actuantes. Sabemos ya que la intensidad de la censura es muy variable y que cada elemento es tratado con muy distinto rigor. A estas observaciones podemos ahora añadir la de que dicha variabilidad va aún mucho más lejos y que la censura no aplica siempre igual rigor al mismo elemento reprensible. Si alguna vez le sucede hallarse impotente ante un sueño que intenta dominarle por sorpresa, utiliza, el efecto de la deformación, al último arbitrio del que dispone, poniendo fin al reposo por medio de la angustia.

Al llegar a este punto de nuestra exposición, advertimos que ignoramos aún por qué estos deseos reprimidos se manifiestan precisamente durante la noche como perturbadores de nuestro reposo. Para resolver esta interrogante hemos de fundarnos en la especial naturaleza del estado de reposo. Durante el día, se hallan dichos deseos sometidos a una rigurosa censura que les prohíbe, en general, toda manifestación exterior. Pero, durante la noche, esta censura, como muchos otros intereses de la vida psíquica, queda suprimida o, por lo menos, considerablemente disminuida en provecho del deseo onírico. A esta disminución de la censura durante la noche es a lo que dichos deseos prohibidos deben la posibilidad de manifestarse. Muchos individuos nerviosos, atormentados por el insomnio, nos han confesado que al principio era el mismo voluntario, pues el miedo a los sueños, esto es, a las consecuencias del relajamiento de la censura que el reposo trae consigo, hacía que prefirieran permanecer despiertos. Fácilmente se ve que tal supresión de la censura no constituye una grosera falta de previsión. El estado de reposo paraliza nuestra movilidad, y nuestras perversas intenciones, aun cuando entran en actividad, no llegarán nunca a producir cosa distinta de los sueños, los cuales son prácticamente inofensivos. Esta tranquilizadora circunstancia queda expresada en la razonable observación que el durmiente se hace de que todo aquello no es más que un sueño, observación que forma parte de la vida nocturna, pero no de la vida onírica: "Esto no es más que un sueño, y puesto que no puede pasar de ahí, dejémoslo hacer y continuemos durmiendo".

Si, en tercer lugar, recordáis la analogía que hemos establecido entre el durmiente que lucha contra sus deseos, y un ficticio personaje, compuesto de dos individualidades distintas, pero estrechamente ligadas una a otra, observaréis, sin esfuerzo, que existe otra razón para que la realización de un deseo pueda ser considerada como algo extraordinariamente desagradable, o sea, como un castigo. Retornemos a nuestro cuento de los tres deseos: La aparición de las salchichas sobre la mesa constituye la realización directa del deseo de la primera persona, esto es, de la mujer; la adherencia de las mismas a la nariz de la imprudente son la realización del deseo de la segunda persona, o sea del marido, pero constituye asimismo el castigo infligido a la mujer por su absurdo deseo. Más adelante, al ocuparnos de las neurosis, hallaremos la motivación del tercero de los deseos de que el cuento nos habla. Refiriéndome ahora al punto concreto del castigo, he de indicaros que en la vida psíquica del hombre existe un gran número de tendencias penales muy enérgicas a las que hemos de atribuir la motivación de la mayor parte de los sueños displacientes. Me objetaréis, aquí, que admitiendo todo esto, nuestra famosa realización de deseos queda reducida a su más mínima expresión; pero examinando los hechos con un mayor detenimiento comprobaréis lo equivocado de vuestra crítica. Dada la variedad —de la cual ya trataremos más tarde— que la naturaleza del sueño podría revestir —y que, según algunos autores, reviste en efecto—, nuestra definición (realización de un deseo, de un temor o de un castigo) resulta verdaderamente limitada. Debemos, además, tener en cuenta que el temor o la angustia es algo por completo opuesto al deseo y que los contrarios se encuentran muy próximos unos de otros en la asociación, e incluso llegan a confundirse, como ya sabemos, en lo inconsciente. Además, el castigo es por sí mismo la realización de un deseo: el de aquella parte de la doble personalidad del durmiente que se halla de acuerdo con la censura.

Observaréis que no he hecho la menor concesión a vuestras objeciones contra la teoría de la realización de mostrarnos que cualquier sueño deformado no es otra cosa que una tal realización. Recordad el ejemplo que interpretamos en una de las lecciones anteriores y a propósito del cual hemos descubierto tantas cosas interesantes; me refiero al sueño que gravitaba en torno de tres malas localidades de un teatro por un florín cincuenta céntimos. Una señora a la cual su marido anuncia, aquel mismo día, que su amiga Elisa, tan sólo tres meses menor que ella, se ha prometido a un hombre honrado y digno, sueña que se encuentra con su esposo en el teatro. Una parte del patio de butacas se halla casi vacía. Su marido le dice que Elisa y su prometido hubieran querido venir también al teatro, pero que no pudieron hacerlo por no haber encontrado sino tres localidades muy malas por un florín cincuenta céntimos. Ella piensa que no ha sido ninguna desgracia no poder venir aquella noche al teatro. En este sueño descubrimos que las ideas latentes se refieren al remordimiento de la señora por haberse casado demasiado pronto y a su falta de estimación por su marido. Veamos, ahora, cómo estas melancólicas ideas han sido elaboradas y transformadas en la realización de un deseo y dónde aparecen sus huellas en el contenido manifiesto. Sabemos ya que el elemento "demasiado pronto, apresuradamente" ha sido eliminado del sueño por la censura. El patio de butacas medio vacío constituye una alusión a él. El misterioso "tres por un florín cincuenta céntimos" nos resulta ahora más comprensible gracias a nuestro posterior estudio del simbolismo onírico[8]. El tres representa realmente, en este sueño, a un hombre, y el elemento manifiesto en que aparece puede traducirse sin dificultad por la idea de comprarse un marido con su dote. ("Con mi dote hubiera podido comprarme un marido diez veces mejor"). El matrimonio queda claramente reemplazado por el hecho de ir al teatro, y el "tomar con demasiada anticipación los billetes" viene a sustituirse a la idea "me he casado demasiado pronto", sustitución motivada directamente por la realización de deseos. La sujeto de este sueño no se ha sentido nunca tan poco satisfecha de su temprano matrimonio como el día en que supo la noticia de los desposorios de su amiga. Hubo, sin embargo, un tiempo en el que sentía orgullo por hallarse prometida y se consideraba superior a su amiga Elisa. Constituye, en efecto, un hecho muy corriente el de que las jóvenes ingenuas manifiesten su alegría en los meses que preceden al matrimonio ante la proximidad de la época en que podrán asistir a toda clase de espectáculos, sobre todo a aquellos que, de solteras, les estaban prohibidos. Se transparenta en este hecho una curiosidad que seguramente fue, en sus principios, de naturaleza sexual y recaía con espe-

[8] No cito aquí otra posible interpretación del número 3 en los sueños de mujeres sin descendencia por no habernos proporcionado este análisis dato alguno que a una tal significación de este elemento se refiera.

cialidad sobre la vida sexual de los propios padres, curiosidad que constituyó en este caso uno de los más enérgicos motivos que impulsaron a nuestra heroína a su temprano matrimonio. De este modo, es como el "ir al teatro" llega, en el sueño, a constituir una sustitución representativa del "estar casada". Lamentando ahora su temprano matrimonio, se transporta la señora a la época en que el mismo constituía para ella la realización de un deseo, permitiéndole satisfacer su curiosidad visual, y guiada por este deseo de una época pasada, reemplaza el hecho de hallarse casada por el de asistir al teatro.

No hemos escogido, ciertamente, el ejemplo más cómodo para demostrar la existencia de una oculta realización de deseos. Mas el procedimiento que nos permite llegar a descubrir tales realizaciones es análogo en todos los sueños deformados. No pudiendo emprender aquí ningún otro análisis de este género he de limitarme a aseguraros que nuestra investigación quedaría en todo caso coronada por el más completo éxito. Sin embargo, quiero consagrar aún algunos momentos a este punto especial de nuestra teoría, pues sé por experiencia que es uno de los más expuestos a los ataques de la crítica y a la incomprensión. Pudiérais, además, creer que el añadir que el sueño puede ser, además de la realización de un deseo, la de un angustioso temor o de un castigo, he retirado una parte de mi primera tesis, y juzgar favorable la ocasión para arrancarme otras concesiones. Por último, quiero evitar que, como otras varias veces, se me reproche el exponer demasiado sucintamente y, por lo tanto, de un modo muy poco persuasivo, aquello que a mí me parece evidente.

Muchos de aquellos que me han seguido en la interpretación de los sueños y han aceptado los resultados obtenidos se detienen al llegar a la realización de deseos, y me preguntan: Admitiendo que el sueño tiene siempre un sentido y que este sentido puede ser revelado por la técnica psicoanalítica, ¿cuál es la razón de que contra toda evidencia deba hallarse siempre moldeado en la fórmula de la realización de un deseo? ¿Por qué el pensamiento nocturno no habría de tener a su vez tan variados y múltiples como el diurno? O, dicho de otra manera, ¿por qué el sueño no habría de corresponder unas veces a un deseo realizado, o como nos habéis expuesto, a un temor o un castigo, y otras, en cambio, a un proyecto, una advertencia, una reflexión con sus argumentos en pro y en contra, un reproche, un remordimiento, una tentativa de prepararse a un trabajo inmediato, etc.? ¿Por qué habría de expresar siempre y únicamente un deseo o todo lo más su contrario?

Pudiera suponerse que una divergencia sobre ese punto carece de importancia, siempre que sobre los demás se esté de acuerdo, y que habiendo hallado el sentido del sueño y establecido el medio de descubrirlo, resulta en extremo secundaria la cuestión de fijar estrictamente dicho sentido. Pero esto constituye un grave error. Una mala inteligencia sobre este punto ataca a la esencia misma de nuestro conocimiento de los sueños y anula el valor del mismo para la inteligencia de la neurosis.

Volvamos, pues, a nuestra interrogante de por qué un sueño no ha de corresponder a cosa distinta de la realización de un deseo. Mi primera respuesta será la que en todos estos casos acostumbro formular: ignoro por qué razón no sucede así, y por mi parte no tendría ningún inconveniente en que así fuera, pero la realidad es distinta y nos obliga a rechazar una tal concepción de los sueños, más amplia y cómoda que la que aquí sostenemos. En segundo lugar, tampoco me es ajena la hipótesis de que el sueño puede corresponder a diversas operaciones intelectuales. En una historia clínica publicada por mí, se halla incluida la interpretación de un sueño que después de repetirse tres noches consecutivas, no volvió a presentarse, y mi explicación de esta particularísima circunstancia es la de que este sueño correspondía a un proyecto ejecutado, el cual no tenía ya razón ninguna para continuar reproduciéndose. Posteriormente, he hecho también público el análisis de otro sueño que correspondía a una confesión. Pero entonces, ¿cómo puedo contradecirme y afirmar que el sueño no es siempre sino un deseo realizado?

Lo hago así para alejar el peligro de una ingenua incomprensión que podría destruir por completo el fruto de los esfuerzos realizados para alcanzar la inteligencia del sueño, incomprensión que confunde el sueño con las ideas oníricas latentes y atribuye al primero algo que sólo a las segundas pertenece. Es exacto que el sueño puede representar todo aquello que antes hemos enumerado, y sustituirlo por: proyectos, advertencias, reflexiones, preparativos, intentos de resolver un problema, etc., pero un atento y detenido examen os hará observar que nada de esto resulta cierto con respecto a las ideas latentes, de cuya transformación ha nacido el contenido manifiesto. La interpretación onírica nos ha mostrado que el pensamiento inconsciente del hombre se ocupa con tales proyectos y reflexiones con los que la elaboración onírica forma después los sueños. Sólo si esta elaboración no os interesa y la elimináis por completo para no atender sino a la ideación inconsciente del hombre, es como podréis decir que el sueño corresponde a un proyecto, una advertencia, etc. Este procedimiento se sigue con gran frecuencia en la actividad psicoanalítica cuando se trata de destruir la forma que ha revestido el sueño y sustituirla por las ideas latentes que le han dado origen.

Se nos revela, pues, en el examen particular de las ideas latentes, que todos aquellos actos psíquicos tan complicados que antes hemos enumerado pueden realizarse fuera de la conciencia; resultado tan magnífico como desorientador.

Pero, volviendo a la multiplicidad de los sentidos que los sueños pueden poseer, os he de indicar que no tenéis derecho a hablar de una tal multiplicidad sino sabiendo que os servís de una fórmula que no puede hacerse extensible a la esencia el fenómeno onírico. Al hablar de "sueños", habréis de referiros siempre al sueño manifiesto, esto es, al producto de la elaboración onírica, o todo lo más a esta elaboración misma, o sea, al proceso psíquico que, sirviéndose de las ideas latentes, forma el sueño manifiesto. Cualquier otro empleo que deis a dicho término podrá crear graves confusiones. Cuando, en cambio, queráis referiros a las ideas latentes que se ocultan detrás del contenido manifiesto, decidlo directamente y no contribuyáis a complicar el problema —ya harto intrincado— con un error de concepto o una expresión imprecisa. Las ideas latentes son la materia prima que la elaboración onírica transforma en el contenido manifiesto. Deberéis, por lo tanto, evitar toda confusión entre esta materia y la labor que le imprime una forma determinada, pues, si no, ¿qué ventajas lleváis a aquellos que no conocen más que el producto de dicha elaboración y no pueden explicarse de dónde proviene y cómo se constituye?

El único elemento esencial del sueño se halla constituido por la elaboración, la cual actúa sobre la materia ideológica. Aunque en determinados casos prácticos nos vemos obligados a prescindir de este hecho, no nos es posible ignorarlo en teoría. La observación analítica muestra, igualmente, que la elaboración no se limita a dar a estas ideas la forma de expresión arcaica o regresiva que conocéis, sino que, además, añade siempre a ellas algo que no pertenece a las ideas latentes del día, pero que constituye, por decirlo así, la fuerza motriz de la formación del sueño. Este indispensable complemento es el deseo, también inconsciente, para cuya realización sufre el contenido del sueño todas las transformaciones de que ya hemos hablado.

Limitándonos a atender, en el sueño, a las ideas por él representadas, podemos, desde luego, atribuirle las más diversas significaciones, tales como las de una advertencia, un proyecto, una preparación, etc., pero al mismo tiempo, será siempre la realización de un deseo inconsciente, y considerado como un producto de la elaboración no será nunca cosa distinta de una tal realización. Así, pues, un sueño no es nunca exclusivamente un proyecto, una advertencia, etc., sino siempre un proyecto o una advertencia que han recibido, merced a un deseo inconsciente, una forma de expresión arcaica y han sido transformados para servir a la realización de dicho deseo. Uno de estos caracteres, la realización de deseos, es constante. En cambio, el otro puede variar e incluso ser también a veces un deseo, caso en el que el sueño representará un deseo latente del día, realizado con ayuda de un deseo inconsciente.

Todo esto me parece fácilmente comprensible, pero no sé si he logrado exponéroslo con suficiente claridad. Además, tropiezo para su demostración con dos graves dificultades. En primer lugar, sería necesario realizar un gran número de minuciosos análisis y, por otro lado, resulta que esta cuestión, la más espinosa e importante de nuestra teoría de los sueños, no puede ser expuesta de un modo convincente sino relacionándola con algo de lo que aún no hemos tratado. La íntima conexión que une a todas las cosas entre sí, hace que no se pueda profundizar en la naturaleza de una de ellas sin antes haber sometido a investigación aquellas otras de naturaleza análoga. Siendo así, y desconociendo todavía por completo aquellos fenómenos que se aproximan más al sueño, o sea, los síntomas neuróticos, debemos contentarnos por ahora con los resultados logrados hasta el momento. Por lo tanto, me limitaré, mientras adquirimos los datos necesarios para continuar nuestra investigación, a elucidar aquí un ejemplo más y someternos a una nueva consideración. Examinemos nuevamente aquel sueño del que ya varias veces nos hemos ocupado, o sea, el de las tres localidades de un teatro por un florín cincuenta céntimos. Puedo aseguraros que la primera vez que lo escogí como ejemplo fue sin ninguna intención especial. Sabéis ya que las ideas latentes de este sueño son el sentimiento por haberse casado tan pronto —despertado por la noticia del próximo matrimonio de su amiga—, el desprecio hacia su propio marido y la sospecha de que hubiera podido encontrar uno mejor si hubiera querido esperar. Conocéis también el deseo que con todas estas ideas ha formado un sueño, y que es la afición de los espectáculos y a frecuentar los teatros, ramificación probable a su vez, de la antigua curiosidad de enterarse de lo que sucede al contraer matrimonio. En los niños recae generalmente esta curiosidad sobre la vida sexual de sus padres. Trátase, pues, de una curiosidad de carácter infantil, o sea, de una tendencia cuyas raíces alcanzan a los primeros años de la vida de la sujeto. Mas la noticia recibida por la señora en el día anterior a su sueño no proporcionaba pretexto alguno para despertar su tendencia al placer visual, sino únicamente sus remordimientos por haberse casado tan pronto. La tendencia optativa no formaba parte, al principio, de las ideas latentes, y, por lo tanto, pudimos realizar la interpretación de este sueño sin tenerla para nada en cuenta. Pero, por otro lado, la contrariedad de la sujeto por haberse casado tan pronto no era suficiente por sí sola para producir el sueño. Sólo después de haber despertado el antiguo deseo de ver lo que sucedía al casarse es cuando "fue un absurdo casarme tan pronto" adquirió capacidad para originar un sueño. Una vez conseguido esto, formó dicho deseo el contenido manifiesto del sueño, reemplazando el matrimonio por el hecho de ir al teatro y presentando al sueño como la realización de un antiguo deseo: "Yo podré ya ir al teatro y ver todo aquello que antes me estaba prohibido y que para ti sigue estándolo. Voy a casarme dentro de poco, y en cambio tú tienes todavía que esperar". De este modo, la situación actual quedó transformada en su contraria, y sustituida una reciente decepción por un triunfo pretérito. Al mismo tiempo, aparecen mezcladas en el sueño la satisfacción de la afición de la sujeto a los espectáculos y una satisfacción egoísta procurada por el triunfo sobre una competidora. Esta satisfacción es la que determina el contenido manifiesto del sueño en el que vemos realmente que la sujeto se halla en el teatro, mientras que su amiga no ha podido lograr acceso a él. Sobre esta situación de satisfacción se acumulan luego, como modificaciones sin relación con ella e incomprensibles, aquellos fragmentos del contenido del sueño detrás de los cuales se disimulan todavía las ideas latentes. La interpretación debe hacer caso omiso de todo aquello que sirve para representar la realización de deseos y reconstituir, guiándose por los elementos que a dicha realización se superponen, las dolorosas ideas latentes de este sueño.

La nueva consideración a la que me proponía someteros se halla destinada a atraer vuestra atención sobre las ideas latentes que ahora hemos colocado en primer término. Os ruego no olvidéis que tales ideas son inconscientes en el sujeto, perfectamente inteligibles y coherentes, resultando explicables como naturales reacciones al estímulo del sueño, y pueden, por último, tener el mismo valor que cualquier otra tendencia psíquica u operación intelectual. Denominando ahora a estas ideas *restos diurnos* (*Tagesreste*) en un sentido más riguroso que el que antes dábamos a esta calificación, y sin que nos importe ya que el sujeto las confirme o no como tales restos, estableceremos una distinción entre restos diurnos e ideas latentes, dando este nombre a todo aquello que averiguamos por medio de la interpretación y reservando el de *restos diurnos* para una parte especial del conjunto de tales ideas. Diremos, entonces, que a los restos diurnos ha venido a agregarse algo que pertenecía también a lo inconsciente, o sea, un deseo intenso, pero reprimido, y que este deseo es lo que ha hecho posible la formación del sueño. La acción ejercida por él sobre los restos diurnos crea un nuevo acervo de ideas latentes, precisamente aquellas que no pueden ya ser consideradas como relaciones y explicables en la vida despierta.

Para ilustrar las relaciones que existen entre los restos diurnos y el deseo inconsciente me he servido ya repetidas veces de una comparación que habré de reproducir aquí. Cada empresa tiene necesidad de un capitalista que subvenga a los gastos y de un socio industrial que organice y dirija la explotación. En la formación de un sueño, el deseo inconsciente desempeña siempre el papel de capitalista, siendo el que proporciona la energía psíquica necesaria para la misma. El socio industrial queda representado por el resto diurno, que dirige el empleo de dicha energía. Ahora bien, en ciertos casos, es el mismo capitalista quien puede organizar la empresa y poseer los conocimientos especiales que exige su realización, y en otros es el socio industrial el que dispone del capital necesario para montar el negocio. Esto simplifica la situación práctica, pero hace, en cambio, más difícil su comprensión teórica. Reconociéndolo así, descompone siempre la economía política esta doble personalidad y considera separadamente los elementos que la integran, restableciendo la situación fundamental que ha servido de punto de partida a nuestra comparación. Idénticas variantes, cuyas modalidades podéis deducir por vosotros mismos, se producen en la formación de los sueños.

No quiero pasar adelante sin antes contestar a una importantísima interrogante que sospecho ha de haber surgido en vosotros hace ya largo tiempo: ¿Los restos diurnos —preguntáis— son verdaderamente inconscientes en el mismo sentido que el deseo inconsciente cuya intervención es necesaria para hacerlos aptos para provocar el sueño? Nada más justificado que esta pregunta, pues como con razón sospecháis al plantearla, se refiere a la esencia misma del problema que investigamos. Pues bien; los restos diurnos no son inconscientes en el mismo sentido que el deseo que los capacita para formar un sueño. Este deseo pertenece a otro inconsciente distinto, esto es, a aquel que reconocimos como de origen infantil y al que hallamos provisto de especialísimos mecanismos. Sería muy indicado diferenciar estas dos variedades de inconsciente dando a cada una su especial calificación; mas para hacerlo así, esperamos a familiarizarnos con la fenomenología de las neurosis. Si ya se tachan de fantásticas nuestras teorías porque admitimos la existencia de un sistema inconsciente, figuráos lo que de ellas se dirá viendo que ya no nos basta con uno solo y afirmamos que aún existe otro más.

Detengámonos, pues, aquí. De nuevo os he expuesto cosas incompletas, pero, de todos modos, creo muy satisfactoria la idea de que estos conocimientos son susceptibles de un ulterior desarrollo que será efectuado un día, sea por nuestros propios trabajos, sea por los de aquellos que en el estudio de estas materias nos sucedan. Además, lo que hasta ahora hemos averiguado me parece ya lo bastante nuevo y sorprendente para compensar nuestra labor de investigación.

XV
Incertidumbres y críticas

No quiero abandonar el tema de los sueños sin antes ocuparme de las principales dudas a que las nuevas teorías expuestas en las páginas que preceden pueden dar motivo. Muchas de tales vacilaciones deben de haber surgido ya, durante el curso de estas conferencias, en el ánimo de aquellos que las han seguido con alguna atención.

1. —Tendréis quizá la impresión de que aun aplicando correctamente nuestra técnica, adolecen de una tal inseguridad los resultados de la interpretación onírica que no es posible realizar una reducción cierta del sueño manifiesto a las ideas latentes. En apoyo de vuestra opinión, alegaréis, en primer lugar, que no sabemos nunca si un elemento dado del sueño debe ser comprendido en su sentido estricto o en sentido simbólico, pues los objetos empleados a título de símbolos no por ello pierden su significación propia. No pudiéndonos apoyar en circunstancia objetiva ninguna para decidir sobre este punto, quedará la interpretación abandonada al arbitrio del intérprete. Además, a consecuencia de la fusión de los contrarios que la elaboración onírica efectúa, no se sabe nunca de un modo cierto si un elemento determinado del sueño debe ser interpretado en sentido negativo o en sentido positivo, ni si lo debemos aceptar tal y como aparece en el contenido manifiesto o sustituirlo por su contrario, circunstancia que somete de nuevo el resultado a nuestro arbitrio. En tercer lugar, y dada la frecuencia de las inversiones en el sueño, puede el intérprete considerar como una de ellas cualquier fragmento del contenido manifiesto. Por

último, invocaréis el hecho de haber oído decir que raras veces puede afirmarse con certeza que la interpretación hallada es la única posible, y que siendo así, corremos el riesgo de aceptar una que no es sino aproximadamente verosímil. La conclusión que de todo esto deduciréis será la de que en estas condiciones queda abandonado al arbitrio del intérprete un campo de acción demasiado amplio, incompatible con la certidumbre objetiva de los resultados. O también podéis suponer que el error no depende del sueño y que las insuficiencias de nuestra interpretación provienen de la inexactitud de nuestras teorías e hipótesis.

Las observaciones consignadas son innegablemente ciertas, pero no creo que justifiquen las conclusiones que de ellas deducís, y, según las cuales, la interpretación onírica, tal y como la practicamos, queda abandonada a la arbitrariedad, haciendo dudar los defectos que sus resultados presentan de la eficacia de nuestro procedimiento y de la verdad de las teorías en que se basa. Si en lugar de hablar del arbitrio del intérprete, dijeseis que la interpretación depende de la habilidad, de la experiencia y de la inteligencia del mismo, tendría que sumarme a vuestra opinión. El factor personal no puede ser eliminado, por lo menos cuando nos hallamos ante los más intrincados problemas de la interpretación. Pero esto sucede igualmente en toda práctica científica. Nada puede impedir que unos profesionales manejen con más perfección que otros una determinada técnica, cualquiera que esta sea. Sin embargo, la arbitrariedad que en la interpretación onírica —por ejemplo, en la traducción de los símbolos— parece existir queda siempre neutralizada por completo, pues los lazos existentes entre las ideas del sueño y entre el sueño mismo y la vida del sujeto, y además toda la situación psíquica en la que el sueño aparece, permiten escoger una sola de las interpretaciones posibles y rechazar todas las demás por no tener relación alguna con el caso de que se trata. Por otro lado, la conclusión en la que, de las imperfecciones de la interpretación, deducís la inexactitud de nuestras hipótesis, pierde toda su fuerza en cuanto observamos que la indeterminación del sueño constituye precisamente uno de sus necesarios caracteres.

He dicho anteriormente, y sin duda lo recordaréis, que la elaboración onírica da a las ideas latentes una forma de expresión primitiva, análoga a la escritura figurada. Pues bien, todos estos primitivos sistemas de expresión presentan tales indeterminaciones y dobles sentidos y no por ello tenemos derecho a poner en duda la posibilidad de su empleo. Sabéis ya que la reunión de los contrarios que la elaboración onírica realiza es semejante a lo que se denomina "oposición de sentido de las palabras primitivas" en las lenguas más antiguas. El lingüista R. Abel (1884), al que debemos este punto de vista, nos previene contra la creencia de que las frases en que se empleaban tales palabras ambivalentes poseyeran por ello un doble sentido, pues el orador podía disponer de la entonación y del gesto para indicar el sentido deseado, el cual quedaba además determinado por el contexto del discurso. En la escritura, en la que no caben los recursos del gesto y la entonación, se fijaba el sentido por medio de un signo figurado independiente de la pronunciación. Así, a la palabra egipcia *ken* se le agregaba en la escritura jeroglífica la figura de un hombre en pie o perezosamente acurrucado, según había de significar "fuerte" o "débil". De este modo se evitaban las equivocaciones, a pesar de la multiplicidad de sentido de los sonidos verbales y los signos.

Los antiguos sistemas de expresión, por ejemplo, las escrituras de estas lenguas primitivas, presentan numerosas indeterminaciones que no toleraríamos en nuestras lenguas actuales. Así, en determinadas escrituras semíticas, solo se designan las consonantes de las palabras, correspondiendo al lector la labor de colocar las vocales omitidas, guiándose por su conocimiento del idioma y por el sentido total. La escritura jeroglífica procedía de un modo análogo, circunstancia que nos impide llegar al conocimiento de la pronunciación del egipcio primitivo. En la escritura sagrada de los egipcios hallamos todavía otras indeterminaciones, pues quedaba al arbitrio del sujeto el ordenar las imágenes de derecha a izquierda o de izquierda a derecha, y en la lectura tenemos que atenernos al precepto de seguir la dirección de los rostros de las figuras, pájaros, etc. Pero el escritor podía también ordenar los signos figurados en un sentido vertical, y cuando se trataba de hacer inscripciones sobre pequeños objetos, determinadas consideraciones de estética o simetría podían llevarle a adoptar cualquier otra sucesión de signos. Por último, lo que más nos desorienta en la escritura jeroglífica es el hecho de que la misma ignora la separación de las palabras. Los signos se suceden sobre el papiro a igual distancia unos de otros y nunca se sabe si un signo determinado forma todavía parte del que le precede o constituye el comienzo de una palabra nueva. No sucede así en la escritura cuneiforme persa, en la cual las palabras quedan separadas por una cuña oblicua.

La lengua y la escritura chinas, muy antiguas, son todavía empleadas en la actualidad por cuatrocientos millones de hombres. No creáis que yo las domino, pero sí me he documentado sobre ellas con la esperanza de hallar en sus particularidades algunas analogías con las indeterminaciones de los sueños, esperanza que se ha confirmado plenamente. La lengua china se halla, en efecto, llena de tales indeterminaciones. Conocido es que se compone de un gran número de sonidos monosilábicos que pueden ser pronunciados tanto aisladamente como combinándolos por parejas. Uno de los principales dialectos chinos posee cerca de 400 sílabas de esta clase, pero como su vocabulario consta de unas cuatro mil palabras, resulta que a cada sílaba corresponden diez significaciones y dado que el contexto no permite siempre adivinar aquella que la persona que pronuncia una sílaba dada quiere dar a entender al oyente, ha habido necesidad de inventar una gran cantidad de medios destinados a evitar los errores. Entre estos medios citaremos la asociación de dos sílabas en una sola palabra y la pronunciación de la misma sílaba en cuatro tonos diferentes. Una circunstancia aún más interesante para nuestra comparación es la de que esta lengua no posee gramática. No existe una sola de sus palabras monosilábicas de la que podamos decir si es sustantivo, adjetivo o verbo, ni tampoco recibe ninguna de las modificaciones destinadas a expresar el género, el número, el tiempo y el modo. Se nos muestra, pues, este idioma como reducido a su materia prima, estado muy semejante al que presenta nuestro lenguaje abstracto después de sufrir la disociación a que la elaboración onírica le somete eliminando la expresión de las relaciones. En la lengua china, queda abandonada la determinación del sentido, en todos los casos ambiguos, a la inteligencia del oyente, auxiliada por el contexto. Así, he anotado como ejemplo un proverbio chino, cuya traducción literal es la siguiente: "Poco que ver, mucho que maravilloso".

Este proverbio no es difícil de comprender. Puede significar que "cuanto menos cosas se han visto, más ocasiones encuentra uno de maravillarse" o que "hay mucho que admirar para aquel que ha visto poco". Naturalmente no puede hablarse de una elección entre estas dos traducciones, que sólo gramaticalmente difieren. Sin embargo, se nos asegura que, a pesar de tales indeterminaciones, la lengua china constituye un excelente medio para la expresión del pensamiento. Así, pues, la indeterminación no trae consigo, necesariamente, la multiplicidad de sentidos.

Cierto es que, por otro lado, debemos reconocer que en lo que concierne al sistema de expresión del sueño, la situación es mucho menos favorable que en el caso de las lenguas y escrituras antiguas, pues estas se hallan, después de todo, destinadas a servir de instrumento de comunicación, esto es, calculadas para ser comprendidas cualesquiera que sean los medios que a ellos coadyuven, carácter de que el sueño carece en absoluto. El sueño no se propone decir nada a nadie, y lejos de ser un instrumento de comunicación, se halla destinado a permanecer incomprendido. No debemos, pues, asombrarnos ni dejarnos inducir en error, aunque resultara que un gran número de polivalencias e imprecisiones del sueño escapase a toda determinación. El único resultado seguro del paralelo que entre el fenómeno onírico y los idiomas más antiguos hemos llevado a cabo es el de que las indeterminaciones que se han querido utilizar como un argumento contra el acierto de nuestras interpretaciones oníricas son normalmente inherentes a todos los primitivos sistemas de expresión.

El grado de comprensibilidad real del sueño no puede ser determinado sino por la experiencia práctica. A mi juicio, es harto elevado, y los resultados obtenidos por los analistas que han seguido una buena disciplina confirman en absoluto mi opinión. El público en general se complace siempre en oponer un escepticismo despreciativo a las dificultades e incertidumbres de una nueva contribución científica, conducta a mi entender muy injusta. Muchos de vosotros ignoráis quizá que al comenzar a descifrarse las inscripciones babilónicas se produjo uno de estos movimientos de escepticismo. Hubo incluso un tiempo en el que la opinión pública llegó hasta a tachar de bromistas a los descifradores de inscripciones cuneiformes y a calificar de charlatanería todas las investigaciones de este género. Pero en 1857, la Royal Asiatic Society llevó a cabo una prueba decisiva. Invitó a cuatro de los más eminentes especialistas, Rawlinson, Hincks, Fox Talbot y Oppert a dirigirle, bajo sobre lacrado, cuatro traducciones independientes de una inscripción cuneiforme que acababa de ser descubierta, y después de haber comparado las cuatro lecturas pudo declarar que coincidían suficientemente para justificar una absoluta confianza en los resultados anteriormente obtenidos. Las burlas de los profanos fueron entonces extinguiéndose poco a poco y el desciframiento de los documentos cuneiformes prosiguió efectuándose con una seguridad cada día mayor.

2. —Otra serie de objeciones se basa en la impresión, que también habréis experimentado, de que muchas de las soluciones que nos hallamos obligados a aceptar a consecuencia de nuestras interpretaciones parecen artificiales y traídas por los cabellos, y a veces hasta cómicas y chistosas. Las objeciones de este género son tan frecuentes, que la única dificultad para exponer alguna de ellas es la de elegir. Escogeré, pues, al azar, la última que ha llegado hasta mi conocimiento. En la libre Suiza, un director de Instituto ha sido recientemente declarado cesante por haberse ocupado del psicoanálisis. Naturalmente, protestó contra esta arbitraria medida, y un periódico de Berna publicó el informe de las autoridades escolares a consecuencia del cual se había decretado la cesantía, informe del que me limitaré a copiar aquí aquello que al psicoanálisis se refiere: "Además, muchos de los ejemplos incluidos en el libro citado del doctor Pfister muestran un carácter rebuscado y artificioso. Es verdaderamente singular que un director de Instituto acepte sin crítica alguna de tales afirmaciones y apariencias de prueba". Este es el tono del informe que se quiere hacer aceptar como decisión de una serena e imparcial autoridad, pero a mi juicio, es más bien tal imparcialidad la que puede calificarse de mera apariencia artificiosa.

Resulta verdaderamente divertido ver la rapidez y la seguridad con la que algunos sujetos se pronuncian sobre un tan espinoso problema de la psicología de lo inconsciente, fundándose tan sólo en su primera impresión. Pareciendo las interpretaciones rebuscadas y forzadas o simplemente desagradables, se deduce que tienen que ser falsas y que la labor verificada por el psicoanalista carece de todo valor. Ni un solo minuto acude a su espíritu la idea de que puede haber importantes razones para que las interpretaciones presenten una tal apariencia y que, por lo tanto, puede ser interesante investigar cuáles son dichas razones.

Las afirmaciones a las que más particularmente se contrae la crítica a que nos estamos refiriendo son las relativas a los resultados del desplazamiento que, como ya sabéis, constituye el factor más poderoso de la censura onírica, la cual lo utiliza para crear aquellas formaciones sustitutivas que hemos descubierto como alusiones. Pero se trata de alusiones difíciles de reconocer como tales, siendo muy difícil llegar hasta su substrato, al cual se enlazan por medio de asociaciones externas en extremo singulares y a veces por completo desusadas. En todos estos casos nos hallamos ante algo que debe permanecer oculto, fin al cual tiende la censura. Ahora bien, cuando sabemos que una cosa ha sido escondida, no debemos esperar encontrarla en el lugar en que normalmente debía hallarse. La policía, que actualmente tiene a su cargo la vigilancia de las fronteras, es, desde este punto de vista, mucho más inteligente que las autoridades escolares suizas, pues no se contenta con registrar las carteras y los bolsillos de los viajeros sospechosos, sino que supone que los presuntos espías o contrabandistas pueden haberse ocultado el cuerpo del delito en aquellos lugares en que menos puede esperarse hallarlo, por ejemplo, entre las suelas de su calzado. Si los objetos escondidos son descubiertos, se dirá que ha costado trabajo buscarlos, pero no que el registro ha sido infructuoso.

Admitiendo que pueda haber entre un elemento latente del sueño y su sustitución manifiesta las conexiones más lejanas y singulares, y hasta cómicas y aparentemente chistosas, no hacemos sino conformarnos a la experiencia adquirida en un gran número de interpretaciones cuya solución nos ha sido impuesta por circunstancias objetivas, pues es muy raro que la misma quede abandonada por completo al libre arbitrio del intérprete, el cual además sería incapaz de descubrir en algunos casos el enlace que existe entre un elemento latente y su sustitución manifiesta. Pero el sujeto nos proporciona unas veces la traducción completa, merced a una idea que acude directamente a su imaginación a propósito del sueño (cosa muy hacedera para él, puesto que es en su propia persona donde se ha producido dicha formación sustitutiva), y pone otras a nuestra disposición tantos y tan excelentes materiales, que la solución, lejos de exigir una penetración particular, se impone por sí misma. En aquellas ocasiones en que el sujeto no acude en nuestra ayuda por alguno de estos dos medios, el elemento manifiesto dado permanecerá incomprensible para nosotros. Permitidme que os cite un caso que he tenido ocasión de observar recientemente. Una de mis pacientes perdió a su padre mientras se hallaba ella sometida al tratamiento psicoanalítico, y desde este momento aprovecha toda ocasión para evocar en sueños al muerto. En uno de estos sueños se le aparece su padre y le dice: *Son las doce y cuarto, las doce y media, la una menos cuarto*, palabras a propósito de las cuales recordó mi paciente que su padre gustaba de que todos sus hijos acudiesen con gran puntualidad a las horas de comer. Este recuerdo poseía desde luego una relación con el elemento del sueño al que se refería, pero no hacía posible formular conclusión alguna sobre el origen del mismo. Mas, por otro lado, los resultados que durante aquellos días rendía el tratamiento permitían deducir que una determinante actitud crítica cuidadosamente reprimida de la paciente con respecto a su amado y venerado padre no era por completo ajena a la producción del sueño. Continuando la evocación de sus recuerdos, en apariencia cada vez más alejados de su sueño, relató la sujeto haber tomado parte —en la víspera al sueño— en una conversación sobre Psicología, en la que uno de sus parientes había dicho que "*el hombre primitivo* (*der urmensch*) alienta aún en todos nosotros". Este recuerdo es el que nos da la buscada clave. La frase de su pariente fue para la señora una excelente ocasión de resucitar a su padre en sueños, transformándole en el *hombre-reloj* (*Uhrmensch*) y haciéndole anunciar los cuartos de la hora meridiana.

Hay aquí, evidentemente, algo que hace pensar en un juego de palabras, circunstancia que en muchas ocasiones ha hecho que se atribuyan al intérprete tales ingeniosidades, cuyo autor es el propio sujeto del sueño. Existen todavía otros ejemplos en los cuales no resulta nada fácil decidir si nos hallamos en presencia de un chiste o de un sueño. Pero recordaréis que a propósito de algunas equivocaciones orales surgieron en nosotros las mismas dudas. Un individuo cuenta haber soñado que iba en el automóvil de su tío y que este le daba un beso. Apenas iniciado el análisis nos da el sujeto mismo la interpretación de su sueño, el cual entraña la idea de "autoerotismo" (término tomado de la teoría de la libido y que significa la satisfacción erótica sin participación de un objeto exterior). ¿Debemos acaso pensar que el sujeto se ha permitido burlarse de nosotros, presentándonos como un sueño algo que no constituye sino un juego de palabras perfectamente consciente? A mi juicio, no. Pero si el sueño ha existido realmente, ¿de qué proviene una tan singular semejanza con el juego de palabras? Esta interrogante me ha hecho apartarme ocasionalmente de mis estudios acostumbrados para someter a una minuciosa y penetrante investigación el chiste mismo[9]. Como resultado de este estudio hemos descubierto que la génesis del chiste es un proceso en el que una serie de ideas preconscientes queda abandonada a la elaboración inconsciente, de la cual surge después en calidad de chiste. Bajo la influencia de lo inconsciente sufre dicha serie de ideas la acción de los mecanismos peculiares de lo inconsciente, esto es, de la condensación y del desplazamiento,

---

[9] N. del Traductor. —Véase *El chiste y su relación con lo inconsciente*, tomo III de estas *Obras completas*.

procesos cuya actuación hemos comprobado también en la elaboración onírica. A este hecho es al que debemos atribuir exclusivamente la semejanza que en algunos casos encontramos entre el chiste y el sueño. Pero el "chiste onírico" constituye un fenómeno intencionado que por razones que un detenido estudio del chiste nos ha revelado, no nos proporciona aquella aportación de placer inherente al chiste real. El "chiste onírico" nos parece "malo" y no nos mueve nunca a risa.

Nos aproximamos aquí a la primitiva y clásica interpretación de los sueños, que al lado de gran cantidad de material inutilizable nos ha legado muchas excelentes interpretaciones de un insuperable acierto. Una de estas es la que de un sueño de Alejandro Magno citan, en algunas variantes, Plutarco y Artemidoro de Daldis. En la época en que asediaba a la ciudad de Tiro, sin lograr vencer su encarnizada resistencia (322 antes de J. C.), vio el rey, en sueños, un sátiro danzando. El adivino Aristandro, que formaba parte del cortejo real, interpretó este sueño descomponiendo la palabra *satyros* en *σα Τυρος* (Tiro es tuyo), y creyó, por lo tanto, poder prometer al rey la toma de la ciudad. A consecuencia de esta interpretación, que a pesar de su artificiosa apariencia era innegablemente exacta, decidió Alejandro continuar el sitio, que ya pensaba levantar, y acabó por conquistar la plaza.

3. —Os habrá impresionado, sin duda, averiguar que también personas que en calidad de psicoanalistas se han ocupado durante mucho tiempo de la interpretación onírica han formulado después objeciones contra nuestra concepción de los sueños. Pero lo singular hubiera sido que un tan rico venero de nuevos errores hubiese quedado sin explorar, y de este modo, los errores de concepto en que tales psicoanalistas han incurrido y las indebidas generalizaciones que han llevado a cabo han engendrado afirmaciones tan equivocadas como las que

se fundan en la concepción médica del sueño. Una de tales afirmaciones os es ya conocida. Se pretende en ella que los sueños constituyen tentativas de adaptación al presente y de ejecución de futuras obligaciones, persiguiendo por lo tanto una "tendencia prospectiva" (A. Maeder). Ya hemos demostrado que esta teoría reposa en una confusión entre el sueño y las ideas latentes del mismo y que, en consecuencia, elimina por completo la elaboración onírica. En tanto en cuanto se propone caracterizar la vida anímica inconsciente a la que las ideas latentes pertenecen, no es esta teoría ni nueva ni completa, pues la actividad psíquica inconsciente se ocupa de muchas cosas más que de la preparación del porvenir. En otra confusión aún mayor se halla fundada la afirmación de que detrás de cada sueño se esconde la "cláusula de la muerte". No sé exactamente lo que tal fórmula puede significar, pero supongo que se deriva de una confusión entre el sueño y la personalidad total del sujeto.

Como muestra de una injustificada generalización, deducida de unos cuantos casos efectivos, citaré la teoría según la cual todo sueño es susceptible de dos interpretaciones: la psicoanalítica, tal y como en estas lecciones la hemos expuesto, y la denominada analógica, que hace abstracción de los deseos y tiende a la representación de las funciones psíquicas superiores (V. Silverer). Existen, desde luego, sueños de este género, pero sería inútil que intentaseis extender esta concepción, aunque sólo fuese a una parte de los fenómenos oníricos. Después de todo lo que en estas lecciones habéis oído, os parecerá también inconcebible la afirmación de que todos los sueños son bisexuales y deben ser interpretados en el sentido de una interferencia entre las tendencias masculinas y las femeninas (A. Adler). Existen naturalmente algunos sueños aislados de este género y más tarde veréis que presentan idéntica escritura que determinados síntomas histéricos. Si menciono todos estos descubrimientos de nuevos caracteres generales de los sueños es para poneros en guardia contra ellos o, por lo menos, para no dejaros duda alguna de mi opinión sobre los mismos.

4. —Se ha intentado asimismo atacar el valor objetivo de la investigación onírica alegando que los pacientes sometidos al tratamiento psicoanalítico adaptan sus sueños a las teorías favoritas de sus médicos, y que de este modo pretenden unos que en sus sueños dominan las tendencias sexuales, mientras que otros presentan especialmente sueños de ambición o de palingenesia (W. Stekel). Pero esta observación pierde también todo valor en cuanto reflexionamos que los hombres soñaban ya antes de la existencia de un tratamiento psicoanalítico que pudiese guiar sus sueños, y que los pacientes sometidos actualmente a dicho tratamiento también solían soñar antes de acudir al médico. Además, lo que en ella hay de verdad es algo natural y lógico que en nada contradice a nuestra teoría de los sueños. En efecto, los restos diurnos que suscitan el sueño proceden de los intereses intensos de la vida despierta.

De este modo, si las palabras y los estímulos del médico adquieren para el analizado una cierta importancia, entrarán a formar parte del círculo de los restos diurnos y podrán, análogamente a los demás intereses afectivos aún no satisfechos del día, proporcionar excitaciones psíquicas para la formación de un sueño y actuar en idéntica forma que las excitaciones somáticas que influyen sobre el durmiente durante el reposo. Al igual de los demás estímulos de los sueños, las ideas despertadas por el médico pueden aparecer en el sueño manifiesto o ser descubiertas en el contenido latente. Por otro lado, sabemos también que es posible provocar los sueños experimentalmente, o dicho con más exactitud, introducir en un sueño una parte de los materiales de que el mismo ha de componerse. En estas influencias ejercidas sobre los pacientes, desempeña el analista un papel idéntico al del hombre de ciencia que emprende un experimento, actuando, por ejemplo, como Mourly Vold cuando hacía adoptar a los sujetos de sus investigaciones determinadas posturas al ir a entregarse al reposo.

Puede alguna vez sugerirse al sujeto que sueñe *con* algo determinado, pero es imposible actuar sobre *lo* que va a soñar. El mecanismo de la elaboración onírica y el deseo inconsciente del sueño escapan a toda influencia extraña. Y al examinar los sueños provocados por una excitación somática hubimos de reconocer que la peculiar naturaleza y la autonomía de la vida onírica se revelan en la reacción con la que el sueño responde a las excitaciones somáticas y psíquicas que recibe. Vemos, pues, que la objeción de que aquí nos ocupamos que quisiera poner en duda la objetividad de la investigación onírica se halla también basada en una confusión: la del sueño con sus materiales.

Es esto todo lo que sobre los problemas de la vida onírica me proponía exponeros. Adivináis, sin duda, que he omitido muchas cosas y habréis asimismo advertido que me he visto obligado a interrumpirme muchas veces antes de agorar la materia tratada. Pero estos defectos de mi exposición dependen de las relaciones existentes entre los fenómenos del sueño y las neurosis. Hemos investigado el sueño a título de introducción al estudio de las neurosis, procedimiento desde luego mucho más correcto y conveniente que el inverso, pero, así como la inteligencia de los sueños prepara para la comprensión de las neurosis, no pueden a su vez los primeros revelarnos todos sus secretos sino cuando hemos llegado a adquirir un exacto conocimiento de los fenómenos neuróticos.

Ignoro lo que de todo esto pensaréis, pero puedo aseguraros que no lamento en ningún modo haber despertado vuestro interés por los problemas del sueño y haber consagrado a su estudio una parte tan considerable del tiempo de que disponemos, pues no existe ningún otro sector cuyo estudio pueda proporcionar tan rápidamente la convicción de la exactitud de los principios psicoanalíticos. Así, para demostrar que los síntomas de un caso patológico-neurótico poseen un sentido, sirven a una intención y se explican por la historia del paciente, son necesarios varios meses y a veces años enteros de asidua y paciente labor. En cambio, el obtener idénticos resultados en un sueño que al principio nos parece confuso e incomprensible es tan sólo cuestión de algunas horas y nos permite alcanzar simultáneamente una confirmación de todas las hipótesis del psicoanálisis sobre la inconsciencia de los procesos psíquicos, los especiales mecanismos a los que tales procesos obedecen y las tendencias que en ellos se manifiestan. Y si a la perfecta analogía que existe entre la formación de un sueño y la de un síntoma neurótico añadimos la rapidez de la transformación que hace del soñador un sujeto despierto y razonable, adquiriremos también la certidumbre de que la neurosis reposa igualmente en una alteración de las relaciones que existen normalmente entre las energías de los diferentes poderes de la vida anímica.

ÍNDICE

PARTE I. LOS ACTOS FALLIDOS 7
I. Introducción 9
II. Los actos fallidos 21
III. Los actos fallidos (*continuación*) 39
IV. Los actos fallidos (*fin*) 63

PARTE II. LOS SUEÑOS 89
V. Dificultades y primeras aproximaciones 91
VI. Condiciones y técnica de la interpretación 113
VII. Contenido manifiesto e ideas latentes del sueño 129
VIII. Los sueños infantiles 145
IX. La censura del sueño 159
X. El simbolismo en el sueño 175
XI. La elaboración del sueño 201
XII. Análisis de algunos ejemplos de sueños 217
XIII. Rasgos arcaicos e infantilismo del sueño 237
XIV. Realizaciones de deseos 255
XV. Incertidumbres y críticas 275

Obras Completas de Sigmund Freud
Tomo IV

Impreso en los talleres de
DocuMaster
(Master Copy, S. A. de C.V.)
Plásticos #84, Local 2, ala sur,
Fracc. Industrial Alce Blanco,
Naucalpan de Juárez, C. P. 53370.

www.ingramcontent.com/pod-product-compliance
Ingram Content Group UK Ltd.
Pitfield, Milton Keynes, MK11 3LW, UK
UKHW042004190726
13854UKWH00005B/2154